Diakonie-Gemeinschaft Puschendorf e.V.
- Gästehaus -
90617 Puschendorf · Konferenzstraße 4
Tel. 0 91 01 / 704-0 · Fax 0 91 01 / 7 04 65

Joni Eareckson Tada
AUF NEUEN WEGEN

Joni Eareckson Tada

Auf neuen Wegen

Verlag Schulte + Gerth Asslar

Die amerikanische Originalausgabe erschien
im Verlag Zondervan Publishing House, Grand Rapids, Mich.,
unter dem Titel „Choices ... Changes"
© 1986 by Joni Eareckson Tada
© der deutschen Ausgabe 1987 Verlag Schulte + Gerth, Asslar
Aus dem Amerikanischen übersetzt von Beate Peter

1. Auflage 1987
Best.-Nr. 15 080
ISBN 3-87739-080-3
Umschlaggestaltung: Zondervan Publ. House/Gisela Scheer
Umschlagfoto: Arthur Tilley
Satz: Typostudio Rücker & Schmidt
Druck und Verarbeitung: Ebner Ulm
Printed in Germany

Für Ken

Gott stärkt mich mit Kraft
und weist mir den rechten Weg.

2. Samuel 22,33

Nun aber schauen wir alle
mit aufgedecktem Angesicht
die Herrlichkeit des Herrn
wie in einem Spiegel,
und wir werden verklärt in sein Bild
von einer Herrlichkeit zur andern
von dem Herrn, der der Geist ist.

2. Korinther 3,18

Inhalt

Vorwort

Hier sitze ich nun mitten im Brennpunkt der Ewigkeit, den wir die Zeit nennen, und bitte Gott, mich immer mehr in das Bild Jesu umzugestalten. Wenn das keine aufregenden Aussichten sind! Ja, aufregend – aber auch ein wenig beängstigend. Und dazu erwartet Gott von mir, daß ich mein wahres Gesicht zeige, ein Gedanke, der mich ohne Frage mehr erschreckt als begeistert.

Die Sache mit dem unverhüllten Gesicht ist mit Gefahr verbunden. So etwas ist riskant. Mit meinen beiden Büchern *Joni* und *Der nächste Schritt* habe ich es gewagt, meine bisherige Lebensgeschichte zu schildern. Seitdem habe ich vor mancher Weggabelung gestanden und mancher Veränderung Raum gemacht. Bald habe ich mir Fassaden errichtet, hinter denen ich mich verstecken wollte, bald habe ich meinen Glauben wie ein überdimensionales Plakat mit mir umhergetragen. Im großen und ganzen hat sich mein Alltag jedoch irgendwo zwischen diesen beiden Extremen abgespielt.

Ich habe viel und intensiv gebetet, was die Entstehung dieses Buches betrifft. Es sollte kein Bericht wie *Joni* werden. Seit meinem folgenschweren Badeunfall sind nun immerhin zwanzig Jahre ins Land gezogen. Ebensowenig sollte es theologische Aspekte beleuchten, wie ich es in *Der nächste Schritt* getan hatte.

Statt dessen haben Sie nun ein Buch vor sich, in dem ich Ihnen meine Anfälligkeit für die vielen großen und kleinen Sünden meines Lebens gestehe; in dem ich Ihnen meinen Entschluß zum Weitergehen, zum Reiferwerden beschreibe – aus dem jungen Mädchen von einst ist eine erwachsene Frau geworden –, und in dem ich über das Risiko schreibe, mein Herz einem Mann zu öffnen, dem einen Mann nämlich, dem meine ganze Hochachtung und Liebe gehören.

Warum habe ich dieses Buch überhaupt geschrieben? fragen

Sie. Zuallererst einmal hoffe ich, Sie damit in Ihrem Glauben an Jesus Christus zu bestärken. Denjenigen unter meinen Lesern, die Gott und seinem Wort, der Bibel, eine gewisse Skepsis entgegenbringen, habe ich, so meine ich, eine Reihe handfester Argumente für ein Leben mit Jesus anzubieten. Denn nur ein solches Leben ist sinnvoll.

Aber das ist noch nicht alles. Überlegen Sie einmal, was es bedeutet, „im Brennpunkt der Ewigkeit" zu sitzen. Mein Rollstuhl zwingt mich zum Stillsitzen und gibt mir dadurch die Gelegenheit, uns Christen einmal eingehend unter der Lupe zu betrachten. Interessant, wie wir uns oft nach der Zukunft ausstrecken, als reichte uns die Gegenwart nicht aus! Oft stolpern wir, von der Berg-und-Tal-Fahrt unseres geistlichen Lebens schwindlig, unseren Weg entlang und lassen die herrlichsten Rastplätze links liegen, während wir uns den Kopf über das Morgen zerbrechen.

Mir geht es dabei manchmal so, daß ich meinem Gott den Fahrplan für die Zukunft aus den Händen reißen will – oder, was noch schlimmer ist, ich sinke in die Vergangenheit zurück und ruhe mich auf uralten Lorbeeren aus. Dabei ist Gott doch am meisten daran interessiert, was ich mit dem Hier und Jetzt anfange. Ich weiß genau, was Gott von mir erwartet. Er will Aufrichtigkeit. Er will, daß ich die Maske abnehme. Und er will mich verändern.

Und welche Schritte, wenn ich auch Sie einmal fragen darf, erwartet Gott von Ihnen? Ertragen Sie die Gegenwart vielleicht nur mit Ungeduld? Haben auch Sie den Drang danach, die Zukunft soweit wie möglich festzulegen in der Hoffnung, daß Gott sich schon mit Ihren Plänen einverstanden erklären wird?

Still, unsichtbar und doch mächtig steht Gott an unserer Seite mitten in der Gegenwart. Er erwartet eine ganz bestimmte Art von Veränderung von uns. Oswald Chambers hat es einmal so ausgedrückt: „Wenn wir den Blick in die Ferne richten, dann schenken wir der unmittelbaren Gegenwart nicht genug Aufmerksamkeit. Sobald uns aber klar wird, daß Gehorsam das höchste Ziel ist, wird jede Sekunde plötzlich wertvoll und köstlich."

Aus diesem Grund habe ich für dieses Buch die Ichform gewählt. Hier, direkt vor meinen Augen, spielt sich alles ab. Ich weiß nicht, wie der Geist Jesu Christi es fertigbringt, aber er stellt uns vor Entscheidungen, durch die wir ohne Unterlaß unserem Herrn immer ähnlicher werden.

Gehen Sie mit mir dieses Wagnis der ehrlichen Selbstdarstellung ein. Es ist ein Wagnis, zugegeben – aber die Reise steckt voll lohnender Überraschungen!

Meine Geschichte
auf Zelluloid

„Siehe, dir gefällt Wahrheit,
die im Verborgenen liegt ...“

Psalm 51,8

Braungebrannte Hände fassen das Floß aus Plastik, und mit einer anmutigen Bewegung schwingt sie sich aus dem Wasser. Sie schüttelt ihr nasses Haar aus und wringt es zu einem kleinen Knoten am Hinterkopf. Dann zupft sie an ihrem blauen Badeanzug, um das Wasser ablaufen zu lassen. Mit einer katzenartigen Geschmeidigkeit geht sie in die Knie, streckt die Arme vor und hebt ab. In der nächsten Sekunde taucht sie auch schon glatt in das Wasser ein, um unseren Blicken zu entschwinden.

„Na, wer sagt's denn! Die Show haben wir im Kasten!" ruft Jim Collier, der Regisseur, von einem zweiten Plastikfloß aus.

Plötzlich bin ich wieder ganz in der Gegenwart. Die junge Schauspielerin, schlank und von der Sonne braungebrannt, eine blonde Perücke auf dem Kopf, sieht mir zum Verwechseln ähnlich. Nur, daß ich am Ufer sitze. In meinem Rollstuhl.

In der nächsten Szene soll ich selbst gefilmt werden. Ich soll mit dem Gesicht nach unten im Wasser treiben. Eine zweite Schauspielerin, die meine Schwester Kathy darstellt, wird mich an Land ziehen.

Ich sehe zu, wie die Leute vom Kamerateam die Scheinwerfer und Reflektoren neu ausrichten, die Kamera auf dem fahrbaren Kran festzurren und die Mikrophone auf einem dritten Floß aufbauen.

Sie behandeln mich höflich, aber reserviert. Ich spüre ihnen eine gewisse Nervosität ab. Entweder haben sie Bedenken, weil wir diese Szene ohne vorherige Probe filmen werden, oder sie meinen, das Ganze gehe mir zu nahe. Dabei bin ich seelenruhig. Was damals geschah, ist schon so lange her. Die lebhafte Erinnerung an meinen Unfall vor vielen Jahren macht mir nicht mehr zu schaffen. Gott hält jetzt mein Leben in seiner Hand. Ich weiß mich doch in seiner Gnade! Ich habe mich längst in mein Los hineingefunden.

Ebenso höflich blicke ich zurück. Auch ich empfinde eine Art Distanz zu diesen Männern und Frauen. Was mögen sie nur über mich und meinen Glauben denken? Ich würde ihnen so gern den Weg zu Jesus weisen. Vielleicht können sie etwas von ihm in meinem Leben erspähen oder zwischen den Zeilen des Drehbuchs finden. Der Produzent hat jedem von ihnen ein Exemplar meines Buches *Joni* gegeben. Ich hoffe, sie lesen es tatsächlich.

Ein Mann mit einem Mikrophongalgen über der Schulter lächelt mir im Vorübergehen zu. Ich lächle zurück und male mir aus, was er im stillen denken mag: „Religion ist genau das richtige für diese ärmste Behinderte!"

Das Mädchen in dem blauen Badeanzug ist inzwischen wieder ans Ufer geklettert. Sie wirft sich ein Frotteetuch über die Schultern und reibt sich das Gesicht mit einem Zipfel davon trocken, während sie mit einer Frau vom Team spricht.

Vor meinem inneren Auge lasse ich die Szene von vorhin noch einmal ablaufen: wie sie sich behende aus dem Wasser schwang, wie sie sich die Tropfen aus Haaren und Badeanzug schüttelte, wie die heiße Sonne ihre bronzefarbene Haut überglänzte. Nun winkt sie mir zu. Ein wenig verlegen darüber, sie gedankenverloren angestarrt zu haben, nicke ich zurück und senke dann den Blick.

Ich sitze recht schief in meinem Rollstuhl. Ich sehe hilflos zu, wie mein Handtuch mir im Wind von den Oberschenkeln flattert und mein Urinbeutel darunter zum Vorschein kommt. Mein sperriges Korsett trage ich über meinem Badeanzug, damit ich Luft bekomme, während ich auf meinen Auftritt warte. Ein Träger meines Badeanzugs – meines blauen Badeanzugs übrigens – ist mir von der Schulter gerutscht.

„Alles klar, es kann weitergehen. Holt Joni her!"

Zwei Krankenpfleger legen mich auf ein Gummifloß, nehmen mir das Korsett ab und ziehen mich mitsamt dem Floß in das seichte Wasser hinaus.

„Prima macht ihr eure Sache!" winkt der Kameraassistent von dem Kran über uns herunter.

„Nur Mut. Es wird schon schiefgehen!" ruft der Requisitenmeister vom Ufer her.

Fräulein Badenymphe watet bis an die Knie ins Wasser und beobachtet gespannt, was vorgeht. Nett von ihr, so um mich besorgt zu sein. Ich hätte ihr und den anderen vom Team vorher sagen sollen, daß Schwimmübungen für mich so gut wie an der Tagesordnung sind. Vor dem Wasser habe ich keine Angst. Wirklich nicht!

Ein wenig fröstelnd warte ich darauf, daß alle ihre Plätze einnehmen. Es ist still. Ich hole tief Luft, und dann gibt Jim Collier den Pflegern auch schon das Signal, mich mit dem Gesicht nach unten ins Wasser zu drehen.

Oben wird die Kamera abgefahren. Jims „Achtung, Klappe!" dringt gedämpft an meine Ohren. Ich höre, wie „Kathy" ins Wasser springt und meinen Namen ruft. Unter Wasser klingt ihre Stimme, als sei sie meilenweit entfernt. Sekunden werden zu Ewigkeiten. Die Bucht ist kalt und dunkel. Die Luft geht mir aus.

Ich halte es nicht durch. Gleich werde ich den Kopf schütteln – ein vereinbartes Zeichen, um die Pfleger zu Hilfe zu rufen. Plötzlich packt mich jemand bei den Schultern. Als „Kathy" mich endlich aus den Fluten zieht, spucke ich Wasser und schnappe nach Luft. Oh, das war knapp! Aber dies ist eine Filmszene. „Kathy! Butch! Ich kann mich nicht rühren! Ich ... ich kann nichts spüren!" stoße ich hastig hervor, während sie mich ans Ufer tragen. Der Kran folgt uns. Die Kameras surren. Umstehende machen sich Notizen. Die Beleuchter richten die Aufheller auf uns.

„Klappe! Das war druckreif!"

Ich atme erleichtert auf. Allgemeines Schulterklopfen und Scherze lockern die angespannte Atmosphäre auf. Das Ganze hat nur wenige Augenblicke gedauert. Das Stück Wirklichkeit, das wir gerade gespielt haben, ist schon in die Ferne der Filmwelt gerückt, ist schon zu einem Zelluloidstreifen in einem Spulenbehälter geworden. Die Köche von unserem Verpflegungsdienst auf Rädern bauen einen Imbiß auf einem Klapptisch auf, und alle scharen sich erwartungsvoll um Krapfen und Kaffee.

Das hübsche Mädchen in dem blauen Badeanzug hat sich ihrer klatschnassen Perücke entledigt und trägt nun einen lässigen, blütenweißen Pullover. Sie kommt auf mich zu, und wir unterhalten uns eine Weile angeregt. Ich mag sie. Wir sind Partner.

Doch da ist etwas, das mich beunruhigt. Was ist es nur? Ich sehe in die Bucht hinaus, wo das kleine Floß noch auf den Wellen tanzt. Jetzt, da die Kameraleute und ihre Ausrüstung fort sind, wirkt es einsam und verlassen. Drüben, vor dem Verpflegungsauto, herrscht ein munteres Stimmengewirr, hier und da durchbrochen von Gelächter. Ich schaue wieder zum Floß zurück. Lautlos hebt und senkt es sich mit den weichen Wellen.

Jetzt weiß ich, was mich verstört hat. Es ist schon lange her, seitdem ich es flüstern gehört, seine eisigen Finger um mein Herz gespürt hatte. Selbstmitleid, der alte Feind, ist auf dem besten Wege dazu, sich wieder bei mir einzuschleichen. Selbstmitleid? Ich und Selbstmitleid? Das darf doch nicht wahr sein! Immerhin habe ich es gelernt, mich nicht ständig mit anderen zu vergleichen. Ich habe ganze Kapitel über dieses Thema geschrieben. Ich spreche in meinen Vorträgen darüber. Gott ist mein Zeuge, daß ich diesen Film nie drehen würde, wenn ich das alte Selbstmitleid nicht längst überwunden hätte.

Aber was ist nur mit mir los? Sind seit dem Tag im Juli 1967 so viele Jahre vergangen, daß ich alles inzwischen zu leicht genommen habe? Hat die Kamera heute, elf Jahre später, das Geschehen von damals allzu deutlich wieder in meiner Erinnerung aufleben lassen? Ich versuche, Ordnung in meine verworrenen Gedanken zu bringen. Was bedeutet mir mein Glaube eigentlich? Das Wort „Geborgenheit" kommt mir in den Sinn; dann: „Gnade". Plötzlich steht mir ein Bibelvers vor Augen: „Darum, wer sich läßt dünken, er stehe, mag wohl zusehen, daß er nicht falle" (1. Korinther 10, 12).

„... daß er nicht falle." Das ist eine beherzigenswerte Warnung, besonders, da ich ein Neuling in diesem Metier bin. Ich spiele die Hauptrolle in einem Film über mein Leben. Ich lasse die Vergangenheit vor den Kameras lebendig werden. Was verstehe ich schon von der Schauspielerei? Nun, zugegeben, ich habe als Kind meisterhaft Zahnpastareklame vor dem Spiegel inszeniert, doch damit erschöpft sich meine Bühnenerfahrung auch schon.

Aber ich bin der Sache durchaus gewachsen. Ich habe alles gründlich mit meiner Familie und meinen Freunden besprochen, auch mit Bill Brown, dem Direktor von World Wide Pictures, und mit Billy Graham. Niemand hat mich unter Druck

20

gesetzt; ich habe vollkommen unabhängig von anderen den Entschluß gefaßt, meine Rolle selbst zu spielen. Ich habe gehofft, daß der Film an Bedeutung gewinnen würde, wenn eine echte Person den Menschen, die mitten in Problemen stecken, etwas Echtes sagt. Und welch ein Abenteuer, ein bleibendes Kunstwerk zu schaffen! Es hat gewiß viele Ähnlichkeiten mit einer geschriebenen Biographie oder einem Gemälde, habe ich überlegt.

„Darum, wer sich läßt dünken, er stehe ... *daß er nicht falle.*" Ich denke nach. Ein Fall ist nichts Ungewöhnliches in einer Stadt wie Los Angeles, der Stadt der Engel – der gefallenen Engel, um das Kind beim Namen zu nennen. Und Hollywood, die bedeutendste Filmmetropole der Welt, liegt Hunderte, ja Tausende von Meilen von unserer kleinen Farm in Maryland und meiner Malstaffelei entfernt.

Bei World Wide Pictures hat man jedoch beschlossen, daß unser Film *Joni,* was die künstlerische Qualität betrifft, anderen Kinofilmen in nichts nachstehen soll. Hier in Hollywood stehen uns einige der versiertesten Tontechniker, Bühnenbildner, Beleuchter und Kameraleute der Filmindustrie zur Verfügung.

Was weiß ich, die Frau von der Farm in Maryland, schon von den Großstadtmenschen hier an der Westküste? Und doch soll ich die nächsten sechs Monate hier mitten unter ihnen zubringen und tagtäglich mit ihnen zusammenarbeiten. Welche großartige Möglichkeit, ein Zeugnis für Jesus zu sein!

Nein, ich werde nicht fallen. In dieser Scheinwelt voll hohler Attrappen werde ich mich als Christ zu behaupten wissen.

Hollywood. Ich muß an einen inhaltsschweren, geradezu prophetisch klingenden Vers aus dem Epheserbrief denken: „So sage ich nun und bezeuge in dem Herrn, daß ihr nicht mehr wandeln dürft, wie die Heiden wandeln in der Nichtigkeit ihres Sinnes. Ihr Verstand ist verfinstert, und sie sind fremd geworden dem Leben, das aus Gott ist, durch ihre Unwissenheit, die in ihnen ist, durch die Verstockung ihres Herzens; in ihrem Gewissen sind sie stumpf geworden und ergeben sich der Unzucht und treiben jegliche Unreinigkeit voller Habgier" (Epheser 4, 17-19).

Das sind ernste Worte. Hier an der Bucht, an diesem herrlichen Strand wirken sie verstaubt, schulmeisterhaft, vollkommen weltfremd. Das Kamerateam, die Besetzung, sogar das Mädchen in dem blauen Badeanzug – allesamt sind sie wirklich nett. Nein, ihre Weltlichkeit wird mich nicht aus dem Lot werfen. Ganz im Gegenteil: ich werde sie mit der guten Botschaft von Jesus hinter ihren Fassaden hervorlocken.

Was also ist es, das mich so seltsam verstört macht? Alles ist doch in schönster Ordnung! Dr. Graham selbst hat mich davor gewarnt, wie schwierig dieser Film für mich werden könnte. Ich werde manche bittere Krankenhauserfahrung neu durchleben müssen, vor der Kamera darüber sprechen, wie ich mich nach Heilung sehne, und mit alten Freundschaften konfrontiert werden, von denen manche inzwischen der Vergangenheit angehört.

Bei World Wide Pictures hat man meinetwegen keine Mühe gescheut und einen Beterkreis für das Team und mich organisiert. Sie haben meine Schwester Jay hergeholt und mir eine liebenswerte Engländerin namens Judy Butler von der Billy-Graham-Zentrale zur Hilfe geschickt, und obendrein haben sie ein kleines Haus an einer von Bäumen gesäumten Straße für uns gemietet.

Jedermann ist bestrebt, mich zu beruhigen, während ich meinerseits nicht weniger bestrebt bin, sie ebenfalls zu beruhigen. Hollywood ist zwar ein heißes Pflaster, aber hier wird immerhin auch nur mit Wasser gekocht. Und mein Unfall liegt jetzt schon Jahre zurück. Die Erinnerung an die erste Zeit als Gelähmte hat viel von ihrer ätzenden Schärfe verloren. Das habe ich heute bei der Szene im Wasser unter Beweis gestellt. Ich war längst nicht so nervös wie die anderen Leute vom Team.

Nein, die Wasserszene hat mir nicht das geringste ausgemacht.

Es waren eher die Dinge, die sich hinter den Kulissen abgespielt haben.

Ich stelle immer wieder fest, daß die Darsteller eines Films Masken tragen. Sie vertauschen ihre Wirklichkeit mit einer anderen, fremden Wirklichkeit. Selbst mir geht es nicht anders. Was ich in die Mikrophone spreche, kommt nicht spontan aus meinem Herzen, sondern aus dem Drehbuch. Das siebzehnjährige Mädchen im Krankenhaus bin ich nicht mehr. Die Maskenbildner basteln an einer Nachschöpfung meines „Ichs" von damals mit Hilfe von bleicher Schminke, dunklem Lidschatten, der unter den Augen verteilt wird, einer zerzausten, blonden Perücke und einem zerknitterten Nachthemd.

Heute liege ich mit dem Gesicht nach unten auf einem Spezialbett für Rückenverletzte. Kinn und Stirn werden von wattierten Stoffträgern gehalten. Von meinen Mitmenschen kann ich in dieser Lage nur die Schuhe sehen. Ich habe mir bald gemerkt, welche Schuhe zu wem gehören. Der Tonmeister steht mit dem Mikrophon in der Hand neben mir. Seine Schuhe sind mit je einem Klebestreifen versehen. Auf dem einen steht zu lesen: „Hallo", auf dem anderen: „Joni!"

Die Minuten schleichen dahin. Es braucht seine Zeit, bis die Kameras eingestellt sind. Wenn das Team sich doch nur beeilen würde! Mein Kinn und meine Stirn sind nicht aus Beton; die Stoffhalterung beginnt zu schmerzen. Ich fühle mich ausgesprochen unbequem.

Aber ich muß mich konzentrieren. Der Regisseur und der Kameramann sind gleich soweit. Schritte in der Nähe erinnern an Krankenschwestern und Pfleger. Der Regisseur blättert in dem Drehbuch wie ein Arzt, der sich auf dem Krankenbericht Notizen macht. Kameras und Scheinwerfer werden zu riesigen, allgegenwärtigen Röntgengeräten.

„An die Arbeit, Freunde!" ruft Jim Collier. „Und Joni, denk dran: Du bist total verwirrt und schwindlig."

23

„Ja", sage ich gehorsam. Ich fühle mich tatsächlich ein wenig schwindlig und verwirrt.

Die Kameras surren los, während Cooper, der Schauspieler in dem Kostüm meines Freundes, ein kleines Hündchen neun Etagen hoch über die Hintertreppe des Krankenhauses in mein Zimmer schmuggelt. An der Schwesternstation krabbelt er ungesehen auf Händen und Füßen vorüber. Er befreit das zappelnde Tier von seiner Jackentasche und hebt es an mein Gesicht.

„Hier, du kleines Kerlchen, leck Joni mal die Nase!"

„Oh, ist der aber niedlich!" murmele ich. In der Hitze der Scheinwerfer beginnt das Tier zu winseln und setzt alles daran, Reißaus zu nehmen.

„Kamera aus! Wir versuchen's noch einmal!"

Das Team gönnt sich eine kurze Verschnaufpause, während die Kameras neu eingestellt werden.

Wir fangen von vorn an, doch auch diesmal hält sich das Hündchen nicht an das Drehbuch.

Das gleiche geschieht beim dritten Versuch. Dann beim vierten. Wir bekommen ein zweites Hündchen.

Draußen muntert der Hundehalter seine Tiere zum Spielen auf. Unter den Scheinwerfern ist mir längst alle Lust zum Spielen vergangen. Mein Kinn und meine Stirn schmerzen heftig. Trotzdem bringe ich eine Entschuldigung vor. Vielleicht ist es meine furchterregende Perücke, die das arme Hündchen abstößt?

Wir probieren es noch einmal. Ich strenge mich an, dem Tier mein Gesicht entgegenzuhalten. Bitte, bitte, leck doch endlich! Inzwischen kann das Team sich das Lachen kaum noch verbeißen, wenn ein Hündchen nach dem anderen sich vor der laufenden Kamera blasiert von mir abwendet. Mir wird klar, daß mir das Lächeln schon längst auf den Lippen erstorben ist, und stimme halbherzig in das Lachen ein.

Vier Hündchen und fünfzehn Einstellungen später willige ich endlich in den Vorschlag des Hundehalters ein und lasse mir Säuglingsnahrung mit Lebergeschmack auf die Wange, die der Kamera abgewandt ist, streichen. Ich entschuldige mich nochmals. Es muß an mir gelegen haben.

„Achtung! Los!"

Das Hündchen zappelt und strampelt in Coopers Händen.
Dann wittert es den Leberbrei und leckt mir das Gesicht mit
Wonne. Die Kamera fängt die herzige Szene ein. Das Team
klatscht Beifall, und Jim erklärt die Aufnahme für gelungen.

Es dauert nur ein paar Minuten, bis die Kameras abgebaut,
die Scheinwerfer ausgeschaltet und die letzten Gutenachtwün-
sche ausgetauscht sind. Aber es dauert erheblich länger, mich
wieder mit dem Gesicht nach oben zu drehen. Oh, welche Wohltat!

Jay und Judy heben mich mit geübtem Griff in den Rollstuhl
und schieben mich in die Garderobe. Das Abschminken ist eine
recht langwierige Angelegenheit. Bevor die beiden damit beginnen, gehen sie schnell zum Studio zurück, um unsere Pullover und andere vergessene Habseligkeiten einzusammeln.

Ich sitze allein vor dem hell erleuchteten Schminkspiegel und
starre in ein bleiches, erschöpftes Gesicht. Die Haare stehen in
alle Himmelsrichtungen ab. Das Krankenhausnachthemd ist
viel zu groß und verhüllt den Körper darin bis zur Unkenntlichkeit. Das Mädchen dort ist nur von den Schultern aufwärts lebendig, genau wie ich damals im Krankenhaus. Selbst der ver-
trocknete Rest von der Säuglingsnahrung an der Wange wirkt
wie ein Souvenir aus den Zeiten, als sie zum ersten Mal ohne
fremde Hilfe zu essen versuchte. Sie ist vollkommen abgeschlagen und entmutigt. Sie hat sich von allen, vom Regisseur bis zu
den Hunden, ins Bockshorn jagen lassen. Genau wie ich damals
im Krankenhaus.

Plötzlich tut mir das Mädchen im Spiegel unendlich leid. Die
Vergangenheit überwältigt mich. Sie brennt mir auf der Seele.
Ich schaue auf meine gelähmten Beine hinunter. Wellen pani-
scher Angst schlagen über mir zusammen. Ich kann mich nicht
bewegen! Heiß schießen mir die Tränen in die Augen. Um wen
weine ich eigentlich: um das Mädchen dort in dem Spiegel oder
die Frau im Rollstuhl? Erschüttert mich die Vergangenheit so
sehr, oder ist es die Gegenwart?

Ich schäme mich, so zu denken. Ich lehne den Kopf zurück,
und lasse die Tränen von meinem Gesicht rollen. Dann vergrabe
ich mein Gesicht in dem Ärmel meines Nachthemds, um mir
die Tränen damit zu trocken. Es ist, als korrigiere ich mit größter
Sorgfalt die Patzer meiner geschminkten Maske. Das Lächeln,

das ich mir hastig abringe, als Jay und Judy den Raum wieder betreten, ist genau das: eine Maske.

Ich starre unbeweglich nach vorn, während sie mir die dicke Schminke mit getränkten Wattebäuschchen abreiben. Ein heißer Waschlappen sorgt wieder für natürliches Wangenrot. Der Maskenbildner befreit mich von der Perücke. Das zerknitterte Nachthemd wird mit meiner Strickjacke vertauscht. Zum Schluß werde ich gekämmt und bekomme erfrischende Tropfen in die Augen geträufelt. Jetzt gefällt mir mein Anblick im Spiegel schon viel besser.

Aber das ist nur der äußere Anblick. Die Person dahinter gefällt mir gar nicht. Mein ganzes Selbstwertgefühl ist heute mit voller Wucht wieder im Rollstuhl gelandet. Ich habe es ja so meisterhaft gelernt, meine Behinderung rein optisch zu übertünchen – ob durch eine neue Frisur, eine modische Bluse oder das neueste Rollstuhlmodell mit farblich passendem Lederpolster. Wenn man mich dieser Äußerlichkeiten einmal beraubt und mich statt dessen in ein Krankenhausnachthemd steckt, dazu meine Frisur ruiniert und meinen Teint auf „blutleer" schminkt, ist es um meine gelassene Haltung geschehen.

Vielleicht stehe ich am Ende doch nicht so hoch über den Dingen, wie es den Anschein hat.

„Zeit fürs Heimkino!"

„Zeit für was?" Ich steuere meinen elektrischen Rollstuhl auf Rob Tregenza, den Regieassistenten, zu. Er blättert gerade in einem Skript.

„Vorschau, sozusagen. Jeden Nachmittag kriegen wir die entwickelten Filme vom Drehtag davor geliefert."

Er klemmt sich die Bücher unter den Arm und hilft mir, den Rollstuhl durch die schmale Tür in den Vorführraum zu manövrieren.

Im Halbdunkel des Raumes haben sich nur eine Handvoll Leute vom Team eingefunden. Der Kameramann ist gekommen, um die Einstellungen seiner Geräte anhand der Aufnahmen zu überprüfen, während sein Assistent die Bildqualität beurteilt und der Beleuchter sich Notizen über die Lichtverhältnisse der einzelnen Einstellungen macht. Der Regisseur ist gekommen, um sich einen allgemeinen Eindruck von den Ergebnissen des gestrigen Drehtages zu machen.

„Alles klar zum Abfahren!" winkt er dem Mann am Projektor zu.

Es hat tatsächlich etwas von einem Heimkino an sich, die Szenen von gestern in ihrer ungekürzten Gesamtheit zu betrachten. Der Gedanke, mich selbst auf dieser riesigen Leinwand zu sehen, mutet sonderbar an. Plötzlich flimmern überdimensionale Hände mit einer Klappe unscharf auf. Lautes Pfeifen signalisiert den Beginn der Tonspur. Die Hände sind jetzt schärfer umrissen, und die Klappe fällt. Der erste, mißglückte Versuch der Hündchen-Szene läuft ab. Während der Projektor weitersurrt, beugt Rob sich zu mir, um mir allerhand geflüsterte Informationen zu geben. Er erklärt mir, daß die Klappe unter anderem dazu dient, den Leuten im Kopierwerk die Synchronisation von Bild und Ton zu erleichtern.

Die Klappe fällt zum zweiten Mal. Wieder kein Glück mit dem Hündchen. Ich sehe, wie Jim Collins den Kopf schüttelt und sich Notizen macht. Die Leinwand verdunkelt sich. Ein erneutes Pfeifen kündigt uns die nächste Einstellung an.

„Achtung! Jetzt kommt's!" Jim setzt sich in seinem Stuhl zurecht.

Die Klappe erscheint auf der Leinwand. Eine Stimme brummt: „Ton?"

„Ton klar!"

„Kamera?"

„Läuft."

„Neunundzwanzig, die erste."

Die Klappe fällt, und ich höre das geflüsterte „Los!" des Regisseurs.

Dick: „Hallo, Kleine!"

Pause.

Joni: „Dickie, hier sterben Leute."

Die Kamera folgt Cooper, der sich anschickt, unter das Spezialbett zu kriechen. Das Bild ist scharf auf das Hündchen gerichtet, das er jetzt aus der Tasche hervorzieht. Scheinwerfer und Reflektoren sorgen für warmes Streulicht. Man kann den Gesichtsausdruck des Schauspielers deutlich erkennen. Die Mikrophone haben das sanfte Geräusch der leckenden Hundezunge eingefangen.

Rob kniet noch immer neben mir und kommentiert das Geschehen auf der Leinwand. Ich höre kaum zu. Ich kann mich jetzt nicht auf die Kunstgriffe der Filmindustrie konzentrieren; Beleuchtung, Regieführung, Ton und Bildschärfe interessieren mich wenig. Statt dessen sehe ich nur das bleiche, ausdruckslose Gesicht des siebzehnjährigen Mädchens dort vor mir. Sie ist gelähmt. Sie ist vollkommen hilflos. Sie ist ... Joni Eareckson.

Im Dunkel des Vorführraums, angesichts der mehr als lebensgroßen Tragödie auf der Leinwand, lasse ich Gottes Gnade, die er mir so gerne schenken möchte, unangetastet an mir vorübergehen.

„Nun, wie fühlt man sich denn so als der Star in einem Film über einen selbst?"

Der Reporter schiebt sich die Brille auf die Stirn und lehnt sich auf der Couch zurück. Mit dem Bleistift klopft er unablässig auf seinen Stenoblock. Seine khakifarbene Jacke, zu groß und leicht angeknittert, wie das Modejournal es verlangt, gibt ihm das Flair eines intellektuellen Schriftstellers für ein Kulturmagazin der Ostküste. Ich bin allein mit ihm in dem kleinen Presseraum. Wenn nur Jay und Judy hier wären! Aber sie sind zum Mittagessen gegangen, während ich das Interview gebe.

„Ich ... ich muß sagen, das Wort ‚Star' finde ich nicht angebracht. Schließlich bin ich keine professionelle Schauspielerin oder dergleichen", antworte ich. Ich versuche, ihm begreiflich zu machen, daß ich das Ganze eher als „Selbstdarstellung", als „verfilmten Lebensbericht" betrachte.

Der Mann ist von einer Tageszeitung hergeschickt worden. Er kommt aus einer völlig anderen Welt. Ich kann ihm anmerken, daß er nach einem Aufhänger für ein paar Seitenhiebe gegen die christliche Ausrichtung unseres Films sucht.

„Die Leute von der Billy-Graham-Organisation sind wirklich prima", sage ich in der Hoffnung, daß etwas Positives zu ihm durchdringt. „Das Team ist hilfsbereit und unglaublich nett ... und World Wide Pictures stellt mir sogar einen Zeichenlehrer zur Verfügung."

Ich spreche offen über meine eigenen Schwächen, betone immer wieder, welch ein gewöhnlicher Mensch ich im Grunde bin, und hoffe dabei, ihn durch Freundlichkeit und Charme zu beeindrucken.

Ich erzähle ihm die Begebenheit von dem Polizisten, der mich vor kurzem anhielt, als ich gerade mit meinem Rollstuhl eine Straße in der Nähe der NBC-Studios überqueren wollte.

„Sie hatten doch nicht etwa die Höchstgeschwindigkeit überschritten?" fragt der Reporter mit dem Anflug eines wissenden Lächelns.

„O nein. Ich habe einen Fußgänger ... äh, Rollstuhlfahrer-Strafzettel für verbotenes Überqueren der Straße bekommen." Die Pointe hinkt ein wenig.

Er stellt sich den Jackettkragen hoch und richtet ernstere Fragen an mich. Zwischendurch nippt er an seinem schwarzen Kaffee und macht sich Stichpunkte in Stenographie. Wenn mir sehr daran liegt, daß er sich etwas merkt, spreche ich langsamer, damit er mich später genauer zitieren kann. Es ist ein abgekartetes Spiel. Das wissen wir beide nur zu gut.

„Haben sich Ihre Zukunftspläne durch Ihre Starrolle ... ich meine, Ihre ‚Selbstdarstellung' erheblich geändert?"

„Meinen Sie damit, ob ich als Schauspielerin weitermachen möchte?"

Er zuckt mit den Schultern und winkt ab.

„Was auch immer."

„Nein, nein. Ich habe beileibe nicht vor, einen Film mit dem Titel *Joni, Teil 2,* oder *Jonis Sohn* zu machen." Ich lache. Er löst sich ein wenig. „Wirklich nicht. Wenn wir fertig sind, werde ich schnurstracks wieder nach Maryland fahren, denke ich, und wieder malen oder schreiben – was auch immer." Ich nehme seine Geste von vorhin auf. „Ich liebe das Leben auf einer Farm; meine Schwestern, unsere Pferde – alles. Es ist wirklich hübsch dort um diese Jahreszeit ..." Ich werde still. In den letzten Wochen habe ich nicht oft an die Scheunen und Pferde gedacht oder daran, daß sie daheim gerade mitten in der Heuernte stecken. Ob ich es wahrhaben will oder nicht, dieser Film nimmt mich vollkommen in Beschlag.

Ich bin erleichtert, als das Frage-und-Antwort-Spiel endlich vorüber ist. Ich war viel zu sehr damit beschäftigt, welchen Eindruck ich auf den Reporter mache. Man trägt eben nicht nur vor Kameras Masken, scheint mir.

Ich bin froh, als Jay, Judy und ich nach einem langen Drehtag endlich das Studio verlassen können. Die Sonne ist hinter den Hügeln von Hollywood verschwunden. Die Umrisse des Horizonts wirken wie ein weinroter Scherenschnitt gegen einen fliederfarbenen Himmel. Die Wolken tragen goldene und rosarote Ränder. Unser Beleuchter vom Team wäre begeistert von diesem Effekt.

„Prima, Kinder! Das ist druckreif!" Jay zeigt auf den Sonnenuntergang.

„Genau. Ab in die Dose damit!" fügt Judy hinzu. Wir lachen über den Jargon, der unser ganzes Leben nun zu beherrschen scheint, und steuern auf das Auto zu.

Wir beschließen, der Arbeit den Rücken zu kehren und einfach zum Spaß zu einem Einkaufszentrum in der Nähe zu fahren. Ein Einkaufsbummel ist genau das richtige zum Abschalten, denken wir uns. Während wir aber dann zwischen den Geschäften auf und ab gehen, können wir trotzdem von nichts anderem als dem Film reden. Wir unterhalten uns darüber, welche Leute vom Team wir am nettesten finden, welche Kostüme und Kulissen besonders gelungen waren und wie die Ausbeute der letzten Drehtage ausgefallen ist. Es will uns einfach nicht gelingen, die Welt des Films hinter uns zu lassen – aber wer würde das schon von uns erwarten? Schließlich sind wir eine Sekretärin und zwei Mädchen vom Lande, die nun plötzlich auf das Großstadtleben losgelassen worden sind.

„Laßt uns doch irgendwo einen Salat zu Abend essen", schlage ich vor. Jim Collier hat gemeint, ich solle für die verbleibenden Krankenhausszenen unbedingt ein paar Pfunde abspekken. „Und keinen Nachtisch für mich!"

„Moment mal. Ich hab' eine tolle Idee!" kündigt Jay an. „Wir sind doch gerade an einem T-Shirt-Laden vorbeigegangen, ihr wißt schon, wo man sich alles mögliche aufdrucken lassen kann." Sie bedeutet uns, ihr zu folgen, und verschwindet in dem Geschäft.

Ich bleibe vor dem Schaufenster stehen und studiere die Auslagen. Wenig später kommt Jay zurück.

„So, jetzt kannst du dich endlich gegen die Leute vom Team wehren, die dir den lieben langen Tag lang Krapfen und Plätzchen in den Mund stopfen", sagt sie. Auf dem T-Shirt, das sie vor mir ausbreitet, steht zu lesen: „FÜTTERN VERBOTEN!"

„Du bist nicht die einzige, der ein bißchen Abnehmen guttun würde", sagt sie dann und zieht ein zweites T-Shirt aus der Tüte. Die Aufschrift: „BEI MIR AUCH!" Judy, die hinter ihr steht, hält mit einem verschmitzten Grinsen ein drittes Hemd in die Luft, auf dem zu lesen steht: „UND BEI MIR ERST RECHT!"

Kichernd und lachend machen wir uns über unser Abendessen her. Was die Leute vom Team wohl zu unseren neuen Hemden sagen werden?

Hinter der Albernheit rechne ich mir meine Kalorien zusammen: ein frischer Salat ohne Soße, keine Milch in den Kaffee. Morgen werde ich auf das Frühstück verzichten. Keine Krapfen im Studio. Vielleicht ein leichtes Mittagessen. Das Abendessen werde ich ausfallen lassen. Ich habe ohnehin keinen Appetit. Ich lebe von meiner Energie.

Ich höre aufmerksam zu, wie Jim Collins die Regieanweisungen für jede einzelne Szene gibt. Er hat das Drehbuch für den Film „Die Zuflucht" geschrieben und auch die Regie geführt. Von ihm kann ich eine Menge lernen.

„An dieser Stelle hast du einen riesigen Zorn im Leib. Du bist böse auf Gott und deine Freunde." Seine Stimme ist leise, aber eindringlich, während sein Finger auf der Drehbuchseite umherfährt. Ich finde seine Vorschläge im allgemeinen gut, aber manchmal wünsche ich mir, daß er mir etwas konkretere Anweisungen geben würde.

Er lehnt sich zurück und rückt sich die Brille zurecht.

„Es ist wichtig, daß du so natürlich wie möglich wirkst", sagt er, als hätte er meine Gedanken erraten. „Wir haben neulich schon einmal darüber gesprochen. Laß es einfach auf dich zukommen. Es wird schon werden!"

Er steht auf und geht mit Rob auf den Kameramann zu, um ein paar technische Einzelheiten zu besprechen, wie ich annehme. Jim verschränkt die Arme und reibt sich das Kinn, während er dem Kameramann zuhört. Mit ausgestreckten Armen messen sie den Rahmen für eine neue Einstellung ab. Jim überprüft das Bild durch die Kameralinse. Sie winken den Beleuchter herbei und deuten auf mehrere Scheinwerfer an der Decke.

Ich sehe ihnen bei der Arbeit zu und denke über Jims Film „Die Zuflucht" nach. Es ist ein Film über Corrie ten Boom, die vor vielen Jahren Juden vor der Verfolgung der Nazis in dem Haus ihrer Familie versteckt gehalten hat. Ich kannte das Buch schon und war sehr beeindruckt von der Verfilmung ihrer Geschichte. Jim hat seine Sache erstklassig gemacht.

Der Film zeigt Corries wahre Lebensgeschichte. Wie es sie wohl berührt haben mag, die Ereignisse von damals auf der Leinwand zu sehen? Und was sie von den Schauspielern gehalten haben mag, die ihre Freunde und Angehörigen gespielt haben? Und dann die Szenen im Konzentrationslager. Ob die Erinnerung an diese grausame Zeit sehr schmerzhaft für sie war? Es fällt mir schwer, mir vorzustellen, wie sie Jim Collins dabei beobachtet hat, Angst und Schrecken, aber auch Glauben und Zuversicht durch Schauspieler und ein Drehbuch lebendig werden zu lassen.

Jim hat mir erzählt, daß Corrie ten Boom nun für unseren Film betet, aber auch für mich persönlich. Ich stelle mir vor, wie sie in ihrem Rollstuhl am Kamin sitzt, neben sich ein Teetablett und eine zerlesene Bibel in den Händen. Sie ist über achtzig Jahre alt und kann nicht mehr reisen und Vorträge halten wie früher. Statt dessen dient sie anderen nun durch ihre gezielte Fürbitte.

Mir fällt eine Glaubenskonferenz ein, bei der ihr ein Riesenstrauß gelber Rosen überreicht wurde. Als das Publikum ihr zu Ehren aufstand und applaudierte, hob sie den Strauß himmelwärts, als wollte sie sagen: „Herr Jesus, das ist für dich!"

Nein, denke ich, Corrie hätte sich nie so restlos von der Filmwelt blenden lassen. Ganz gewiß hätte sie es sich keine schlaflosen Nächte kosten lassen.

Ich dagegen sitze hier am Rand der Ereignisse und warte auf meinen Auftritt, und vor Nervosität flattert es mir in der Magengrube.

Ich bemühe mich, Augenkontakt mit dem Jungen mit den Gurten am ganzen Körper herzustellen. Ein Kranz aus Metall hält seinen Kopf unbeweglich und starr, damit seine Halswirbel heilen können. Die Neonröhren in dem Raum für Beschäftigungstherapie lassen ihn noch bleicher erscheinen, als er ohnehin schon ist. Ich fahre meinen Rollstuhl näher an ihn heran. Es kostet ihn große Anstrengung, mich überhaupt aus den Augenwinkeln zu erkennen. Er lächelt und hebt einen kraftlosen Arm zur Begrüßung.

„Ich hab' gehört, Sie wollen hier einen Film drehen?" Seine Stimme ist rauh.

„Ja, das stimmt. Wir arbeiten alle zusammen an einem Film über meinen Badeunfall und die ganze Sache mit der Rehabilitation." Es soll lässig klingen, damit er sich nicht von dem Geschehen ausgeklammert fühlt.

Seine Arme und Hände werden von einer Schlinge gehalten, die an der Rückenlehne seines Rollstuhls befestigt ist. Er kommt sich bestimmt wie ein mechanisches Ungeheuer darin vor, denke ich im stillen. Ich rücke ein Stück zurück, damit er mich besser sehen kann.

„Du kannst ja deine Arme bewegen. Das ist ein gutes Zeichen!" freue ich mich für ihn.

„Ja. Ich soll mich hier mal künstlerisch betätigen." Mit dem Pinsel, den ein Therapeut mit Klebestreifen an seiner Armschiene befestigt hat, zeigt er auf einen bemalten Aschenbecher. Der Tisch neben uns ist mit Zeitungspapier voll roter und gelber Farbkleckse ausgelegt. In einem Einmachglas stehen Buntstifte und Pinsel. Eine ganze Reihe glasierter Aschenbecher und Bonbonschalen warten darauf, in den Brennofen geschoben zu werden.

Ich sehe mich um und lächele den anderen jungen Burschen

am Tisch aufmunternd zu. Ein paar von ihnen lächeln zurück. Andere scheinen mich nicht bemerkt zu haben. Mit stumpfem Blick und müden Zügen arbeiten sie an Untersetzern aus Bast oder malen kleine Schüsseln an.

„Sie sind also auch mal hier Patient gewesen?" fragt einer der Behinderten, während er sich ein neues Töpfchen mit Farbe aus dem Regal holt.

„Ja. Ist allerdings schon zehn Jahre her." Ich sehe mich um. Nein, von meinen damaligen Therapeuten scheint heute niemand mehr da zu sein. „Seitdem hat sich vieles verändert."

Mir ist ein wenig unbehaglich zumute. Mit unseren Kameras und Mitarbeitern brechen wir in das Privatleben dieser Patienten im Rancho-Los-Amigos-Krankenhaus ein. Die Männer wissen, daß sie gefilmt werden sollen. Einige verfolgen das Geschehen mit Interesse, während andere sich apathisch verhalten. Ich möchte gern alle Nervosität ausschalten – einschließlich meiner eigenen. Ich erkläre den Patienten, daß dieser Film Verständnis bei Außenstehenden über die Probleme schaffen soll, mit denen wir Behinderte täglich konfrontiert werden.

In der Zwischenzeit haben die Tontechniker und ihre Assistenten riesige Kabel verlegt und Bandgeräte auf fahrbaren Tischen in den Raum gerollt. Die Abteilung für Beschäftigungstherapie beginnt, einem Filmstudio zu ähneln. Krankenschwestern und Therapeuten sehen von einer Ecke aus zu. Ich hoffe, daß das Team mit aller Umsicht arbeiten wird.

Der Beleuchter schraubt Scheinwerfer auf hohen Gestellen fest, die er direkt hinter eine Staffelei schiebt. Ich soll vor dem Hintergrund der jungen Burschen am Tisch gefilmt werden. Genau wie sie soll ich „lernen", wie man das Beste aus den wenigen Kräften machen kann, die einem geblieben sind. Eine Schauspielerin in dem Kostüm einer Therapeutin wird mir zeigen, wie man einen Stift mit dem Mund führt.

Ich bin froh, draußen in unserem Wohnwagen geschminkt und kostümiert zu werden. Ich möchte auf keinen Fall vor dem jungen Kerl mit dem Metallkranz auf dem Kopf für die Kamera hergerichtet werden.

Ein Klopfen an der Tür sagt uns, daß die Dreharbeiten gleich beginnen. Ich steuere meinen elektrischen Rollstuhl über die Kabel am Boden hinweg in den Raum für Beschäftigungstherapie und bleibe an meinem Platz vor der Staffelei stehen. Die junge farbige Frau in der Rolle meiner Therapeutin sieht der Frau von damals tatsächlich sehr ähnlich. Die ganze Szenerie beschwört beinahe zu viele Erinnerungen herauf.

Ein Tonklumpen fällt auf den Tisch vor Jonis Staffelei.

Joni: „Sie haben doch nicht etwa damit auf mich gezielt?"

Therapeutin: „Darauf sollen Sie jetzt etwas zeichnen."

Joni: „Das muß ein Scherz sein."

Therapeutin nimmt zwei Stöckchen zur Hand.

Therapeutin: „Malen Sie mal etwas, ganz egal, was. Hier, nehmen Sie die!"

Joni: „Das kriege ich nie hin. Früher habe ich viel mit Kohle gezeichnet. Mein Vater hat's mir beigebracht. Aber damals hatte ich meine Hände noch."

Therapeutin: „Das Geschick, das Talent, das alles sitzt hier oben." Zeigt auf ihren Kopf. „Ein bißchen Übung, und Sie können's mit dem Mund genausogut wie mit der Hand."

Die Kamera ist auf mich gerichtet, während ich jetzt das Stöckchen in den Mund nehme und es in den weichen Ton drücke. Ich ritze einen krummen Strich quer über die Oberfläche. Dabei strenge ich mich verzweifelt an, nicht so zu zittern. Das Erschreckende daran ist, daß das Zittern echt ist. Meine Nackenmuskeln und motorischen Nerven sind außer Kontrolle. Ich will ja ruhiger werden, aber ich kann es einfach nicht. Am Ende verderbe ich noch die ganze Einstellung! Doch da höre ich schon jemanden rufen: „Schnitt!" Ich bin erleichtert.

„War das naturgetreu genug?" frage ich den Regisseur.

Ich möchte die Szene abschütteln. Ich bewege meinen Kopf kreisend hin und her, um meine Muskeln zu entspannen. Gut, daß wir diese Aufnahmen hinter uns haben. Die grausame Wirklichkeit ist auch in der Szene eines Films lebendig.

Ich benutze eine Drehpause dazu, ins Freie zu fahren. Draußen im Hof spielen ein paar Sportfans in ihren Rollstühlen Basketball. Ich sehe ihnen eine Weile zu und steuere dann auf eine Gruppe von behinderten jungen Mädchen zu, die sich angeregt im Schatten von Palmen unterhalten. Sie machen einen freundlichen Eindruck. Ich möchte nichts lieber, als meine dumme Befangenheit zu überwinden, und suche verzweifelt nach einem Aufhänger für ein Gespräch.

„Du bist doch Debbie Stone, nicht wahr?" frage ich eins der Mädchen. Ihr Rollstuhl trägt eine Plakette mit der Aufschrift „Weil er Gott ist, lebt Jesus gestern, heute und bis in alle Ewigkeit."

„Ja, und du bist Joni", entgegnet sie. Wir kennen uns von einer früheren Begegnung, als World Wide Pictures sie gebeten hatte, eine ganze Reihe Rollstuhlfahrer für mehrere Filmszenen zu organisieren. Ich hatte ganz vergessen, daß sie hier in der Rancho-Klinik arbeitet. Ihre Aufgabe ist es, die Patienten auf die Rückkehr zu einem normalen Leben vorzubereiten.

Debbie selbst hat als Kind Polio gehabt. Man kann ihr die Spuren dieser Krankheit deutlich ansehen. Ihr braunes, langes Haar fällt in weichen Wellen an ihrem gekrümmten Rücken herab. Leise lächelnd erzählt sie mir die unglaubliche Geschichte ihres Lebens: Vernachlässigung, Adoption, Ablehnung, ein Krankenhaus nach dem anderen, Sonderregelungen und Verbote. Debbie ist wirklich bemerkenswert. Mitten in einer konfessionslosen Klinik bezeugt sie fröhlich und freiwillig ihren Glauben an Jesus. Ich spüre ihr ab, wie sie ihre kalte, unpersönliche Umwelt für Jesus zu gewinnen versucht. Sie ist anders als die anderen, doch alle scheinen sie zu mögen.

„Hast du die Jungs im Therapieraum kennengelernt?" fragt sie mich dann.

„Ja", nicke ich. „Die Therapie selbst hat sich nicht verändert; sie basteln noch immer Untersetzer und malen Schüsseln an. Die Jungs scheinen eine gute Einstellung zu der Sache zu haben."

Debbie wird ernster.

„Nicht alle", sagt sie. „Hast du den Jungen mit der Kopfhalterung gesehen?"

Wieder nicke ich.

„Seine Eltern wollen nichts mehr mit ihm zu tun haben. Er hat sich bei einem Motorradunfall das Genick gebrochen. Er war betrunken. Sie meinen, wenn er schon so unvernünftig war, dann soll er halt zusehen, wie er allein fertig wird." Sie schüttelt den Kopf und seufzt.

Ich sehe zu den Fenstern des Therapieraums hinauf. Hätte ich mich doch nur ein wenig länger mit ihm unterhalten!

„Und der querschnittsgelähmte Mann, der so gut aussieht?

Seine Frau hat gerade die Scheidung eingereicht. Ich habe versucht, mit ihm über Gott zu reden, aber er hört mir nicht mal zu. Er verliert sich restlos in Selbstmitleid und Drogen."

Ich starre die Fenster des Therapieraums an. Die Schicksale, die sie da erwähnt hat, sind denen aus meiner Zeit hier in der Klinik zum Verwechseln ähnlich. Nur, daß sie mich damals längst nicht so sehr berührt haben wie diese hier.

Debbie fühlt mir meine Gedanken nach.

„Joni, du glaubst gar nicht, wie schwer Behinderte es manchmal haben. Nicht nur geistlich gesehen, sondern auch mit den praktischen Dingen des Alltags."

Debbie beeindruckt mich. Sie hilft anderen, inmitten ihrer Probleme zu Jesus zu finden. Hier gibt es keine Scheinwelt und keine Masken. Dies ist die rauhe Wirklichkeit.

„Menschenskinder, seht euch das nur an!" Jay sitzt mit dem Skript für nächste Woche und einem Apfel auf der Couch. „Sie haben eine Liebesszene hier, und dreimal darfst du raten, wer der Glückliche ist." Sie steht grinsend auf, um mir die Seite zu zeigen.

Die ganze Szene beansprucht nicht einmal eine halbe Seite. Ich habe nur ein paar Sätze zu sagen. Cooper, der Schauspieler in der Rolle meines Freundes, hat noch weniger als ich zu sagen. Der Rest besteht aus Küssen.

Nur eine halbe Seite für meine kostbaren Erinnerungen. Die Wirklichkeit damals jedoch war viel dramatischer als mancher Film. Wenn mein Freund Dick mich im Krankenhaus besuchte, fand sich nie ein stilles Plätzchen, wo wir allein sein konnten. Der Gang steckte voller Besucher, und in den Saal durften wir nicht. Mein Zimmer war mit sechs Betten voll belegt. Blieb nur noch der Aufzug. Wir warteten, bis er leer war, versteckten uns darin und drückten auf den Knopf zum dritten Stock. Zwischen dem zweiten und dritten Stockwerk hielten wir den Aufzug dann an. Auf diese Weise hatten wir manches ungestörte Stelldichein – bis die Oberschwester uns auf die Schliche kam und dem Spiel ein Ende machte.

„Ist vielleicht gar keine schlechte Idee, das in das Skript aufzunehmen. So etwas heitert die graue Krankenhausatmosphäre wenigstens ein wenig auf", meine ich.

„Ja, und obendrein wirst du deinen Spaß beim Filmen haben", gibt Jay zurück und zieht mir an den Haaren, bevor sie sich wieder auf die Couch fallen läßt.

Im stillen bezweifle ich, wieviel Spaß es mir machen wird, vor dem gesamten Kamerateam einen Schauspieler zu küssen, den ich kaum kenne. Cooper ist nett und sieht gut aus, aber außer seinem Foto, das neben anderen Schauspielerporträts in meiner Umkleidekabine hängt, habe ich keinerlei persönliche Eindrücke von ihm. Nun, ich werde nichts riskieren und beschließe, mich gut vorzubereiten. Später am Abend, als ich allein bin, übe ich meine besten Küsse – auf dem Handgelenk.

In den nächsten Tagen bin ich häufig mit Cooper zusammen. Das Drehbuch sieht mehrere Szenen mit ihm und mir vor. Die ganze Zeit über frage ich mich, was in ihm vorgehen mag. Ob er auch in dem Skript geblättert hat? Ist ihm auch ein wenig unwohl zumute, was die Aufzugszene betrifft? Wahrscheinlich längst nicht so arg wie mir. Schließlich ist er ein Berufsschauspieler. Er muß gewiß jede Menge Frauen vor der Kamera küssen.

Es ist soweit. Für die Dreharbeiten fahren wir zu einem Krankenhaus in der Nähe. Ein Aufzug wird mit Scheinwerfern, Mikrophonen und Kabeln versehen. Die Kamera selbst steht auf einem Stativ in der Ecke.

Cooper kommt dazu und stellt sich hinter meinen Rollstuhl.

„Passen wir überhaupt noch rein?" fragt er grinsend und schiebt sich ein Pfefferminz in den Mund. Ich beneide ihn um seine Gelassenheit.

Alles ist hergerichtet. Ich werde in eine Ecke des Aufzugs geschoben, und Jim winkt Cooper heran. Er gibt uns ein paar Anweisungen für unseren Dialog. „Der Rest", lächelt er, „spielt sich von allein."

Dann bespricht Jim mit dem Kameramann, welche Stimmung das Bild beherrschen soll. Cooper sitzt auf meinem Schoß und probiert mehrere Kopfhaltungen vor der Kamera aus. Mit Hocker, Notizblock und Stift bewaffnet, kommt das Skriptgirl vom Atelier und setzt sich nahe zu uns, um szenische Einzelheiten für den Zusammenschnitt des Films zu notieren.

„Wird schon schiefgehen", flüstert Cooper mir zu und klopft mir aufmunternd auf die Schulter. Ich bewundere ihn. Wie lässig er sich gibt!

„Achtung. Los!"

Cooper wendet sich zu mir, streichelt mir die Wange und faßt zärtlich mein Kinn. Seine Lippen berühren meinen Mund. Hochspannung. Ich schmelze in dem Kuß dahin. Vergessen sind Scheinwerfer und Kamera.

Der Regisseur ruft: „Schneiden!" Cooper läßt mich unvermittelt los. Die Frau neben uns fächert uns kühle Luft mit ihrem Notizblock zu. Unter den Scheinwerfern wird es heiß.

„Das war aber ein gekonnter Kuß!" lacht Cooper und klopft mir anerkennend auf die Hand.

„Alles klar für die nächste Einstellung!" Jim macht sich ein paar Notizen und ruft dann zum Abfahren auf.

Wieder beugt Cooper sich über mich. Diesmal reagiere ich schneller als vorhin. Ich wundere mich selbst darüber, wie gelöst ich bin. Wir küssen uns noch immer, als die Klappe fällt.

„Das reicht jetzt, ihr beiden. Wir brauchen keine dritte Einstellung!" meint Jim, und alle lachen. Ich werfe dem Kameramann und der Skriptfrau einen verlegenen Blick zu und lache nervös. Ob sie gemerkt haben, daß ich nicht nur gespielt habe?

Ich fahre mir mit der Zunge über die Lippen. Sie fühlen sich heiß an. Plötzlich komme ich mir wie ein Schulmädchen vor, das beim Naschen erwischt wurde. Mein Puls wird ruhiger. Ich lächele, wenn auch ein wenig befangen. Gott ist mein Zeuge, daß dies mein erster Kuß seit zehn Jahren ist. Als mir aber dann bewußt wird, daß es zugleich mein letzter Kuß für zehn weitere Jahre sein könnte, erstarrt auch der letzte Rest meines Lächelns.

Am nächsten Tag spiele ich mehrere Einstellungen mit anderen Schauspielern. Das hilft mir, diese lächerliche Kußszene zu vergessen – wenigstens zeitweise. Später am Nachmittag sind die Aufnahmen von gestern entwickelt, und wir gehen in den Vorführraum. Ich gebe mir die größte Mühe, meine Aufregung zu verbergen. Ich starre die Bildwand an wie ein Kinogänger mit Liebeskummer. Die Szene ist geladen. Doch so schnell, wie alles angefangen hat, ist die Aufnahme auch schon vorbei. Jim Collier und die anderen vom Team machen sich Notizen und tauschen ein paar Bemerkungen über die Farbqualität aus, bevor sie den Raum verlassen.

„Mensch, Joni, das habt ihr beiden toll hingekriegt!" meint Jay, während sie meinen Rollstuhl in den Flur hinausschiebt.

Ich fühle mich gedemütigt. Albern komme ich mir vor, und dazu bin ich mir sogar selbst ein wenig böse. Der Kuß war nichts weiter als ein paar Meter Zelluloid. Als nächstes wird er zurechtgeschnitten, synchronisiert und in den Film eingefügt. Weiter nichts.

Dieser Film ist auf dem besten Wege dazu, mein ganzes Leben zu beherrschen. Warum beschäftigen das Drehbuch, die Schauspieler, das Team und sogar mein eigenes Gesicht auf der Leinwand mich Tag und Nacht? Warum kann ich abends, wenn wir uns in unser gemietetes Haus zurückziehen, an nichts anderes als an den Film denken?

Ich hole tief Luft und versuche, vor einer großen Staffelei einfach einmal abzuschalten. Eigentlich müßte ich eine ganze Reihe von Bildern für Filmszenen fertigstellen, und die Zeit läuft mir davon. James Sewell, der als Filmarchitekt für die künstlerische Gestaltung des Films verantwortlich ist, gibt mir Malunterricht, aber je mehr ich mich bemühe, seinen Worten zu folgen, desto schwerer fällt es mir, mich zu konzentrieren.

„Joni, hörst du mir überhaupt zu?" fragt James. „Welcher Rosaton paßt wohl am besten zu dieser kühlen Farbe?" Er hält mir einen ganzen Fächer mit Farbtuben entgegen.

„W... wie bitte?" Ich schrecke auf. „Oh, James, tut mir leid. Ich ... ich war wohl mit den Gedanken woanders. In letzter Zeit kann ich mich einfach auf nichts konzentrieren."

James legt die Farbtuben auf den Tisch, faltet die Hände und lehnt sich an die Staffelei. Dann nimmt er mir den Pinsel aus dem Mund, wischt ihn an einem feuchten Tuch ab und stellt ihn zu den anderen Pinseln in das Glas.

Dieser freundliche und väterliche, doch zugleich anspruchsvolle Künstler hat manche Drehpause darauf verwendet, mich in meiner Laufbahn als Malerin weiterzubilden. Ich möchte ihn nicht enttäuschen. Nach einem kurzen Schweigen beugt er sich vor und umarmt mich.

„Beinahe Zeit zum Mittagessen. Heute machen wir mal etwas eher Schluß", sagt er und richtet sich wieder auf.

Ich nicke nur.

„Ich bring' dich nach draußen. Ein bißchen frische Luft ist jetzt genau das richtige für dich." Er lächelt und streicht mir über die Wange.

Der Wintergarten auf dem dritten Stockwerk des Studiogebäudes bietet Erholung von dem Streß der Dreharbeiten. Heute hat ein kräftiger Wind die Luft von dem sonst so typischen Smog geklärt, und nun scheint die Sonne Kaliforniens heiß und grell von dem tiefblauen Himmel. Hier draußen kommt man endlich einmal zum Nachdenken.

Jim Collier hat mich von vornherein gewarnt, daß dieser Film, wenn die Dreharbeiten erst angefangen haben, uns wie eine „geschmierte Rutschbahn" erscheinen würde – ein Ausdruck der Filmleute für Einsatz rund um die Uhr. Er hat recht behalten. Diese ersten Wochen vor der Kamera waren tatsächlich reichlich turbulent! Ich hatte ja kaum Zeit, über all die unerwarteten Eindrücke nachzudenken: das Mädchen in dem blauen Badeanzug, die Sache mit dem Hündchen, der Besuch in der Rancho-Klinik und die Erinnerungen, die er heraufbeschwörte – und dann der Kuß.

Ich bin so durcheinander. Alles erscheint mir wie ein Traum, wie Szenen aus einem alten Film. Ich habe sie allesamt schon einmal gesehen. Auf meinem Schoß liegt das Skript. Den Dialog dort auf der aufgeschlagenen Seite habe ich nicht geschrieben, und doch sind es meine Worte. Einerseits spiele ich nur vor der Kamera, andererseits ist es mir bitter ernst. Ich komme mir minderwertig, ja, sogar geradezu häßlich vor neben dem attraktiven Mädchen in dem blauen Badeanzug. Ich fühle mich von einem kleinen Hund verstoßen und beleidigt. Ich kämpfe ständig gegen meine Schüchternheit an. Und dieser Kuß! Plötzlich werden alte Sehnsüchte wieder in mir wach.

In der großen Glastür vor dem Studio betrachte ich mein Spiegelbild. Dreiviertel meines Ichs bestehen aus dem Rollstuhl. Aus der Entfernung wirke ich wie eine riesige Filmkulisse.

Die Dreharbeiten haben zuviel von der Wirklichkeit an sich. Das Geschehen, das wir filmen, liegt zehn Jahre zurück, aber es geht mir noch immer unter die Haut. Dieselben alten Probleme von damals drängen sich mir erneut auf, angefangen von Minderwertigkeitsgefühlen bis zur Sehnsucht nach einem Ehepartner.

Plötzlich scheint die Sonne viel zu heiß. Ich breche in Schweiß aus. Weder der Schatten eines kleinen Bäumchens in der Mitte des Wintergartens noch die leichte Brise können meine heiße Stirn kühlen.

Ich grübele darüber nach, wie es nur zu diesem Kampf kommen konnte. Habe ich nicht genug gebetet?

Beten. Ich habe viel gebetet. Für das Team, die Schauspieler, die Gläubigen unter den Zuschauern unseres Films, diejenigen, die noch keine Gotteskinder sind, die Leute, die unsere Arbeit unterstützen. Mich selbst habe ich dabei außer acht gelassen. Ich war der Meinung, ich hätte die Vergangenheit längst bewältigt. Doch plötzlich bin ich mir nicht mehr sicher. Muß ich wieder von vorne beginnen und dieselben Lektionen von damals neu lernen? Ich weiß nicht, ob ich das kann. Ich bin so müde.

Und die Bibel? In den letzten zwei Wochen habe ich meine Bibel kaum aufgeschlagen. Morgens, auf dem Weg zu den Dreharbeiten, habe ich zwar ein paar Bibelverse vor mich hingemurmelt, Verse, die ich schon vor Monaten auswendig gelernt hatte, aber eben nichts Neues, nichts Frisches aus dem Wort. Ich habe mich faul auf Gottes Gnade ausgeruht.

Einer der Verse kommt mir in den Sinn: „... daß niemand höher von sich halte, als sich's gebührt zu halten, sondern daß er von sich mäßig halte, ein jeglicher, wie Gott ausgeteilt hat das Maß des Glaubens" (Römer 12,3).

Auf der geölten Rutschbahn ist mir vieles entglitten. Ich habe meine geistlichen Reserven aufgezehrt. Ich spüre, wie ich müde werde. Ich habe versagt. Die anderen im Team haben sich in mir getäuscht. Ob sie es gemerkt haben?

Ich werfe den Kopf zurück und öffne den Mund zu einem stummen Aufschrei. Wie soll ich nur vor der Kamera von Gottes großer Liebe reden, wenn ich im wirklichen Leben vor ihm davonlaufe?

„Joni, hast du einen Augenblick Zeit?" Rob Tregenzas Stimme reißt mich aus meinen Gedanken.

Viel zu gekonnt schalte ich von Selbstzweifeln auf den Film um und erwidere sein Lächeln.

Rob bedeutet mir, ihm in das Studio zu folgen, wo er Notenblätter auf dem Teppichboden ausbreitet. Am Klavier sitzt ein Mädchen und spielt eine Melodie. Rob singt den Text dazu.

Vater, mach mich gleich einer Wolke im Morgenwind,
die frei und leicht dem Ziel entgegenschwebt.
Die Dinge, die auf Erden unüberwindlich sind,
werden so klein für den, der von deiner Gnade lebt!

„Was hältst du von diesem Lied als Abschluß für den Film?"
fragt Rob und reicht mir ein zweites Notenblatt.
   „Es gefällt mir ... Sing doch bitte weiter!" Ich schließe die
Augen.

Vater, ich danke dir für das Opfer deines Sohns
und für das Gebet
und für den Glauben, der größer neben allem Zweifel steht.
Du bist wirklich da, der Herrscher aller Zeiten
auf dem Himmelsthron.

Rob legt die Noten wieder zusammen.
   „Jim hat gesagt, ich soll dir das Lied unbedingt zeigen und
dich nach deiner Meinung dazu fragen."
   „Der Text ist Spitze. Besonders die Zeile über die Probleme,
die, aus der Höhe betrachtet, viel kleiner erscheinen. Schließlich
hält Gott uns alle in seiner Hand", sage ich. „Aber die Sache mit
dem Glauben, der neben allem Zweifeln steht, leuchtet mir
nicht so ganz ein."
   Er lächelt und nickt, während er den Deckel des Klaviers
schließt.
   „Wir haben alle hin und wieder unsere Zweifel, Joni", sagt er.
„Meinst du nicht auch, daß Gott uns einen Glauben schenken
kann, der selbst darüber erhaben ist?" Es klingt, als spräche er
aus eigener Erfahrung.
   Ich bleibe ihm die Antwort schuldig. Seine Frage ist rheto-
risch gemeint. Ich habe keine schlagfertige Antwort darauf parat. Die ganze Unterhaltung kommt mir so seltsam auf mich zu-
geschnitten vor. Ich kann eine Menge daraus für mich lernen. So
bleibe ich lieber stumm.
   Ich weiß genau, daß mein Glaube stärker als meine Zweifel
ist. Mein Leben steht in Gottes Hand. Ich bin von Gott gekannt
– aber ich beginne, mich zu fragen, ob ich mich eigentlich selbst
kenne.

Der Kies knirscht unter den Rädern meines Rollstuhls, als ich auf den Schatten einer kalifornischen Küsteneiche zusteuere. In der Luft hängt der süßliche, staubige Duft einer heugefüllten Scheune. Eine saftige Weide mit einem verrosteten Drahtzaun. Eine Pferdekoppel. Dies ist zwar nicht direkt unsere Farm in Maryland, aber die Leute vom Team haben etwas bemerkenswert Ähnliches hier hinter den Bergen von Santa Barbara ausfindig gemacht.

Wir haben die schlechte Luft von Los Angeles mit dem Staub einer Landstraße in der Nähe von Solvang vertauscht. Die Schauspieler und Filmleute haben ihre flotten Sportwagen daheim gelassen und sich mit Kleinlastern und Cowboyhüten ausgestattet. Die ganze Atmosphäre ist gelöst und hat etwas von Urlaub auf dem Lande an sich. Ich brauche keine Krankenhausszenen mehr zu spielen.

Die Kameraauftritte hier draußen im Freien fallen mir leicht. Der Ausflug nach Solvang ist beinahe genauso aufregend wie meine erste Entlassung aus dem Krankenhaus. Alle sind bei bester Laune. Heute morgen hat mir einer der Leute vom Team einen Cowboyhut verehrt. Der Kameramann hat mich auf dem Kran mitfahren lassen. Während einer Pause habe ich mich unten bei der Koppel fachmännisch mit ein paar Helfern über Pferde und Reitsport unterhalten. Die Leute sind allesamt sehr nett. Ich höre ihnen gern zu. Die Worte aus dem Epheserbrief – „verfinstert" und „Verstockung des Herzens" – kommen mir irgendwie viel zu hart für sie vor.

Ich sitze im Schatten der Eiche und freue mich des Lebens. Nicht nur die Landschaft, sondern auch mein nagelneuer elektrischer Rollstuhl tragen sehr zu meiner Hochstimmung bei. Ich brauche den Schalthebel nur leicht zu berühren, und der Stuhl rollt vorwärts. Jetzt braucht mich niemand mehr tagein, tagaus zu schieben. Stolz mischt sich mit dem Gefühl der Unabhängigkeit. Jetzt kann ich mich bewegen, wie ich will. Ich kann mich zu einer Unterhaltung gesellen oder auch nicht – ganz, wie ich es wünsche.

Jim Collier stellt mir den jungen Schauspieler vor, der die Rolle von Steve Estes übernehmen soll. Steve war ein prima Kamerad, der mir eine große Hilfe in meinem Glaubensleben gewesen ist.

„Ich heiße Richard", sagt der junge Mann mit einem freundlichen Lächeln und setzt sich auf einen Baumstamm neben mir. Er sieht Steve als Sechzehnjährigem tatsächlich ähnlich: hoch aufgeschossen, dünn und anfangs ein wenig schüchtern. „Ich hab' 'ne Menge über Steve gelesen", beginnt er und hält ein Exemplar des Joni-Buches in die Luft. „Er hat Ihnen viel bedeutet, nicht?"

Der Maskenbildner kommt näher und setzt seine Tasche auf dem Kies ab. „Habt ihr beide was dagegen, wenn ich schon mal anfange?" Er feuchtet seinen Pinsel an und konturiert Richards Augen für die Kamera.

„Ja ... ja", sage ich abwesend und komme auf Richards Frage zurück. „Ich meine ... klar. Steve hat mir wirklich viel bedeutet."

Richard blättert in dem Buch, um mir zu zeigen, wie viele Abschnitte er mit gelbem Filzstift unterstrichen hat.

„Ich hab' gehofft, daß ich mehr über ihn von Ihnen erfahren kann."

Der Maskenbildner säubert seinen Pinsel und fängt an, meine Augen zu schminken.

„Also, ich habe Steve kennengelernt, als ich gerade aus dem Krankenhaus entlassen worden war. Er war ein Teenager, genau wie ich ... aber er hat so begeistert von der Bibel gesprochen! Von ihm habe ich gelernt, daß Gott immer noch die Zügel meines Lebens in der Hand hält, trotz Unfall und allem, und ..."

„Das meine ich nicht", unterbricht mich Richard. „Ich wollte eigentlich mehr über seine Gestik wissen, wie er sich gegeben hat und so weiter."

„Ach so!" Ein wenig enttäuscht lasse ich meine Bewunderung für Steve und die alten Bibelweisheiten beiseite und wende mich den Nebensächlichkeiten zu. Dieser junge Schauspieler fragt mich nach der Maske, die er zu tragen hat.

Der Regieassistent ruft das Team mit seinem Megaphon zusammen. Gleich werden wir mit den Dreharbeiten beginnen. „Steve" und ich haben unten bei der Scheune eine kurze Szene zu spielen.

Während die Kamera auf dem großen Kran befestigt wird, mache ich eine Übungsfahrt mit meinem Rollstuhl. Vor der Kamera muß ich gleich möglichst gerade steuern, während ich Steve auf dem Scheunendach ein paar Bemerkungen zurufe. Als ich mich sicher genug fühle und die Kamerabewegungen eingeübt sind, kann es losgehen.

„Kamera abfahren!"

Den Anweisungen gemäß steuere ich meinen Rollstuhl langsam auf die Scheune zu, bis ich die Kamera hinter Steve oben auf dem Dach auftauchen sehe.

„Was liest du denn da?" rufe ich zu ihm hinauf.

Er sieht von dem Buch auf seinen Knien auf.

„Die Bibel. ‚Die auf den HERRN harren, kriegen neue Kraft, daß sie auffahren mit Flügeln wie Adler, daß sie laufen und nicht matt werden, daß sie wandeln und nicht müde werden'" (Jesaja 40,31).

Die Worte klingen wie aus einer anderen Welt. Ein Vers aus grauer Vorzeit. Zeilen aus einem Filmdrehbuch, kein Text aus dem Wort Gottes.

Ich schüttle meinen Kopf, wie es das Skript vorgibt, und sage unbeeindruckt: „Klingt ja sehr poetisch." Die Distanz fällt mir leicht. Zu leicht.

Der Regieanweisung folgend, fahre ich in meinem Stuhl weiter und lasse Steve auf dem Dach hinter mir.

Die Sommersonne brennt heiß vom Himmel, aber das Drehbuch schreibt als nächstes eine Herbstszene in der Nähe der Scheune vor. Aus der Entfernung schaue ich zu, wie die Leute vom Team die grünen Blätter der Eiche mit Sprühdosen gold und rot färben. Den Produzenten unseres Films ist wirklich keine Mühe zu groß, um den Hintergrund realistisch zu gestalten!

Um mir die Wartezeit zu vertreiben, werfe ich hin und wieder einen Blick in das aufgeschlagene Buch auf meinem Schoß. Ich lese schon seit längerer Zeit darin, ohne recht damit voranzukommen. Es ist ein Buch des englischen Pastors Dr. Martyn Lloyd-Jones über die Bergpredigt Jesu. Jeder Satz birgt ungeahnte Schwierigkeiten in sich. Schon allein die Wortwahl ist antiquiert und schwer verständlich. Vielleicht schaffe ich heute wenigstens ein paar Seiten, hoffe ich im stillen.

Ich lese gerade eine Betrachtung über den Vers: „Selig sind, die da Leid tragen; denn sie sollen getröstet werden."

„Wer ist er denn nun, dieser Leidtragende? Wie dürfen wir ihn uns vorstellen? Er ist ein trauriger Mensch, ein ernster Mensch. Er ist nüchtern; er trägt eine schwere Last."

Meine Augen überfliegen diese Worte, ohne ihre Bedeutung zu erfassen. Meine Aufmerksamkeit gehört den Sprühdosen, die die Eiche um eine ganze Jahreszeit altern lassen. Mit dem Blick einer Künstlerin beobachte ich, wie die Farben für jeden Ast gewählt werden. Dann sehe ich wieder auf die Buchseite auf meinem Schoß.

„Ein wahrer Christ ist jemand, der weder ein trauriges Gesicht zur Schau stellt noch ein sorgloses. Nein, ein Christ ist ein Mensch, der das Leben ernst nimmt; er sieht es vom geistlichen Standpunkt aus, und er ist in der Lage, Sünde als solche und ihre Folgen zu erkennen."

Etwas in diesem Abschnitt spricht mich an. Vielleicht sollte ich doch einmal genauer hinschauen.

„Hier haben wir also den Leidtragenden. Es ist ein Nachfolger Christi, den wir aus früheren Jahrhunderten kennen, als die Lehre von der Sünde mit Macht gepredigt wurde. Die ernste Lehre von der Sünde stand der frohen Botschaft von der Freude gegenüber, und beide zusammen haben diesen glückseligen Menschen hervorgebracht, der trauert und doch zugleich getröstet ist."

Ich runzele die Stirn. Ist das überhaupt das gleiche Buch, das ich vor einigen Monaten angefangen hatte? Ich überprüfe den Titel. Damals hatte ich die Seiten geradezu verschlungen. Jetzt kommt mir das Ganze wie ein trockener Diskurs für steife englische Adlige von Anno dazumal vor. Irgendwie passen die Worte nicht mehr in unsere Zeit.

Ich schlage das Buch zu und fahre auf den Regisseur und „Steve" zu, um die nächste Szene einzuüben.

Spät am Abend sinke ich vollkommen erschöpft in mein Bett. Ich habe einen langen, harten Tag durchzustehen gehabt, und der viele Kaffee auf leeren Magen hat nicht gerade zu meinem Wohlbefinden beigetragen. So müde, wie ich mich auch fühle, schwirren mir dennoch die Eindrücke des Nachmittags im Kopf herum: das Lachen, das Plaudern mit dem Kameramann, das anerkennende Schulterklopfen.

Inmitten der bunten Bilder vor meinem inneren Auge höre ich plötzlich die Worte:„Der Christ ist jemand, der das Leben ernst nimmt ... er sieht es vom geistlichen Standpunkt aus ... er ist in der Lage, Sünde als solche und ihre Folgen zu erkennen ..."

Zwei völlig unterschiedliche Welten. Vor mir liegen die Stücke eines Puzzles. Ich versuche, sie zu einem Ganzen zusammenzufügen, doch ohne Erfolg.

Seufzend lege ich mich auf meinem Kissen zurecht. Es ist viel zu spät, um sich über solch komplizierte Dinge den Kopf zu zerbrechen. Morgen steht mir wieder ein anstrengender Tag bevor.

Die Morgensonne blinzelt hinter den Bergen hervor. Schließlich bricht sie mit gewaltiger Lichtfülle aus ihrem Versteck hervor. Jay und ich sind auf dem Weg von unserem Hotel in Solvang zu den Dreharbeiten auf der Farm. Wir sind bei blendender Laune und singen vergnügt miteinander. Ich sehe meine Schwester von der Seite an. Sie trägt ihr blondes Haar lang und offen wie damals, als sie in den Zwanzigern war. Die runde Drahtbrille und verwaschene Jeans passen zu ihr. Ich bin froh, sie hier bei mir zu haben. An ihr finde ich Halt, wenn die Filmwelt mir zu turbulent wird.

Doch nicht einmal Jay steht vollkommen über den Dingen. Rob Tregenza, der sich eingehend mit den Kulissendetails für unseren Film beschäftigt hat, ist in letzter Zeit auch recht häufig mit meiner Schwester beschäftigt gewesen. Ich war dabei, als er ihr ein Kompliment wegen ihrer Reitkünste gemacht hat. Während der Drehpausen haben sie sich oft miteinander unterhalten.

Der Fahrer biegt in den Pfad ein, der zu „unserer" Farm führt. Der Rasen und das Gutshaus sind durch Kabel, Scheinwerfer, Kamerawagen und Kräne verunstaltet. Überall hört man Hammerschläge, elektrische Sägen und Stimmen. Das emsige Wirken ist ansteckend.

Ich steuere meinen Rollstuhl in das Haus über zahllose Kabel hinweg und durch ein Labyrinth von Kisten und Truhen. Das Innere des Hauses soll unser Wohnzimmer daheim in Maryland darstellen. Bei all dem Filmzubehör fällt es mir schwer, mich nach daheim zurückzuversetzen. Doch inmitten all der Kulissen steht meine Staffelei. Endlich etwas Vertrautes! Ich lächele und denke daran zurück, wie ich die ersten Malversuche mit dem Pinsel im Mund gewagt habe. Genau diese Szene soll ich heute vor der Kamera wieder lebendig werden lassen.

Jim Collier ruft das Team zusammen. Ich soll dabei gefilmt werden, wie ich einen hübschen Schmetterling im Raupenstadium, dann als Kokon und schließlich im freien Flug male.

Der nette, ältere Requisitenmeister hat ein Glas mit lebenden Raupen mitgebracht. Jahrelange Erfahrung in der Filmindustrie haben ihn gelehrt, daß in Hollywood nichts unmöglich ist, und er hat tatsächlich einen Lieferanten für Insekten ausfindig gemacht. Gleich ein ganzes Dutzend von den Krabbeltieren hat er beschafft, falls eins von ihnen eines plötzlichen Todes sterben, Reißaus nehmen oder nicht fotogen genug sein sollte. (Die Hündchenszene fällt mir wieder ein.) Wir machen uns lustig über den Mann und nennen ihn einen „Raupendompteur". Er setzt sich würdevoll zur Wehr. Immerhin hat er die Tiere dressiert, auf Kommando schnurgerade über die Fensterbank zu krabbeln, meint er. Ich lache. So viel Umstände für die Szene, die als Symbol für meine Verwandlung von der Raupe zum Schmetterling stehen soll!

Die Kamera soll erst meine Zeichnung in einer Nahaufnahme filmen und dann auf die winzige Kreatur auf der Fensterbank schwenken. Der Beleuchter wird angewiesen, die Filmbauten durch zusätzliche Scheinwerfer aufzuhellen. Von meinem Platz höre ich zu, wie er mit Jim und dem Kameramann eine Diskussion darüber führt. Bald werden die Bemerkungen auf allen Seiten so hitzig wie das Licht der grellen Scheinwerfer.

„Das ist viel zuviel Licht", meint der Beleuchter. „Wir dürfen Joni nicht zuviel Hitze zumuten." Nett von ihm, so rücksichtsvoll mir gegenüber zu sein!

„Aber ohne eine gewisse Tiefenschärfe kriegen wir den Vordergrund und den Hintergrund nicht mit einer Einstellung in den Kasten. Sieh doch selbst, welche Schatten drüben am Fenster sind!"

Als Kompromiß einigen sie sich darauf, das Licht wenigstens mit Streuscheiben und Flaggen zu dämpfen. Als ich aber dann vor die Staffelei rolle, brennt mir der Scheinwerfer unvermindert heiß auf den Kopf. Mein Beschützer kommt mit einer dichteren Flagge herbei, ein rechteckiger Rahmen, der mit schwarzem Stoff überzogen ist. Damit stellt er sich hinter mich und schirmt mich gegen das grelle Licht ab.

„Lassen Sie nur, es geht schon!"

„Keine Sorge, das ist ein Service des Hauses", lächelt der Beleuchter.

Ich kenne diesen Mann kaum. Er steht zusammen mit den anderen vom Team auf meiner Gebetsliste. Mir ist allerdings an ihm aufgefallen, wie zuvorkommend er alle behandelt. Er ist stets gelassen. Ein Dickkopf ist er obendrein, füge ich in Gedanken hinzu. Das hat er vorhin im Gespräch mit Jim und dem Kameramann bewiesen.

„So ist's schon besser", stottere ich ein wenig verlegen. „Hitze macht mir wirklich zu schaffen. Es ... es muß an meiner Behinderung liegen."

Im nächsten Moment ruft Jim auch schon zum Abfahren. Trotz der Wärme läuft alles reibungslos ab. Sowohl die Raupe als auch ich befolgen das Drehbuch buchstabengetreu. Wir loben die beeindruckenden Dressurkünste des Requisitenmeisters und machen dann eine Kaffeepause.

Auf dem Weg nach draußen werfe ich dem Beleuchter und seinen Helfern einen kurzen Blick zu. Sie bauen gerade die schweren Scheinwerfer ab. Jay hat Schwierigkeiten, die Kabel für mich aus dem Weg zu räumen. Der Beleuchter springt ein, als sei ich wichtiger als die Scheinwerfer im Wert von Tausenden von Dollars.

„Manchmal ... also, dieser Rollstuhl ..." murmele ich eine Entschuldigung.

„Mir kommen Sie überhaupt nicht wie eine Behinderte vor." Er lächelt und wendet sich wieder seinen Scheinwerfern zu.

Heute sind wir früh mit unserem Pensum fertig. Ein paar von uns überlegen, ob wir zum Abendessen ausgehen sollen. Der Kameramann und der Beleuchter sind mit von der Partie.

Obwohl die Dreharbeiten für heute beendet sind, frische ich mein Make-up für den nächsten „Auftritt" auf. Diesmal spielt die Szene in einem kleinen skandinavischen Restaurant, das in den Zeitungen sehr gelobt wurde. Ich plane den Bühnendialog sorgfältig: die Fragen, die ich stellen werde, welchen Verlauf das Gespräch nehmen soll. Das Essen selbst ist Nebensache. Die Teller gehören zur Kulisse. Im Spotlicht steht der Beleuchter selbst.

Die Unterhaltung ist angeregt. Sehr zu meiner Freude sitzt mein neuer Bekannter neben mir. Genau wie bei der Arbeit ist er äußerst hilfsbereit. Er schneidet mir das Fleisch in kleinere

Stücke, gibt mir Wasser aus meinem Glas zu trinken. Ohne Aufforderung tupft er mir zum Schluß sogar den Mund mit meiner Serviette ab.

Unsere kleine Gruppe schlendert nach dem Essen draußen umher und bleibt hier und da vor einem Schaufenster stehen. Rob nimmt Jays Hand in seine.

Es ist einer von diesen für Südkalifornien so typischen warmen Sommerabenden. Über uns funkeln Sterne in dem klaren Nachthimmel. Von den Feldern her hören wir ungezählte Grillen ihre Liebeslieder zirpen, und der süße Duft von Gardenien hängt schwer in der Luft.

Mir geht es eigentlich nicht anders als Jay, überlege ich. Auch ich stehe nicht immer kühl über den Dingen.

Ich betätige den Hebel meines neuen Rollstuhls und rolle vorwärts. Mit einem verschmitzten Lächeln auf den Lippen lasse ich meine Schwester samt den anderen hinter mir und hole den Beleuchter ein, der vorneweg geht.

Wir sind wieder in Los Angeles. Der Beleuchter, gutaussehend, wohlhabend und nett, wie er ist, möchte mit mir zum Essen ausgehen. Was ziehe ich nur an? Eine einfache Bluse mit Schleife am Halsausschnitt? Nein. Einen schicken Pullover mit V-Ausschnitt? Vielleicht. Ja, genau das.

„Mir kommst du überhaupt nicht wie eine Behinderte vor." Seine Worte und sein Lächeln ... Ich sehe die Berge von Santa Barbara vor mir. Der glitzernde Sternenhimmel über uns. Ich fühle mich tatsächlich einmal frei von meiner Behinderung.

Vom Fenster aus beobachte ich, wie der knallrote Porsche vor unserem Haus anhält. Vor dem Studio habe ich ihn oft auf dem Parkplatz gesehen, aber hier in unserer Einfahrt wirkt er wie von einem anderen Stern. Ich habe ihn längst erwartet und bin fertig.

„Paßt er auch wirklich rein?" Ich mache mir Sorgen um das teure Lederpolster der winzigen hinteren Sitzbank.

„Nur keine Sorge. Das kriegen wir schon hin!" Mein neuer Bekannter, der Beleuchter, manövriert meinen Rollstuhl mühsam hinter den Fahrersitz.

„So, das hätten wir!" Der Stuhl ist verstaut. Gott sei Dank! Wer hätte auch gedacht, daß ein Rollstuhl in einem Porsche Platz findet?

Ich wundere mich selbst, wie angeregt wir uns unterhalten. Wir reden gelöst und unbefangen miteinander. Trotz der Tatsache, daß wir schon seit Wochen jeden Tag zusammenarbeiten, sind wir keineswegs um Gesprächsthemen verlegen. Ich brauche mich nicht verzweifelt anzustrengen, eine Brücke zwischen unseren Welten zu schlagen.

„Der Film ist also ziemlich wahrheitsgetreu?" fragt er bald nach unserer Abfahrt.
„Allerdings." Ich lehne mich gegen die gepolsterte Kopfstütze und seufze. „Ja, so ist es alles gewesen."

„Weißt du, was ich neulich gesagt habe, stimmt wirklich", wirft er ein. „Keiner von uns nimmt deinen Rollstuhl überhaupt wahr." Ich fühle mich geschmeichelt, möchte aber auf keinen Fall der Hauptgegenstand unserer Unterhaltung werden. Sicher hat er längst genug von all diesem Wirbel um „Joni". Mir geht es jedenfalls so.

„Du hast bestimmt schon bei viel interessanteren Filmen mitgearbeitet, oder?" frage ich, um ihm den Ball zuzuspielen.

Er schüttelt den Kopf.

„Werbespots für Pepsi gehören nicht gerade zu den interessantesten Produktionen der Filmindustrie."

„Das findest du nur, weil du zufällig Fruchtsaftfan bist. Ich sehe dich öfters bei der Arbeit mit einem Glas davon in der Hand. Komm schon, wo bleibt nur deine Begeisterung für Pepsi?"

„In meiner Garage, um's genau zu sagen. Nach den Spots haben sie uns ganze Berge von dem Zeug geschenkt." Sein lächelnder Blick begegnet meinem für den Bruchteil einer Sekunde. Der matte Schein der Armaturenbeleuchtung zeichnet seine Umrisse nach. Mit der Kamera meines inneren Auges fange ich das Bild ein.

Er beschleunigt den Wagen auf der Auffahrt zur Autobahn. Die Lichter drüben auf den Hügeln von Hollywood glitzern wie Sterne. Er hat recht. Heute abend wird uns meine Behinderung nicht stören.

Ich habe mir vorgenommen, kein Getränk zu bestellen, damit mein Urinbeutel später nicht geleert werden muß. In den letzten Wochen habe ich einiges an Gewicht verloren, so daß ich leichter zu heben bin. Ich überlege mir, was ich mir als Hauptgang bestellen soll. Es muß etwas sein, das ich selbständig essen kann, ohne daß mir die Bissen von meinem Speziallöffel fallen. Ich werfe einen prüfenden Blick auf meine Füße. Es ist noch früh am Abend, und meine Knöchel sind zum Glück noch nicht so arg geschwollen.

Ich höre dem Klicken des Blinkers zu, während wir auf die Schnellspur überwechseln, und beobachte die Leute in den Autos, die wir überholen. Eine gutaussehende Blondine mit eleganter Frisur fährt einen schwarzen Mercedes. Obwohl es Abend ist, trägt sie eine dunkle Brille, hinter der sich jegliche

Regung verbirgt. Eine Clique von Teenagern ist in einem Pontiac unterwegs, um die Stadt unsicher zu machen. Die Fenster sind zwar hochgekurbelt, aber ich sehe, wie sie zur Rockmusik im Radio die Sänger mimen. Ein Mann sitzt am Steuer eines Caravans. Sein Blick ist starr geradeaus gerichtet, und seine Hände umfassen das Lenkrad genauso, wie die Fahrschulen es vorschreiben. Von seiner Frau, die sich gerade umwendet, um ein Kind zu maßregeln, nimmt er kaum Notiz.

Die Autobahn ist ein Bühnenstück mit ihren eigenen Darstellern, Handlungen und Kulissen. Es ist ein Drama über eine wirre, unruhige Welt, wo jedermann hetzt und jagt. Heute bin auch ich unter den Darstellern. Mein Rollstuhl ist auf dem Rücksitz verstaut, und niemand dort draußen weiß, daß ich behindert bin.

Vor einem exotisch wirkenden Asien-Restaurant bremst mein Begleiter scharf ab, steigt aus und geht auf den jungen Burschen am Eingang zu. Er steckt ihm eine Geldnote zu und erklärt ihm, daß wir einen besonderen Parkplatz brauchen. Der junge Mann lächelt höflich und weist uns ein.

Innerhalb von wenigen Minuten ist mein Rollstuhl aufgeklappt und steht bereit. Im stillen hoffe ich, daß mir meine Schuhe nicht von den Füßen rutschen, während er mich hebt. Und obendrein hoffe ich, daß er sich keinen Bandscheibenschaden beim Heben zuzieht!

Mein Gastgeber zeigt erstaunliches Geschick beim Überwinden der Stufen. Er muß meine Schwester dabei beobachtet haben, wie sie mich samt Rollstuhl treppauf bugsiert. Ich atme erleichtert auf. Meine Beine finden unter dem Tisch Platz. Ich bestelle ein Gericht, das ich ohne Hilfe bewältigen kann, indem ich meinen Speziallöffel benutze.

„Sag mal, wie würdest du dein Glas eigentlich anstrahlen, wenn du einen Werbespot für eine Weinmarke zu machen hättest?" frage ich. Ich interessiere mich wirklich für seine Arbeit.

Er denkt einen Moment lang nach, hält sein Glas gegen das Licht und schwenkt den Wein darin leicht umher. Dann stellt er das Glas auf den Tisch zurück und läßt seine Finger auf dem Rand kreisen.

„Zuallererst würde ich's hier hinstellen." Er lehnt sich zurück. Dann zieht er einen leeren Stuhl näher an sich heran.

„Hier würde ich eine schöne Frau hinsetzen." Er klopft auf die Armlehne des Stuhls.

„Brünett. Dunkler Teint. Volle Lippen. Hohe Wangenknochen. Schlanker Hals. Viel Haut."

Mein Lächeln erstarrt.

„Dann würde ich einen Neuner hier aufbauen, dort drüben ein paar Zwillinge für den Hintergrund, und einen Weichzeichner vor die Kamera." Er spricht in dem Jargon seines Berufs. „Mit anderen Worten, ich würde die Frau im Hintergrund verschwinden lassen. Wer macht sich schon was aus schönen Frauen?" Er lächelt und nippt an dem Glas.

Ich lache. Noch immer komme ich mir wie auf der Überholspur des Lebens vor. In meiner Phantasie sind meine Hände zu den anmutigsten Gesten fähig ... lange, schlanke Finger mit lackierten Nägeln rühren abwesend im Kaffee, während ich ins Gespräch vertieft bin.

Auf der Heimfahrt wache ich langsam, aber sicher aus meinem Traum vom Aschenputtel auf. Mein Urinbeutel müßte dringend geleert werden. (Ist das nicht eine Spur von Urinduft, die ich da rieche?) Mein Pullover ist mir durch das viele Heben aus dem Hosenbund gerutscht. Das Korsett sitzt zu hoch und engt mich beim Atmen ein. Ein leichter Schweißausbruch sagt mir, daß etwas bei mir nicht stimmt. Mein Spiegelbild oben auf dem Sonnenschutz ist ein entmutigender Anblick. Mein Make-up könnte eine Auffrischung vertragen, aber ich bin hilflos. Ich sehe genauer hin. Mein Gesicht trägt denselben bleichen, leblosen Ausdruck wie das, das mich vor nicht allzulanger Zeit aus dem Studiospiegel angestarrt hat.

Ich bin froh, daß Jay daheim ist, um mich in Empfang zu nehmen. Irgendwie fühle ich mich zentnerschwer, als die beiden mich jetzt wieder in meinen Rollstuhl heben. Mein Begleiter merkt mir an, daß ich mich nicht wohl fühle, und verabschiedet sich ohne lange Umschweife. Es tut gut, endlich den verrutschten Pullover und das Korsett abzulegen. Der Urinbeutel wird geleert, und endlich darf ich in mein Bett sinken, wo ich mir nicht mehr so arg gelähmt vorkomme.

Morgen steht wieder ein anstrengender Drehtag bevor. Noch mehr Szenen, die von dem Rollstuhl handeln. Mehr über meine Behinderung. Ich kann das Wort „damals" nicht mehr hören.

Ich werde es leid, unablässig die „Joni" zu sein, die ihr Leben so glänzend bewältigt.

Heute abend habe ich mich wirklich tapfer geschlagen. Die dünne Maske ist erstaunlich gut intakt geblieben – aber eben doch nicht vollständig.

„Jay! Judy! Schnell!"

Meine Stimme drängt. Ich bin mitten in der Nacht mit rasenden Kopfschmerzen aufgewacht. Mein Puls ist viel zu schnell. Es ist keine Nervosität, die ihn in die Höhe treibt. Irgend etwas in meinem Körper ist ernsthaft gestört.

„Jay!" rufe ich wieder und warte darauf, den Lichtschalter im Nebenzimmer zu hören.

Endlich stolpert Jay in mein Zimmer.

„Was ist denn los?" Sie sieht mich forschend an. „Aber Joni, dir rinnt ja der Schweiß in Strömen übers Gesicht!"

„Das muß an meinem Katheter liegen. Er ist sicher blockiert oder verdreht oder was weiß ich!" Ich atme tief, um meinen Herzschlag unter Kontrolle zu bringen. „Tu was, schnell! Bitte, beeil dich!"

Jay ist erschrocken. Sie wirft meine Bettdecke zurück, dreht mich auf die Seite und stellt fest, daß mein Katheter undicht gewesen sein muß.

„Das Bett ist ja klatschnaß. Deine Blase muß zum Überlaufen voll gewesen sein."

Ich denke an die acht Gläser Wasser, die ich jeden Abend vor dem Zubettgehen trinken muß. Die ganze Flüssigkeit ist noch in meinem Körper. Meine Reflexe sind gestört. Bei Menschen mit einer Wirbelsäulenverletzung kann das Gehirnblutungen hervorrufen.

„Ich setz' dir sofort einen neuen. Wir haben keine Zeit zu verlieren!" Mit fliegenden Händen sucht Jay aus meiner Nachttischschublade einen neuen Katheter, eine Spritze, Desinfektionsmittel und Schere zusammen.

In meinem Kopf hämmert es ohne Unterlaß. Ich weiß, daß mein Blutdruck in die Höhe schießt, ohne daß ich etwas dagegen unternehmen kann. Ich versuche, nicht ständig über die drohende Gehirnblutung nachzudenken.

Innerhalb von Minuten sitzt der neue Katheter.

„Komm schon ... raus mit dem vielen Wasser!" flüstert Jay nervös und untersucht zitternd den Plastikschlauch nach der Flüssigkeit.

Vor Schmerzen kommen mir die Tränen.

„Was ist denn nur? Warum klappt's nicht?" rufe ich verzweifelt.

„Ich weiß auch nicht! Ich hab' alles genau überprüft. Der Katheter muß defekt sein!"

Unverhohlene Panik steht ihr im Gesicht. Sie kennt die Gefahr einer solchen Situation so gut wie ich. Die Ärzte haben uns davor gewarnt. Wir haben in Büchern darüber gelesen. Doch bis jetzt ist mir so etwas noch nie passiert.

Mein Kopf fühlt sich an, als sei er in ein Band aus Stahl gezwängt.

„Mein Gott, vergib mir! Vergib, daß ich nicht mehr weiß, was ich tun soll ..." murmele ich. „Bitte ... wenn es jetzt passiert ..."

Jay greift nach dem Telephon und ruft den Transportleiter vom Studio an.

„Bestellen Sie bitte sofort eine Ambulanz für Joni. Schnell!"

„Herr, ich lobe dich ... Herr, ich preise deinen Namen ..." bringe ich zwischen tiefen Atemzügen hervor. Mir bleibt nur das Warten – ob auf die Ambulanz oder darauf, daß dieser entsetzliche Druck in meinem Kopf nachläßt, oder auf das Ende, weiß ich nicht zu sagen. Ich begegne der Panik mit dem Lob Gottes.

Unterwegs zum Krankenhaus lassen meine Kopfschmerzen leicht nach. Meine Blase muß sich etwas geleert haben. Ich atme auf. Die Bahre ist gewiß durch und durch naß, aber was soll's? Ich lebe noch!

In der Notaufnahme bekomme ich einen neuen Katheter gesetzt. Mein Blutdruck und Puls werden eine Stunde lang genau beobachtet, um sicherzustellen, daß sich alles stabilisiert hat. Als wir uns endlich wieder auf den Weg zum Hotel machen, ist es halb drei in der Frühe.

Ich mache eine Bemerkung über den Drehbeginn in ein paar Stunden.

„Das meinst du doch wohl nicht im Ernst?" Jay ist entgeistert. „Findest du denn nicht auch, daß du dir den Tag freinehmen solltest? Die Filmerei kann warten. Dafür wird jeder Verständnis haben."

Ich denke nach. Im Grunde weiß ich, daß ich mir nur über alle möglichen schlimmen Folgen dieses Ereignisses den Kopf zerbrechen würde, wenn ich den ganzen Tag zu Hause bliebe.

„Wie wär's denn dann mit einem Kompromiß? Wir schlafen uns gründlich aus und bitten Jim, erst mittags anzufangen."

Wieder in meinem Bett, wo ich vor wenigen Stunden noch Todesängste ausgestanden habe, fällt mir das Lob Gottes wieder ein. Ich bin froh, daß ich die Geistesgegenwart gehabt hatte, mich in meiner Not gleich an Gott zu wenden. Jetzt schicke ich jedoch nur ein kurzes Dankgebet himmelwärts und versuche einzuschlafen. Immerhin wird der Tag, der vor mir liegt, wieder einige Kraft kosten. Gegen etwaige Schuldgefühle setze ich mich zur Wehr. Gott wird mich schon verstehen.

Als wir später im Studio ankommen, ist das Team ungewöhnlich still. Niemand ruft mir eine saloppe Begrüßung wie sonst entgegen. Offensichtlich haben sie alle von meiner nächtlichen Krankenhausepisode erfahren. Ich sehe wahrscheinlich noch immer ein wenig müde aus. Judy träufelt mir erfrischende Tropfen in die geröteten Augen.

Da es schon Nachmittag ist, beginnen wir ohne lange Vorreden mit der Arbeit. Szene 648 steht auf dem Programm.

Joni: „Mir geht's gut. Ich kann noch fühlen."
Schwenken zu Jay.
Joni (fährt fort): „Und leben tu' ich auch noch. Ich will halt nur in Ruhe gelassen werden, weiter nichts."

Nachdem die Szene gedreht ist, wehre ich Judys Vorschlag, mich eine Weile hinzulegen oder wenigstens heute abend früher zu Bett zu gehen, kurzerhand ab. Sie und Jay wollen es wohl nicht einsehen, daß ich meine Arbeit tun muß. Ich kann Jim und die anderen vom Team jetzt nicht im Stich lassen. Mit dem Streß werde ich schon fertig.

Und im übrigen möchte ich jetzt nur allein gelassen werden.

Die einzelnen Filmszenen, die wir gedreht haben, fügen sich allmählich zu einem Ganzen zusammen. Sie sind die Puzzlestücke zu einer Botschaft von der Hoffnung, die Jesus Christus anbietet. Ich jedoch werde immer schwächer: körperlich, nervlich und geistlich.

Ich sitze am Rand des Aufbaus und beobachte das Team. Eigentlich sollte ich nicht nur einfach dasitzen, sondern mich betätigen, ermahne ich mich. Beten zum Beispiel. Ich spüre, wie der Heilige Geist mich sanft dazu auffordern will. Die Sache mit dem blockierten Katheter und den erhörten Gebeten aus tiefster Not fällt mir ein, und ich beginne, pflichtbewußt und ohne rechte Freude zu beten.

Der Kameraassistent macht einen müden Eindruck. „Herr, hilf ihm doch, in dir Ruhe und Kraft zu finden!" Ob der Requisitenmeister die Hauptaussage unseres ganzen Films begriffen hat? „Herr, laß ihn doch mit allen seinen Sorgen zu dir kommen." Und der Schauspieler, den ich geküßt habe ... „Herr, er wird jetzt nicht mehr für die Dreharbeiten gebraucht. Hilf doch bitte, daß er immer wieder ins Nachdenken über dich kommt, wo er auch sein mag."

Mein Blick wandert zu dem Beleuchter. Er trägt ein rotes Flanellhemd und modisch verwaschene, auf Falten gebügelte Jeans. Jetzt winkt er mir mit seinem Saftglas in der Hand zu und lächelt mich fröhlich an. Ich kann und will seinem Blick nicht ausweichen.

Ein Gebet für ihn? Also schön, ich bete, wenn ich mir auch über meine Motive dabei nicht recht im klaren bin. Mir scheint, mein Herz ist mir wichtiger als seine Seele. Und er ahnt nicht das geringste davon!

Aber ich stecke voller Ideen. Einige Mitglieder von dem Team und der Besetzung werden bald nach Maryland fliegen, um ein paar Herbstszenen vor Ort zu drehen. Diesmal werden wir inmitten von echtem Herbstlaub drehen – feuerrote Ahornbäume und hohe, gelbe Eichen bilden den Hintergrund. Die Leute vom Team werden endlich die echte Farm, meine echte Familie und meine echten Freunde kennenlernen. Ich werde ihnen, einschließlich dem Beleuchter, andere Pferdefarmen in Maryland zeigen, Naturparks in den Bergen, und vielleicht sogar Washington, D.C. Maryland im Herbst. Sie werden begeistert sein!

Selbst die Drehbuchszenen, die wir dort einfangen sollen, sind voller Poesie:

Joni im Rollstuhl durch das Laub.
Steve: „Nicht alles Fleisch ist das gleiche Fleisch ...'"
Steve und Joni gemeinsam vorwärts.
Steve (fährt fort): „... ,sondern ein anderes Fleisch haben die Menschen, ein anderes das Vieh, ein anderes die Vögel, ein anderes die Fische ... Und es gibt himmlische Körper; aber eine andere Herrlichkeit haben die himmlischen und eine andere die irdischen ...'"
Die Kamera schwenkt vom Laub auf Joni und Steve, die auf dem Weg weitergehen. Musik fängt an. Steve liest vor, während er und Joni bergauf gehen.
Steve: „Das sage ich aber, liebe Brüder ...'"
Jonis Rollstuhl bleibt im Laub stecken. Steve schiebt sie den Hügel hinauf.
Steve (fährt fort): „,... daß Fleisch und Blut nicht können das Reich Gottes ererben; auch wird das Verwesliche nicht erben die Unverweslichkeit.'"

Ach, wenn doch nur das ganze Team zu Christus finden würde: der Requisitenmeister, die Skriptfrau, beide Kameramänner, und, jawohl, auch der Beleuchter. Ich sitze am Rand des Geschehens und schaue zu, wie das Team Aufnahmen von den herbstlich bunten Bäumen hier auf einem Feld in Maryland macht.

Die Kalifornier unter uns wirken beinahe wie Ausländer in ihren gesteppten Daunenjacken. Die Einheimischen kommen bei dieser kühlen Witterung noch gut ohne Mäntel und Jacken aus. Betsy und Diana, gute Freundinnen von mir seit unserer Schulzeit, scheinen in ihren Pullovern nicht zu frieren. Sie sind hierher nach Sykesville gekommen, um bei den Dreharbeiten zuzuschauen. Ich freue mich über ihr Interesse an unserer Arbeit.

„Sag mal, wozu ist das Ding hier eigentlich gedacht?" fragt Diana und zeigt dabei auf eine große, rechteckige Styroporplatte.

„Das ist ein Reflektor", beginnt mein Freund, der Beleuchter, zu erklären. „Wenn eine Gesichtshälfte durch die Kamera zu dunkel erscheint, dann wird sie indirekt über diesen Reflektor angestrahlt." Er hält die Platte so, daß die Sonnenstrahlen Dianas Gesicht auf ihrer Schattenseite aufhellen.

„Denkt nur, was mir bisher alles entgangen ist!" Diana lacht und bauscht sich die Haare à la Marilyn Monroe auf. „Für den Wuschel-Look trägt man einfach eine Windmaschine vor sich her, und von der Seite läßt man sich von Reflektoren anstrahlen." Sie zeigt auf ihr Gesicht. „Und hinter mir ein Aufheller für die Konturen. Alles ganz natürlich!"

„Ja, genau!" lacht auch der Beleuchter. „So machen wir's die ganze Zeit mit Joni. Aber wißt ihr ...", er wird ernster, „ganz egal, welche Scheinwerfer ich einsetze, Joni sieht immer gut aus."

Eigentlich hätte ich das Drehbuch auf meinem Schoß studieren sollen, aber jetzt kann ich diesen Mann nur anstarren. Sein Kompliment ist aufrichtig und ohne jeden Hintergedanken gemeint. Ich mache wahrscheinlich aus einer Mücke einen Elefanten – aber das ist mir im Moment völlig gleichgültig. Diana bemerkt den schlafwandlerischen Ausdruck in meinem Gesicht und wirft Betsy einen vielsagenden Blick zu.

Nach der Drehpause gesellen sich meine Freundinnen zu mir hinter die Aufnahmegeräte und schauen zu, wie das Team weiterfilmt. Die große Kamera macht ein Stimmungsbild von den Bäumen, die rauschend im Wind wogen. Mehrere Minuten lang sehen wir zu, ohne ein Wort zu wechseln.

„Interessant, ihnen bei der Arbeit zuzugucken, nicht?" murmele ich dann und deute auf das Team und die Geräte. Eine Windböe fährt durch das trockene Laub der Bäume. Wir rücken näher zusammen, um uns warmzuhalten.

Betsy beugt sich von hinten über meinen Rollstuhl und legt ihre Arme um mich.

„Wenn du es nur gut überstehst, Joni!" sagt sie und streicht mir liebevoll über den Arm, bevor sie sich wieder aufrichtet.

Etwas an ihrer Bemerkung stimmt mich ärgerlich.

„Was soll das denn?" gebe ich zurück. „Stimmt vielleicht was nicht?"

Betsy tritt einen Schritt zurück.

„Oh, ich ... ich hab' nur gemeint, weil du halt so mager geworden bist. Und so müde!" Sie schaut verwirrt drein. „Ich hab' dich doch lieb, weißt du. Der ganze Streß durch die Filmerei und so weiter ... Ich mach' mir halt nur Sorgen um dich, weiter nichts."

Wie dumm von mir, so heftig zu reagieren!

„Seht mal, mir fehlt nichts. Wirklich nicht!" Ich setze ein gezwungenes Lächeln auf. „Ihr braucht euch keine Sorgen um mich zu machen."

Meine Worte wirken wie eine Zeile aus dem Drehbuch; wie eine Maurerkelle, die alle Unebenheiten und Risse bis zur Unsichtbarkeit verputzt.

Ich kann den beiden unmöglich eingestehen, daß ich eigentlich lieber allein wäre ... daß ich nur noch selten in meiner Bibel lese ... daß ich kaum noch esse ... daß meine Gebete stumpf und leblos geworden sind und sich allerhöchstens noch um mich selbst drehen ... daß ich mich mit irgend jemand verabreden möchte ... und daß ich diesen Rollstuhl so unsagbar leid bin.

Ich denke an das Team. Filmdarsteller tragen Masken und ersetzen eine Wirklichkeit durch eine andere, eine falsche.

Ein kalter Nordwind kündigt den nahen Wintereinbruch an. Er
fegt über die offenen Felder Marylands hinweg und pfeift durch
die Bäume. Die bunten Blätter vertrocknen zu einem leblosen
Braun und fallen rasch von den Ästen. Wir müssen uns mit den
letzten Herbstszenen des Films beeilen.

Auf einem Stoppelfeld jenseits des Flusses lassen „Steve" und
ich gemeinsam einen Drachen steigen. Der böige Wind reißt uns
den Drachen immer wieder aus dem Kamerabereich, so daß wir
die Szene mehrmals wiederholen müssen.

Steve, die Fadenspule in der Hand, sieht Joni an.
Joni: „Genauso geht's mir oft: rauf und runter, rauf und runter. Mein Leben ist voller Hoch- und Tiefpunkte."

Ich sage es unverhohlen, achselzuckend. Beinahe jede Zeile dieses Drehbuchs kommt der Wirklichkeit bedrohlich nahe. „Na
und?" denke ich aber dann. Schließlich hat jeder Hoch- und Tiefpunkte im Leben, und ich bin da halt keine Ausnahme. Was
macht es schon aus, daß ich in letzter Zeit ein paar Kämpfe
durchzustehen hatte?

Auf und ab. Jay scheint die einzige von uns zu sein, deren Leben einem spiegelglatten Gebirgssee gleicht. Obwohl sie und
Rob einander erst seit kurzer Zeit kennen, haben sie in den letzten Wochen manches lange, intensive Gespräch miteinander geführt. Soviel Zeit hat Jay noch nie mit jemandem verbracht.

Bis vor kurzem habe ich den beiden, um ehrlich zu sein, wenig Beachtung geschenkt. Ich habe sie zwar oft während der
Kaffeepause am Rand der Bühne miteinander über die Kulissen
diskutieren sehen. Und in Solvang ist mir aufgefallen, wie häufig sie sich nach einem langen, anstrengenden Drehtag noch
miteinander verabredeten. Aber jetzt sehe ich, wie die Dinge

ernsthaft ins Rollen kommen. Es ist nicht nur die Jahreszeit, die bald wechseln wird. Ich glaube, Jay wird auch in nicht allzu ferner Zukunft ihren Nachnamen wechseln.

Ja, mein Ausflug in die Heimat, wo ich von Angehörigen und Freunden umringt bin, hat mir ein neues Thema vor Augen geführt: Heiraten. Überrascht bin ich allerdings kaum. Ich habe mich oft gefragt, warum nicht schon längst ein Märchenprinz vor Jay haltgemacht hat, um sie um ihre Hand zu bitten. Wenn Jay in ihrem Schaukelstuhl sitzt und das sanfte Schaukeln ihr blondes, glänzendes Haar weich hin- und herwogt, gibt sie einfach einen bildschönen Anblick ab. Sie versorgt ihren Garten mit der Liebe einer Mutter zu ihren Kindern. Ihr Haus auf der Farm strahlt Gemütlichkeit und Wärme aus. Sie ist mir all die Jahre über, die ich mit ihr und ihrer Tochter Kay verlebt habe, immer treu zur Seite gewesen.

Jay und Rob werden nun bald heiraten, aber sie haben mir versichert, daß sich an unserem Leben auf der Farm nicht das geringste ändern wird. Trotzdem bin ich nun gezwungen, mein Leben und auch Jays einmal kritisch aus der Distanz zu betrachten. Eine einschneidende Veränderung – keine Filmszene, sondern so real wie mein Rollstuhl – steht sowohl Jay als auch mir bevor. Wie berührt mich das eigentlich?

Ich bin weder ängstlich noch neidisch. Ich fühle mich nicht einmal im Stich gelassen, wenn das Leben meiner Schwester jetzt einen Richtungswechsel erfährt. Seltsamerweise fühle ich überhaupt nichts. Schließlich wird mir klar, daß ich einfach innerlich wie betäubt bin. Meine Schwester steht kurz vor dem Beginn ihrer Ehe, und ich bin wie betäubt, als stünde ich unter dem Einfluß einer angenehm beruhigenden Droge.

Zum ersten Mal habe ich Angst, lähmende, entsetzliche Angst. Das hat mit Jays Hochzeit allerdings kaum etwas zu tun. Was mich so erschreckt, ist die Tatsache, daß ich mir selbst fremd geworden bin. Irgendwie ist es mir gelungen, alle normalen, vertrauten Empfindungen im Keim zu ersticken und den Menschen, der in mir steckt, bis zur Unkenntlichkeit zu übertünchen. Dazu stelle ich zu meinem Schrecken und Ärger fest, daß ich selbst schon wieder im Mittelpunkt meiner ganzen Gedankenwelt stehe.

Es geschieht alles viel zu schnell. Jay und Rob feiern den Beginn ihres Lebens zu zweit eines Freitags, nachdem die letzte der Maryland-Szenen im Kasten ist. Der Himmel ist von schweren, grauen Wolken verhangen. Die letzten Farben des Herbstes verbleichen unter seiner Last. Die Hochzeitsfeier selbst bleibt jedoch von dem Wetter unberührt. Zu gedämpften Klängen klassischer Musik geben sie sich das Eheversprechen vor der versammelten Familie und Freunden hier in unserem Wohnzimmer auf der Farm. Die herzliche Wärme dieser Feier spiegelt die tiefe, reine Liebe wieder, die die beiden füreinander empfinden.

„Mein Leben ist voller Hoch- und Tiefpunkte." Die Dialogzeile verfolgt mich auf Schritt und Tritt. Ich freue mich selbstverständlich für Jay – aber wozu befreit mich diese Veränderung? Was soll ich sein? Was soll ich tun? Wo stehe ich denn nur, und wohin, in Gottes Namen, führt das Leben mich?

Kleine Wasserrinnsale rutschen seitwärts am Fenster entlang, während unser Flugzeug durch Nebel und Regen hindurch auf den Flughafen von Los Angeles Kurs nimmt. Als wir gelandet sind und das Flughafengelände verlassen, stellen wir fest, daß die Autobahn regennaß und der Verkehr zähflüssig ist. Unser gemietetes Haus finden wir dunkel und feucht vor. Zum ersten Mal erlebe ich Los Angeles bei schlechtem Wetter.

Während Judy und Jay die Koffer auspacken, blättere ich in dem Skript für die kommende Woche. Mehrere Schauspieler stehen nicht mehr auf der Besetzungsliste, weil sie nicht mehr zu den Dreharbeiten benötigt werden. Wir haben mehr Kurzszenen als bisher zu drehen, und das Programm ist längst nicht so gedrängt voll. Die Produktion des Filmes *Joni* neigt sich deutlich dem Ende zu.

Auch am Montag herrscht naßkaltes Wetter, doch ich spüre deutlich die Wärme, mit der ich von dem Team und der Besetzung im Studio begrüßt werde. Die starken Lichter an meinem Schminkspiegel vertreiben den letzten Rest meines Fröstelns. Jim Collier holt sich einen Stuhl und setzt sich neben mich.

„Du siehst erholt aus."

Unsere Blicke begegnen sich im Spiegel. Er wartet darauf, daß ich lächele. Er weiß genausogut wie ich, daß ich in der letzten Zeit manche Veränderung durchgemacht habe.

„Viele Leute haben für dich gebetet. Du hast wieder eine Sitzwunde, hab' ich gehört." Er nimmt sich die Brille ab und wischt die Gläser an einem Zipfel seines Hemds.

Ich senke den Kopf.

„Ja, das stimmt. Ist aber nur eine kleine. Ich hab' halt wohl ein bißchen abgenommen."

„Ein bißchen?" Jim setzt sich die Brille wieder auf und reibt mir die Schultern. „Hör mal, die Krankenhausszenen sind schon vor Monaten abgedreht worden!"

„Na schön, ich werde mir alle Mühe geben und mir die paar Pfund wieder anfuttern." Das ist schlichtweg gelogen. „Und Jim, die Gebete kann ich gut gebrauchen." Das stimmt allerdings. Sehr sogar. Ich brauche Kraft – physische Energie – für diese letzten Wochen vor der Kamera. Aber ich weiß nur zu gut, daß ich nervlich und sogar geistlich mit meinen Kräften so gut wie am Ende bin.

„Hör mal, die Leute vom Team haben dich vermißt. Wie wär's, wenn du ein paar Worte an die ganze Gruppe richten würdest, bevor wir mit der Arbeit anfangen?" schlägt Jim vor, während er sich zum Gehen anschickt.

Ich fahre mit meinem Rollstuhl nach unten in den Aufnahmeraum, wo der Produzent das ganze Team zusammengerufen hat.

„Prima, dich wiederzusehen!" begrüßt mich der Kameraassistent und legt mir die Arme um die Schultern.

„Guckt mal, da ist sie ja!" ruft der Requisitenmeister und breitet die Arme zum Willkommensgruß aus. Die Leute von der Kostümabteilung und die Tonmischer umringen mich und begrüßen mich herzlich. James, der die künstlerische Gestaltung des Films unter sich hat, winkt mir mit dem Pinsel von seiner halb fertigen Kulisse aus zu. Der Beleuchter, der gerade ein Kabel über seinen Ellbogen aufrollt, winkt mir quer über den Raum hinweg lächelnd zu. Meine Gefühle sitzen dicht unter der Oberfläche, als ich mir nun ein paar Gedanken für meine kurze Ansprache zurechtlege. Ich empfinde echte Liebe für alle diese Menschen hier. Ich habe einzeln und namentlich für sie alle gebetet, habe mit Jesus über sie gesprochen und auch mit ihnen über Jesus. Um aber nun einen Tränenausbruch vor ihnen zu vermeiden, schiebe ich die ernsten, emotionsgeladenen Worte, die mir auf der Zunge liegen, weit von mir.

„Ich möchte euch allen sagen, daß ... es mir Freude gemacht hat, in den letzten Monaten mit euch zusammenzuarbeiten. Dieser Film ... äh, dieses Kunstwerk ist ... hat mir viel bedeutet. Wir haben alle eine Menge gelernt, was Kreativität anbelangt. Auch mußten wir uns oft umstellen. Aber durch unsere vereinten Kräfte werden durch diesen Film viele Menschen etwas von

Jesus erfahren ... und ich hoffe, ihr seid ihm auch ein Stück nähergekommen."

Das Team klatscht Beifall. Ihre Anerkennung ist herzlich und aufrichtig. Ich möchte mehr sagen, etwas über das Evangelium selbst, etwas Konkretes. Ich möchte diese Menschen herausfordern, über ihr Verhältnis zu Gott nachzudenken. Aber dann stocke ich. Tief in meinem Herzen weiß ich, daß ich selbst nicht ganz im reinen mit ihm bin. Ich breche in Tränen aus – nicht nur, weil mir so viel an diesen Menschen liegt, sondern auch, weil ich sie einfach enttäuscht habe. Und ich habe auch Gott enttäuscht.

„Joni, wir haben eine kleine Überraschung für dich und die anderen hier", unterbricht Bill Brown, der Produktionsleiter, den Applaus. „Billy Graham ist gerade hier im Haus wegen einer Ausschußsitzung bei World Wide. Er läßt fragen, ob wir ein paar Minuten Zeit für ihn hätten." Ein gedämpftes „Ooooh!" geht durch die Reihen, und dann bricht erneut Beifall aus.

Billy Graham und mehrere Vorstandsmitglieder betreten den Aufnahmeraum. Der hochgewachsene Evangelist begrüßt jeden von uns persönlich und wechselt ein paar Worte mit uns, als kenne er uns seit Jahren. Obwohl ich ihm schon mehrmals begegnet bin, bin ich ausgesprochen nervös, als er auf mich zukommt. Ich halte meine Begrüßung bewußt kurz, damit er den Blick von mir abwende und auf das Team richte.

„Dieser Film wird Millionen von Menschen ansprechen", sagt er dann zu der versammelten Gruppe. „Millionen, die geistlich gelähmt sind. Menschen, die Jesus nicht haben, sind viel mehr behindert als Joni hier." Er deutet auf meinen Rollstuhl. „Aber dieser Film, der durch Ihren Einsatz entsteht, kann ihnen etwas davon deutlich machen, wie Joni durch die Kraft Jesu ihr Schicksal gemeistert hat. Welch eine Ermutigung für so viele, die auf die eine oder andere Art Leid ertragen müssen!"

Das Team hört aufmerksam zu. Manche haben sich auf Kulissen gestützt, andere stehen hinter Scheinwerferstativen oder sitzen auf Klappstühlen. Billy Graham sagt, was ich aus Schwachheit nicht über die Lippen gebracht habe.

„World Wide Pictures möchte Ihnen allen danken. Sie haben hart an diesem Film gearbeitet", fährt er fort und wendet sich dann wieder an mich. „Und Ihnen, Joni, danken wir dafür, daß

Sie sich so selbstlos mitteilen, daß Sie bereit sind, so viele schmerzhafte Erinnerungen für den Film wieder zu durchleben, damit Tausende von Menschen davon profitieren können."

Ich sehe sie vor meinem inneren Auge: ein Meer von namenlosen Gesichtern. Die starke Aussage dieser wahren Geschichte – der Kampf eines jungen Mädchens, das sich vom Rollstuhl aus zu einem lebendigen Glauben an Gott durchringt – wird, wie er gerade gesagt hat, ungezählten Menschen eine echte Hilfe sein.

Aber was ist mit der echten Joni, der erwachsenen Frau, dem wahren Menschen hinter den Kulissen? Ich befürchte, daß die Leute mich für eine übermenschliche Heilige halten werden. Der Film wird ihnen den Eindruck vermitteln, daß ich keine Schwächen habe. Ich weiß nicht, was ich sagen soll, wie ich dem berühmten Evangelisten antworten soll. So bringe ich nur ein geflüstertes „Vielen Dank" hervor und nehme allen Mut zusammen, um ihm offen in die Augen zu sehen.

Ich habe das Gefühl, als könne er bis auf den Grund meiner Seele schauen.

Eine der letzten Szenen, die wir drehen, ist die Darstellung eines Gesprächs, das ich mit einem Mann während meiner ersten Kunstausstellung geführt hatte. Der Dialog ist umfangreich, und ich bin seit über einer Woche dabei, ihn auswendig zu lernen.

Die Leute von der Kostümabteilung haben mir eine nette Kombination zurechtgemacht. Ich soll meine normale Frisur tragen und sogar mein eigenes Make-up. Jim hat mir nur wenige Anweisungen gegeben. Er weiß, daß ich schon Dutzende von ähnlichen Gesprächen geführt habe und daß der Dialog von allein natürlich wirken wird.

Der Drehort ist ein kleines Café, das an das Straßencafé in Baltimore damals erinnert. Ich sitze einem Schauspieler in Marineuniform gegenüber. Er trägt eine Augenbinde, und anstatt der Hand ragt ihm ein Metallhaken aus dem rechten Ärmel.

„Scheinwerfer ... Kamera ... abfahren!" ertönt das Signal zum Beginn der Szene.

Matrose: „Wann waren Sie denn mit der Schule fertig?"
Joni: „Siebenundsechzig."
Matrose: „Ja, ich auch. Kein Mensch hat uns im Geschichtsunterricht was von Drahthänden als Kriegsfolge gesagt" (deutet auf seinen Arm).
Joni: „Nein, garantiert nicht! Ich glaube, in meiner Schule hieß das damals ‚Grenzfälle zwischen Politik und Gesellschaft'."
Matrose: „Genau."
Joni: „Das Leben steckt voller Fragen, und echte Antworten sind selten."
Matrose: „Die Hälfte von den Jungs aus meiner Klasse sind auf die Uni gegangen, die andere Hälfte nach Vietnam. Man-

che haben's überlebt, manche nicht, und manche sind irgendwo dazwischen gelandet." (Lange Pause.) „Kein Mensch hat uns je begreiflich gemacht, daß die ganze Welt eine stinkende Kloake ist. Oder?"
Joni: „Ich weiß nur eins ganz sicher. Ich weiß, wer mir aus dem Sumpf wieder rausgeholfen hat."
Matrose: „Woher wissen Sie das denn?"
Joni: „Ich kann nachts schlafen, und ich lache viel ... Schauen Sie mal, wenn es den Himmel wirklich gibt und wenn ... wenn Jesus wirklich an dem Kreuz damals gestorben ist, um eine Brücke zwischen Gott und uns zu schlagen, dann ... meine ich, lohnt es sich, ihn persönlich kennenzulernen. Das habe ich getan, und für Sie würde es sich genauso lohnen. Wissen Sie, ich sitze lieber in diesem Rollstuhl hier und habe Jesus auf meiner Seite, als laufen zu können, aber ohne ihn. Das alles war mir noch nie so klar wie gerade jetzt."

„Ich sitze lieber in diesem Rollstuhl und habe Jesus auf meiner Seite, als laufen zu können, aber ohne ihn." Diese Zeile aus dem Dialog geht mir unablässig durch den Kopf, auch lange nach Drehschluß für diesen Tag, als ich wieder daheim in unserem Häuschen bin.

„Woher wissen Sie das denn?" höre ich die herausfordernde Stimme des Schauspielers.

„Ich kann nachts schlafen", flüstere ich in die Dunkelheit hinein, hellwach in meinem Bett liegend.

Wieder bin ich auf dem Weg nach Hause. Diesmal endgültig. Ich lehne mich in meinem Sitz an Bord der TWA-Maschine zurück und denke an die Zeit, die nun vor mir liegt. Zur Zeit scheint mir der Film das einzige zu sein, das sich nicht wie geplant entwickelt. Aber die Aufnahmen gehören nun auch der Vergangenheit an. Andere Menschen arbeiten jetzt daran: Farbspezialisten, Schnittmeister, Synchrontechniker und schließlich Vertriebs- und Verleihstellen. Menschen werden beten. Die Botschaft des Films wird, wie Billy Graham voraussagte, manches Leben verändern.

Die Maske des siebzehnjährigen Mädchens mit all den Kämpfen, die es durchzustehen hatte, muß endlich weggerissen werden. Irgendwie muß ich den Anschluß an mein gegenwärtiges Leben wiederfinden. Die Besetzung und das Team sind längst aufgelöst. Judy Butler hat ihre Arbeit bei der Billy-Graham-Association wiederaufgenommen, um eine Evangelisation in Nashville zu organisieren. Ich werfe einen Blick auf Jay und Rob, die in ihren Sitzen neben mir schlafen. Vielleicht wird nun endlich wieder Ruhe in mein Leben einkehren.

Wir fliegen nun niedrig genug, um das Würfelmuster von schneebedeckten Feldern, Gutshäusern und eingezäunten Weiden erkennen zu können. Unsere Farm gibt gewiß ein postkartenreifes Bild mit meterhohen Schneewehen entlang der hohen Steinmauern und den von Kerzen erleuchteten Fenstern ab. Draußen auf den Koppeln scharren Pferde im Schnee, und verschneite Fichten runden die Szenerie ab. Nach all den Palmen und sonnigen Autobahnen Kaliforniens frage ich mich, wie lange ich wohl dazu brauchen werde, mich daheim wieder einzuleben.

Rob, Jay und ich fahren vom Flughafen aus über mühsam freigepflügte Schnellstraßen heimwärts. Im Haus selbst hat sich vieles verändert, seit wir Jays Hochzeit hier gefeiert haben: ein neuer Teppich, neue Sessel, die Möbel im Wohnzimmer sind umgeräumt worden.

Ich spähe in mein Arbeitszimmer. Mein Schreibtisch und meine Bücher stehen noch genau so da, wie ich sie verlassen habe. Dazu sehe ich einen neuen Stapel mit Ordnern und Briefen, die ich bearbeiten muß. Pinsel und Farbtuben stehen erwartungsvoll bereit. Mein Skizzenheft liegt aufgeschlagen auf der Staffelei. Die Seite ist noch leer.

Alles ist so, wie es war. Ich bin diejenige, die sich verändert hat. Ich passe nicht mehr hierher.

„Und ich weiß nicht mal, woran es liegt", denke ich spät am Abend, als ich endlich in meinem eigenen und mir doch seltsam fremd gewordenen Bett liege. Die Decke lastet plötzlich so schwer wie die Dunkelheit auf mir. Einen Augenblick lang bin ich versucht, Jay zu rufen, damit sie mir die Decke ein wenig zurückschlägt. „Ach, es ist sicher nur Überreiztheit, die ganze Anspannung der letzten Monate in Kalifornien. Am besten versuche ich, mir ein paar Bibelverse vorzusagen oder zu beten."

„Ihr Verstand ist verfinstert ... sie sind fremd geworden dem Leben, das aus Gott ist ... die Verstockung ihres Herzens ... in ihrem Gewissen sind sie stumpf geworden ..." Ich sehe die Worte wie gedruckt vor mir. Diesmal kommen mir die Verse aus dem Epheserbrief weder verstaubt noch unangebracht vor.

„Mein Gott, bin ich mit diesen Worten wohl selbst gemeint?" Plötzlich überkommt mich Schuldbewußtsein wie eine hereinbrechende Nacht. „Verfinstert ... verstockt ... muß ich mir das selbst sagen lassen? Sind es am Ende nicht einmal so sehr die Leute drüben in Hollywood, sondern ich selbst?" Aber wie komme ich eigentlich auf diesen Gedanken? Ich fühle mich zu abgeschlagen, um eine Antwort zu finden. Ist es Gott, der mir ins Gewissen reden will? Oder ist es Satan? Spricht der Heilige Geist zu mir, oder bilde ich mir meine Probleme nur ein? Ich bin müde und schwach, und ich habe eine harte Zeit hinter mir. Vielleicht brauche ich einfach nur Schlaf.

Bei eisigem, böigem Wetter ist es Ende Dezember geworden. Der Wind pfeift durch jede Ritze unseres Farmhauses. Rob unterbricht seine Arbeit an einem neuen Film und geht in Jacke, Mütze und Schal nach draußen, um Holz für unseren Kamin zu spalten. Jay stellt mir einen kleinen Heizofen in das Arbeitszimmer, und ich setze mich vor meine Staffelei.

Es ist Winter 1978. Ich gebe mir alle Mühe, mich auf die Gegenwart, auf das aufgeschlagene Skizzenheft vor mir, zu konzentrieren, aber jedesmal, wenn ich aufsehe, habe ich wieder den Film vor Augen. Die Leute. Die Drehorte. Fotos von dem Beleuchter und mir im Messingrahmen auf meinem Schreibtisch.

Rob ist ein neues Gesicht hier auf der Farm. Sein Lächeln und seine Stimme sind so unlösbar mit all den Erinnerungen, gegen die ich mich wehre, verknüpft. Ich sehe ihn an und muß an den Abend denken, als wir in Solvang, hinter den Hügeln von Santa Barbara, gemeinsam zum Essen ausgegangen waren. Abendessen bei Kerzenschein hier in der Farmküche wirkt irgendwie leer und unromantisch dagegen.

Ich sitze vor dem Fernseher. Um was sich die Geschichte dort auf dem Bildschirm dreht, interessiert mich überhaupt nicht. Statt dessen richte ich mein Augenmerk auf die Beleuchtungstechnik. Sind die Schatten zu hart? Warum haben sie keine Streuscheiben eingesetzt? Mein Bekannter, der Beleuchter, hätte mehr Hintergrundscheinwerfer montiert.

Im Spätprogramm zeigen sie dann einen Film mit Burt Lancaster als Vogelmann von Alcatraz. Warum hat denn niemand gemerkt, daß er einen doppelten Schatten auf die Wand seiner Zelle wirft? Das muß ein zweitklassiger Beleuchter gewesen sein, der diese Einstellung vermasselt hat. Wie hätte unser Team diese Szene wohl beleuchtet?

Die Gitterstäbe am Zellenfenster ... das Gefängnis ... Der Vogelmann ist zu lebenslänglicher Haft verurteilt. Er muß bis an sein Lebensende hierbleiben. O mein Gott, hilf mir! Auch ich muß in diesem Rollstuhl bleiben, bis ich sterbe. Eine Zelle ... ein Gefängnis ... Plötzlich bekomme ich keine Luft mehr.

„Ich kann nicht atmen!" rufe ich laut. „Ich kriege keine Luft mehr!"

Jay kommt in mein Zimmer gestürzt. Sie knotet sich noch den Gürtel ihres Morgenrocks zu. Als erstes richtet sie mich in meinem Bett auf.

„Was hast du denn nur?" Sie drückt mir mit der flachen Hand auf den Bauch, um meine Atemzüge zu unterstützen. Ich werde ruhiger und zwinge mich, tief durchzuatmen.

„Ich weiß auch nicht."

Am Fernsehen wird der Film gerade von mehreren Werbespots unterbrochen. Langsam ziehe ich die Luft ein.

„Ich hab' das Gefühl gehabt, im Gefängnis zu sein, wie der Mann da in dem Film."

Jay bettet meinen Kopf wieder auf das Kissen.

„Ach, du! Ist doch nur ein Film!" Sie streicht mir das Haar aus der Stirn und bleibt noch eine Weile an meiner Bettkante sitzen.

„Nur ein Film", denke ich, während sie den Fernseher ausschaltet. „Nur ein Film", murmele ich müde.

Am nächsten Tag sitze ich wieder an meiner Staffelei. Zum ersten Mal seit mehreren Monaten versuche ich mich wieder im Zeichnen. Ich bin völlig aus der Übung, und alles, was ich beginne, wirkt stümperhaft. Vielleicht habe ich mein ganzes Talent, meine Kreativität verloren. Vielleicht werde ich nie wieder etwas zeichnen können. Helle Panik steigt in mir auf. Mit weit aufgerissenen Augen starre ich auf das Papier vor mir. Ich kann ja nicht einmal mehr einen einfachen geraden Strich zeichnen!

Entsetzt spucke ich den Bleistift aus dem Mund. Mit der Schulter gegen die Staffelei gestützt, fahre ich mit meinem Arm quer über den Schreibtisch. Skizzenheft, Bleistifte, Bücher – alles fliegt im hohen Bogen gegen die Wand, bevor es auf den Boden kracht. Jay, die im Nebenzimmer staubsaugt, hört den Lärm. Sie stürzt herein.

„Ich kann nicht mehr zeichnen! Ich kann überhaupt nichts mehr!" schreie ich hysterisch.

Jay steht vollkommen sprachlos in der Tür und beguckt sich das Durcheinander am Boden. Verwirrt sieht sie mich an.

Ich schüttle den Kopf und fange an zu schluchzen.

„Ich weiß nicht, wer ich überhaupt bin ... Ich weiß nicht, wer ich bin!" Meine Stimme versagt. Tränen verschleiern meinen Blick. Meine Nase läuft, und ich lecke meine Lippen. Hilflos sehe ich meine Schwester an.

Ich weiß nicht mehr, wer ich bin!

Gott läßt mir keine Ruhe.

Ich führe endlose Debatten mit ihm. Ich habe Zweifel, aber sie sind nicht stärker als mein Glaube daran, daß er mir immer noch zuhört.

„Gott, dieser ganze Film war deine Idee. Ich habe mich schließlich niemandem aufgedrängt, um mein Seelenleben bloßzulegen und die ersten, schweren Jahre im Rollstuhl nachzuvollziehen. Ein Star zu werden war das allerletzte, was ich gewollt habe. Ich wollte einfach etwas für dich tun, für dein Reich.

Ich habe doch nicht gesündigt, Gott. Das mußt du doch einsehen. Sieh mal, wie ich mich aufgeopfert habe! Ich bin geschlaucht und kaputt. Ich habe abgenommen. Die Erinnerungen ans Krankenhaus damals haben mich wieder von neuem gequält. Na schön, ich bin in Versuchung geraten, aber du müßtest doch am besten wissen, daß ich an den Rollstuhl gefesselt bin. Es ist doch verständlich, daß mein Herz meinem Verstand davongelaufen ist. Und obendrein ist es höchste Zeit für ein bißchen Romantik gewesen. Sieh mal, ich bin all die Jahre mit meinem Los als Alleinstehende zufrieden gewesen. Was macht es da schon aus, daß ich mich mit jemandem verabredet habe, der nicht an dich glaubt? Warum soll ich mich nicht ab und zu mal mit einem Mann treffen dürfen?

Und dann sind da all die anderen Dinge, die sich verändert haben. Das Leben in Hollywood muß ja geradezu einen anderen Menschen aus einem machen. Außerdem habe ich ja kaum Zeit zum Bibellesen und für die Gemeinschaft mit anderen Christen gehabt ... Jeden Morgen bin ich im Morgengrauen aufgestanden, zur Arbeit gefahren, habe mein Essen in Eile hinuntergeschlungen, meine Rolle gelernt und bin früh zu Bett gegangen.

Und Jay ist jetzt verheiratet. Gibt mir das vielleicht keinen Grund, mir Gedanken über meine eigene Zukunft zu machen?

Und sieh mal, was diese Monate, die ich von daheim weg war, mir angetan haben! Ich habe meine Malerei vollkommen vernachlässigen müssen. Wer weiß, wann ich wieder etwas halbwegs Vernünftiges mit dem Pinsel im Mund zustande bringe? Kein Wunder, daß ich so viel von meiner Kreativität eingebüßt habe!

Das alles ist doch keine Sünde! So ist das Leben halt. Es ist doch völlig normal, daß ich jetzt so erschöpft bin. Ich bin weder verstockt noch verfinstert in meinem Verstand, noch abgestumpft. Ich habe eine Menge aufs Spiel gesetzt und geopfert, und jetzt brauche ich einfach eine Pause und ein bißchen Nachsicht von dir und den anderen hier."

Aber Gott läßt mir trotz allem keine Ruhe.

Wieder dämmert ein neuer Morgen nach einer unruhig verbrachten Nacht herauf. Mein erster Gedanke ist der sehnliche Wunsch, daß das Sonnenlicht hinter den weißen Vorhängen dort irgendwie zu meinem Innenleben durchdringt, daß es mich von außen nach innen erhellt. Statt dessen bin ich unruhig, gelangweilt und noch immer müde und alles andere als von Frieden erfüllt.

Ich höre, wie Türen ins Schloß fallen, Wasserhähne laufen und jemand im Nebenzimmer das Nachrichtenmagazin im Fernsehen einschaltet. Ich rieche den Duft von gebratenem Frühstücksspeck und frisch aufgebrühtem Kaffee.

„Morgen!" grüßt Jay, als sie mit zwei Kaffeetassen in den Händen mein Zimmer betritt. Meine Tasse stellt sie neben meinem Kissen ab und führt mir den biegsamen Strohhalm in den Mund.

„Du kommst aber früh", sage ich zwischen zwei Zügen von meinem Kaffee.

„Stell dir vor, du hast schon Besuch", erklärt sie mir. Ich sehe sie verwundert an.

„Bill Mock, Daddys alter Kumpel vom Ringkampf." Ihre Stimme klingt nicht minder verwundert. Bill gehört nicht zu unseren regelmäßigen Gästen hier auf der Farm. Er besucht uns eigentlich sonst nur, wenn meine Eltern einen geselligen Abend mit Daddys Freunden aus seiner Ringerzeit veranstalten.

„Bill sagt, er habe eine Botschaft für dich", fährt Jay fort. „Soll ich ihn gleich zu dir reinlassen, oder möchtest du lieber erst aufstehen?"

Ich weiß, daß Bill schon eine lange Fahrt hinter sich hat. Er muß früh aufgestanden sein. Merkwürdig, daß er nicht gestern abend schon gekommen ist!

„Nun, laß ihn ruhig rein!"

Jay zieht meine Bettdecke gerade, schüttelt mein Kissen auf und verläßt das Zimmer, um den unerwarteten Gast hereinzubitten.

Bill wirkt wie aus einer anderen Welt, als er jetzt mein Schlafzimmer betritt. Sein Gesicht und seine Hände sind noch von der Kälte draußen gerötet, was in meinem geheizten Zimmer noch sonderbarer aussieht. Ich spüre ihm ab, daß auch ihm die Fremdartigkeit der Situation nicht entgangen ist. Ein wenig befangen nimmt er seine Mütze ab und stellt sich an das Fußende meines Betts.

„Joni, ich weiß, mein Besuch kommt ein bißchen unerwartet", beginnt er. „Als ich heute morgen wach wurde, hat Gott mir eine klare Botschaft gegeben. Er hat mich gedrängt, sie dir so schnell wie möglich zu bringen."

Seine Art, ohne lange Vorrede direkt zum Thema zu kommen, überrascht mich. Sein Anliegen hat offensichtlich weder mit meinem Vater noch mit irgendwelchen Ringkämpfen zu tun. Sein ernster Ausdruck macht mich still. Ich nicke und sehe zu, wie er seine Bibel bei einem Lesezeichen aufschlägt.

„Erstes Buch Samuel 15,22", sagt er mit fester Stimme. „‚Siehe, Gehorsam ist besser als Opfer.'" Er schlägt seine Bibel wieder zu, und einen Moment lang schweigen wir beide verlegen.

„Ich weiß nicht, was ich hinzufügen soll", sagt er dann ratlos. „Kannst du dir einen Reim darauf machen, Joni?"

„Gehorsam ... ist besser ... als Opfer", wiederhole ich leise. „Ja, ich glaub' schon ... ich meine, ich weiß, was das zu bedeuten hat."

So schnell und so unangekündigt, wie er aufgetaucht ist, hat Bill unsere Farm wieder verlassen.

Bill Mocks Besuch verfolgt mich, wenn ich mir auch die größte Mühe gebe, eine rationale Erklärung dafür zu finden. Es kann einfach keine Botschaft direkt von Gott gewesen sein. Alles, was recht ist! Es sah nur zuerst so aus, weil Bill so einen seltsamen Zeitpunkt für seinen Besuch gewählt hatte. Ja, genau, es war der Zeitpunkt. Ein sonderbares Zusammentreffen, ein merkwürdiger Zufall. Außerdem habe ich jetzt keine Zeit, mir darüber Gedanken zu machen. Botschaften aus dem Alten Testament werden sich gedulden müssen. Ich habe Wichtigeres zu erledigen.

Die Evangelisation mit Billy Graham in Tampa (Florida) rückt immer näher, und das Team von World Wide braucht noch eine letzte Szene für den Film. Die Schlußszene. Als Abschluß soll ich vom Podium aus eine kurze Ansprache halten, und ich muß den Text dafür noch auswendig lernen.

Jay legt mir die Seiten sorgfältig geordnet auf den Schreibtisch. Ich lese Worte, die von mir selbst stammen:

Ich weiß, daß Jesus am Kreuz von Golgatha für mich gestorben ist. Wenn ich mir vorstelle, wie er dort festgenagelt zwischen Himmel und Erde hängt, wird mir bewußt, was es ihn gekostet hat, mich zu erlösen. Er hat diese grausamen Schmerzen erduldet, weil er mich liebt, obwohl ich mich herzlich wenig um ihn gekümmert habe. Ich weiß, daß in dem Geschenk seiner Liebe zu Ihnen und zu mir auch Heilung enthalten ist. Wissen Sie, Jesus zu vertrauen geht nicht automatisch. Vertrauen ist vielmehr eine Willensentscheidung. Wir müssen bewußt an ihn glauben; wir müssen ihm unsere Sünden und unsere Zerbrochenheit zu Füßen legen, dann werden wir von innen heraus heil werden und die ersten Schritte auf dem Weg zur ewigen Freude machen.

Ich bin zum Glauben gekommen, als ich in die elfte Klasse ging. Damals habe ich mir erhofft, daß meine Zensuren besser würden, daß die Hausaufgaben nicht mehr so langweilig sein würden und daß ich mehr Freunde als bisher um mich haben würde. Aber dann kam alles ganz anders. Christus nachzufolgen kann kostspielig sein. Vielleicht verlangt er von Ihnen, daß Sie etwas von seinem Leiden zu spüren bekommen. Das eine aber kann ich Ihnen aus meiner eigenen Erfahrung versprechen: Sie werden immer wieder seine Kraft spüren und erleben. Er wird Sie durchtragen.

Nach der ersten Seite sehe ich auf. Meine Augen schwimmen in Tränen. Ich bin von meinen eigenen Worten gerührt. Es sind ehrliche Worte. Seit meinem Unfall habe ich mich auf meinem Weg durch nichts anderes als Gottes Gnade vorangearbeitet, und was ich damals geschrieben habe, kam mir von Herzen.

Meine Tränen sind Tränen der Wehmut. Irgendwie habe ich die Aufrichtigkeit hinter diesen Worten verloren. Sie treffen nicht mehr richtig auf mich zu.

Judy Butler verläßt ihr Büro in Nashville, um mich nach Tampa zu begleiten. Es ist der Tag, bevor ich meine Ansprache halten soll.

Florida bietet eine erfrischende Ablenkung von den letzten Wochen voller Panik und Zweifeln. Ich genieße den Sonnenschein, die würzige Luft, die Kokospalmen mit ihren silbrig glänzenden Spitzen im Wind. In der Nähe des Hotelschwimmbeckens lerne ich meinen Text auswendig.

Ich bin ja so froh, daß dieses Leben nicht ewig ist! Das ist ein schwieriges Thema, nicht wahr? Wir lassen uns so leicht von der Gegenwart restlos vereinnahmen. Wer denkt schon viel an den Himmel, wenn er so weit weg erscheint? Obendrein muß man erst einmal sterben, um dahin zu gelangen.

Wenn Gott uns mit einem Schlag in den Himmel holte, ohne uns erst von innen rein zu machen, würden wir uns von der Heiligkeit und Sündlosigkeit dort oben abwenden. Ziemlich bald würden wir uns schrecklich langweilen, wie es auch mit den tollsten Erlebnissen hier auf der Erde meistens geht.

Können Sie sich vorstellen, wie es sein wird, nie wieder einen sündigen Gedanken zu hegen? Nie wieder Schuldgefühle, Einsamkeit oder Depressionen zu erleben? Der Himmel ist deshalb „himmlisch", weil Gott uns einen neuen Leib und einen neuen Geist geben wird, und die Bibel sagt uns glasklar, daß wir uns für alle Ewigkeiten an Gott freuen werden.

Wieder befinde ich mich in dieser verrückten, gespaltenen Situation, in der ich einer fremden Joni zuhöre, wie sie Dinge sagt, die ich eigentlich schon längst wissen müßte. Ich lehne den Kopf zurück, lasse meinen Blick über die wogenden Blätter einer Kokospalme schweifen und denke ernsthaft darüber nach, was es bedeutet, nie wieder zu sündigen, nie wieder an Schuldgefühlen und Verzweiflung zu leiden.

Eine Stunde vor dem Beginn der Veranstaltung am Samstag sitze ich vor einem großen, hell erleuchteten Spiegel. Der Maskenbildner – übrigens jemand, den ich nicht von den Dreharbeiten her kenne – trägt eine dickflüssige Schminke auf mein Gesicht und meinen Hals auf. Er arbeitet wortlos und gewandt, während ich nervös mein Skript ein letztes Mal durchlese.

Viele, viele Worte. Es sind ernste Worte. Jim Collier hat sie sorgfältig ausgewählt, um die Aussage unseres Films noch einmal zu unterstreichen. Und gerade hat man mir gesagt, daß sich draußen im Stadion schon 30.000 Menschen eingefunden haben. Ich schlucke und räuspere mich. Abwesend starre ich die zerknitterten Manuskriptseiten dort auf der Ablage an. Und ich kann es kaum erwarten! Ich werde vor meinem Herrn stehen mit Beinen, die laufen können, und mit Armen und Händen, die mir gehorchen, und ich werde meine Arme weit ausstrecken und in das Universum hineinrufen, daß Jesus Christus wahrhaftig der ist, der zu sein er von sich gesagt hat: der Sohn Gottes, König aller Könige, Herr aller Herren – und damit fängt es erst an! Wenn ich damals an dem heißen Julitag 1967 nicht beschlossen hätte, in der Chesapeake-Bucht schwimmen zu gehen, dann säße ich jetzt vielleicht nicht hier, um Ihnen etwas von der Herrlichkeit Gottes weiterzusagen. Aber hier bin ich nun!

Der Maskenbildner ist fertig. Jetzt sitze ich in einer mit Vorhängen und Teppichen ausgestatteten Ecke einer Umkleidekabine des Stadions. Die kahlen Betonwände wirken durch Sofas und Stühle ein wenig wohnlicher. Hier werden sich die Hauptverantwortlichen der Evangelisation, zu denen Billy Graham, Cliff Barrows und Bev Shea gehören, gleich zu einer Gebetsgemeinschaft treffen. Es ist mir eine große Ehre und ein Vorrecht, daran teilnehmen zu dürfen.

Nach dem Beten begrüßt Billy Graham mich persönlich. Mehrere Männer mit Sprechfunkgeräten begleiten ihn. Er sagt mir, daß er sich sehr über die raschen Fortschritte bei der Fertigstellung des Films freut. Man hat ihm erklärt, daß die Produzenten nun nur noch die Szene brauchen, die wir heute abend aufnehmen, um die Arbeit an dem Film endgültig abzuschließen. Dann geht er durch den Tunnel zur Tribüne vor, und wir anderen folgen ihm.

Unsere kleine Gruppe überquert das Spielfeld und bahnt sich einen Weg an dem Fernsehteam und den Pressetischen vorbei zur Tribüne. Die grellen Flutlichter blenden mich, und ich blinzele unbeholfen, um die Tausende von Zuschauern in den Rängen überhaupt sehen zu können.

Während der Einleitung zu meiner Ansprache bin ich entsetzlich nervös. Ich klammere meinen Blick an das zusammengefaltete Manuskript auf Judys Schoß. Mein Magen fühlt sich wie ein Stein an. Ich versuche, mich zusammenzureißen, tief durchzuatmen und mein laut klopfendes Herz zu beruhigen. Eigentlich ist es überhaupt nicht meine Art, derartig an Lampenfieber zu leiden.

„Joni, los! Das war dein Stichwort!" Judy gibt mir einen sanften Stoß mit dem Ellbogen.

Vollkommen überrumpelt steuere ich mit meinem Rollstuhl über die behelfsmäßige Rampe auf das Mikrophon zu. Irgendwie muß ich die ganze Einleitung verpaßt haben. Ich nicke Cliff Barrows zu, der mich mit Applaus empfängt. Ein stilles „Gott, steh mir jetzt bei!", und ich beginne.

„Jemand hat mich einmal gefragt, wie ich es nur geschafft habe, mich nach all dem schweren Erleben wieder zu fangen und weiterzuleben. Damals konnte ich eigentlich nicht viel mehr sagen, als daß Jesus das für mich getan hat. Ich kannte nur eine Handvoll Bibelverse, aber ich habe irgendwie gespürt, daß Gott die zertrümmerten Reste meines Lebens in seine Hände genommen hatte, um alles wieder zu einem harmonischen Ganzen zusammenzufügen."

Jedes Wort, das ich ins Mikrophon spreche, dröhnt mit einem gewaltigen Echo über die Menge hinweg. Ich habe den Text klar und deutlich vor meinem inneren Auge. Bisher hat sich alles blendend angelassen. Ich werde ruhiger.

„Das liegt jetzt schon über acht Jahre zurück. Heute weiß ich, daß Gott etwas Wunderbares in mir gewirkt hat, etwas, das ich allein nie geschafft hätte. Das soll nicht etwa heißen, daß ich die Antwort auf die Frage nach dem Warum ergründet habe – aber wenigstens weiß ich, *wer* auf jede Frage eine Antwort hat, und ich kann mich gedulden!"

Das Ganze ist ein Kinderspiel. Und welch eine gewichtige Aussage steckt in meinen Worten! Ich kann die Gesichter der Zuhörer auf den Rängen ohnehin nicht erkennen, weshalb ich mich mit meinen Zeilen auf die Kameraleute ausrichte. Oh, aber da ist ja einer vom Team von unserem Film! Und dort ist der Beleuchter. Er muß mit den anderen extra für diese Szene aus Hollywood hergeschickt worden sein. Für den Bruchteil einer Sekunde stocke ich, bevor ich mich wieder auf meinen Text konzentriere.

> „Und das Beste an der ganzen Sache ist, daß man sich nicht unbedingt das Genick brechen muß, um Gott zu finden!"

Das Publikum bricht in Lachen aus, wie es das Manuskript schon vorgesehen hat. Ich lache nervös mit und benutze die kurze Pause, um meine Gedanken zu sammeln. Als es wieder ruhig wird, gehe ich in meinem Gedächtnis zur nächsten Zeile des Textes über.

> „Was das anbetrifft, wollte ich Sie beruhigen. Zugegeben, Leid kann die Suche nach Gott beschleunigen. Plötzlich hat man andere Prioritäten. Aber ich denke mir, die meisten von Ihnen lernen ihre Lektion schneller als ich.
> Wissen Sie, Handicaps gibt es in allen Formen und Ausführungen: auseinandergerissene Familien, gebrochene Herzen, lähmende Lebensängste. Die zentnerschwere Last des Zweifelns. Quälende Einsamkeit. Man kann sich auch seelisch so eingeengt wie ... wie in einem Rollstuhl fühlen, und das Gefühl kenne ich nur zu gut. Ich weiß aber auch, daß ... daß ... Ich weiß, daß ..."

Mein Gott, wo ist meine nächste Zeile? Panikgeladene Sekunden verstreichen. Nichts. Es kommt einfach nichts. Ich sitze vor dreißigtausend Zuhörern und bin hoffnungslos steckengeblieben. Ich kämpfe mit den Tränen. Schließlich hebe ich den Kopf und beginne, einfach irgend etwas zu sagen, egal, was.

> „Ich weiß, daß ... daß Gottes Wort wirklich wahr ist. Und ... und die Stelle aus Römer 8,28 hat mir ... so viel bedeutet. Alle Dinge dienen wirklich zum Besten ... und, und zur Ehre Gottes."

Ich stolpere voran und wiederhole Fetzen aus vorangegangenen Reden, die ich gehalten habe, während ich unter Tränen krampfhaft den Anschluß an meine Vorlage suche. Ich kann es einfach nicht. Der Text will mir nicht einfallen. Wenige Minuten später höre ich entmutigt auf.

Tosender Applaus. Die Menschenmenge erhebt sich geschlossen von ihren Plätzen. Auch Herr Graham steht auf und führt die Gruppe auf der Tribüne in einer Beifallsbekundung an. Erst jetzt wird mir klar, wie sehr diese Menschen hier von meinen Tränen berührt worden sind. Ich schäme mich ja so! Was ich da gesagt habe, war ein völliges Wirrwarr – so ist es mir jedenfalls erschienen. Ich bin davon überzeugt, daß die Szene für den Film unbrauchbar ist. Trotzdem hat Gott mein Stammeln und Stottern irgendwie zu etwas Positivem benutzt.

„Ich hab' alles verdorben!" flüstere ich Judy zu, als sie mir die Tränen aus dem Gesicht wischt. „Vor so vielen Leuten ... ich habe alles verpatzt!" Erneut breche ich in Tränen aus.

Beschämt und mutlos verlasse ich Florida.

In meinem Seelenleben sieht es so grau und dumpf aus wie der verhangene Himmel draußen. Im Wetterbericht ist Schneefall angesagt worden. Wenn er nur endlich käme! Die letzten Wochen des Winters bieten keinen hübschen Anblick hier auf der Farm. Eine frische Schneedecke würde wenigstens den Schlamm und Dung um die Scheune unter sich begraben und die kahlen, blattlosen Bäume mit weißen Wattetupfern verzieren.

Auch meine Stille Zeit ist öde und unfruchtbar. Sosehr ich mich auch bemühe, es dringt einfach nichts in mein Herz. Gottes Wort soll doch schärfer als ein zweischneidiges Schwert sein, aber gegenwärtig spüre ich äußerst wenig von der scharfen Schneide.

Trotzdem weigere ich mich standhaft, mich selbst als verstockt, abgestumpft oder verfinstert am Verstand zu bezeichnen. Klar verstehe ich alles – ich bin halt nur müde, weiter nichts. Es braucht eben seine Zeit, bis ich geistlich wieder auf der Höhe bin.

Ich bekomme einen Anruf vom Regisseur des Films. Ich soll nach Kalifornien fliegen, um die Dialogzeilen, die aufnahmetechnisch mißglückt sind, neu auf Band zu sprechen. Dazu soll ich den Teil meiner Ansprache in Tampa, den ich verpatzt hatte, ausbessern.

Der Gedanke daran, für eine Weile dem grauen Einerlei des Farmlebens zu entrinnen, ist verlockend. Man stelle sich nur vor: Palmen und Sonne und Wärme! Es sind zwei Monate her, seitdem ich Kalifornien verlassen habe, und diesmal werde ich mit einem völlig neuen Team zusammenarbeiten müssen. Die Leute von „unserem" Team damals sind jetzt allesamt mit anderen, neuen Projekten beschäftigt.

Während meines Aufenthalts in Los Angeles besuche ich die

Grace-Community-Kirche, eine Gemeinde, die ich während der Dreharbeiten hin und wieder aufgesucht hatte. Von meinem Platz im hinteren Teil des Gemeindesaals beobachte ich, wie die Gottesdienstbesucher, die Gesichter blitzsauber und frisch, zur Tür hereinströmen und ihre Plätze einnehmen. Sie sehen alle irgendwie gleich aus. In den wohlgepflegten Händen tragen sie Notizblöcke und Bibeln. Ihre Bleistifte sind sorgfältig angespitzt, und die Rocksäume haben alle die richtige Höhe. Die Frisuren sitzen samt und sonders tipptopp. Ich frage mich im stillen, ob diese Leute sich je die Finger mit den Problemen der Welt schmutzig machen.

Heute bin ich reichlich überheblich, stelle ich fest.

Der Chor singt ein mitreißendes, freudiges Lied. Erst nachdem der letzte Ton verklungen ist, merke ich, daß ich weder von der Musik noch von dem Text angesprochen worden bin. Der ganze Gottesdienst ist für die Leute in den Reihen vor mir, nicht für mich.

John MacArthur, der Pastor, beginnt mit seiner Predigt. Das Thema lautet: „Gehorsam – ein Kennzeichen des Christen". Er zitiert aus der Bibel. Seine Stimme hat einen drängenden Ton. Er spricht von dem schmalen und breiten Weg. Mit seinem ausgestreckten Arm verleiht er seinen Worten Nachdruck. Die Gottesdienstbesucher um mich her hören aufmerksam zu, nicken zustimmend und machen sich Notizen. Je weiter er mit seiner Predigt fortschreitet, desto distanzierter werde ich. Aus der Ferne, wie ein skeptischer Zaungast, betrachte ich das Geschehen.

„Hört, hört! MacArthur hat sich ja mächtig verändert. Geradezu gesetzlich ist er geworden. So steif und korrekt ist er doch früher nicht gewesen! Engstirnig ist er geworden, seitdem ich ihn das letzte Mal predigen hörte." Ich staune, wie die Leute um mich herum so kritiklos alles zu schlucken scheinen.

„Liebe Güte, wir leben doch nicht mehr unter dem Gesetz!" halte ich ihm in Gedanken entgegen. „Ein ganzes Buch des Neuen Testaments handelt schließlich davon. Das Leben ist nicht mehr von starren Regeln bestimmt, wenn man sich vom Heiligen Geist führen läßt. Und was ist mit Gottes Gnade? Deckt sie nicht eine Menge von Sünden zu? Das Leben ist zu kurz, um es mit Haarspaltereien zu vertun. Wir sind nicht mehr unter dem Gesetz."

Seine Worte dröhnen über die Verstärkeranlage in den Saal hinein: „„Wie nun? Sollen wir sündigen, weil wir nicht unter dem Gesetz, sondern unter der Gnade leben? Das sei ferne!‘"

Ich bin verdutzt. Gerade habe ich noch über Gesetz und Gnade nachgedacht, und jetzt zitiert er ausgerechnet diesen Vers! Ich bemühe mich, geschwind eine Ausrede zu finden, die um die unbequeme Aussage dieser Bibelstelle herumführt, während ich MacArthurs Worten folge, um den Anschluß nicht zu verpassen.

Er zitiert einen weiteren Vers aus dem Römerbrief: „„Sollen wir denn in der Sünde beharren, auf daß die Gnade desto mächtiger werde? Das sei ferne! Wie sollten wir in der Sünde leben wollen, der wir abgestorben sind?‘"

Plötzlich ist es, als sitze ich ganz allein in dem großen Gemeindesaal. Pastor MacArthur meint mich persönlich mit dem, was er sagt.

„„Denn wenn sie durch die Erkenntnis des Herrn und Heilandes Jesus Christus entflohen sind dem Unrat der Welt, werden aber wiederum von demselben betört und überwunden‘", liest er 2. Petrus 2,20 vor, wo es um Abtrünnige im Glauben geht, „„dann ist's mit ihnen am Ende ärger geworden als zuvor.‘"

„Abtrünnig? Welch ein häßliches Wort! Das trifft auf mich mit Sicherheit nicht zu", denke ich erleichtert. „Aber ‚Unrat‘? Der ‚Unrat der Welt‘?" Ich wende den Begriff in Gedanken hin und her, während der Pastor mit der Predigt fortfährt. „Ich kenne Jesus persönlich, und er hat mich aus dem ‚Unrat der Welt‘ herausgeholt. Der Gedanke daran, auf dem Sunset-Boulevard zu flanieren, ist mir regelrecht zuwider. So was von Weltlichkeit und Profitdenken!" Aber jetzt bin ich wieder arrogant, wie ich zu meiner Schande feststellen muß. Bei mir steckt der „Unrat" in den kleinen Dingen: Arroganz, falscher Stolz, das Spielen mit dem Feuer der Versuchung und Rebellion.

John MacArthur hat sich überhaupt nicht verändert. Ich bin es, die eine andere geworden ist! Diese Erkenntnis trifft mich wie ein Donnerschlag. Und was mich so aufgebracht hat, waren nicht MacArthurs Worte, sondern Gott selbst, der mir ins Gewissen reden will.

Nun blättert der Pastor im Matthäusevangelium und liest vor: „„So auch ihr: von außen scheinet ihr vor den Menschen fromm, aber inwendig seid ihr voller Heuchelei und Übertretung.'" Ich sperre Augen und Ohren auf. Der Vers meint die Schriftgelehrten und Pharisäer der damaligen Zeit, die sich für ungeheuer gerecht hielten, obwohl sie Gott überhaupt nicht persönlich kannten. Ich bin froh, nicht zu solchen falschen Propheten zu gehören. Aber Heuchelei? Ich senke den Kopf. Wahrhaftig, ich war nahe daran, mir selbst ein X für ein U vorzumachen, Gut und Böse nicht mehr auseinanderzuhalten.

Pastor MacArthur führt seine Predigt zum Schluß, indem er aus dem zweiten Petrusbrief zitiert: „‚Ihr aber, meine Lieben, weil ihr das zuvor wisset, so hütet euch, daß ihr nicht durch den Irrtum der ruchlosen Leute samt ihnen verführt werdet und fallet aus eurem festen Stand.'" Wieder atme ich erleichtert auf. Mein Stand in Christus ist wahrhaftig fest! Aber mein tägliches Leben mit ihm? Oh, ich habe mich nicht gehütet. Ich habe mich von Unwahrheiten verführen lassen.

Mein Herz pocht laut, und mein Atem geht flach. In letzter Sekunde bin ich vor dem sicheren Verderben zurückgerissen worden wie ein Kind, das aus lauter Neugierde über den Rand des Abgrunds spähen wollte. Jetzt erfüllt tiefe Dankbarkeit mein Herz.

„‚Denn das Wort Gottes ist lebendig und kräftig und schärfer denn ein zweischneidig Schwert und dringt durch, bis daß es scheidet Seele und Geist, auch Mark und Bein, und ist ein Richter der Gedanken und Sinne des Herzens. Und keine Kreatur ist vor ihm verborgen, sondern es ist alles bloß und aufgedeckt vor Gottes Augen, dem wir Rechenschaft geben müssen.'" Dieser Vers aus dem Hebräerbrief kommt mir so frisch und nagelneu vor, als hätte ich ihn noch nie zuvor gehört. Es geht plötzlich nicht mehr darum, daß Pastor MacArthur oder Bill Mock recht hat. Es ist Gottes Wort, das die Wahrheit spricht, lebendig und kräftig. Es hat mich schärfer durchdrungen als ein zweischneidiges Schwert und hat Seele und Geist voneinander getrennt.

Tief betroffen und gedemütigt, in der Seele verwundet, verlasse ich nach dem Gottesdienst das Gebäude. Doch im Grunde meines Herzens weiß ich, daß die Wahrheit mich heute eingeholt hat.

Ich bin wieder daheim auf der Farm an meinem Arbeitstisch. Mir ist nicht gut; ich fühle mich schwach. Aber die Heilige Schrift hat jetzt einen ganz neuen Stellenwert in meinem Leben. Ich nehme sie ein, wie ein Kranker seine Arznei einnimmt.

Ich lehne den Kopf zurück, starre die Decke über mir an und denke an meine Kinderzeit und daran, wie es war, wenn ich einmal krank war und von meiner Mutter oder meinem Vater gepflegt wurde. Sie führten den Löffel mit der Medizin an meine Lippen. Sie legten ihre Hand auf meine heiße Stirn und gaben sich Mühe, leise aus meinem Zimmer zu huschen. Der Klang ihrer Stimmen unten im Haus hat mich immer unsagbar getröstet. Und es war auch trostreich zu wissen, daß ich bald wieder gesund sein würde. Diese Grippe oder Erkältung würde nicht mein ganzes Leben lang andauern.

Judy schickt mir eine Karte, um mir gute Besserung zu wünschen. Dazu hat sie einen Bibelvers geschrieben: „Und ich bete darum, daß eure Liebe je mehr und mehr reich werde an Erkenntnis und aller Erfahrung, daß ihr prüfen möget, was das Beste sei, auf daß ihr seid lauter und unanstößig auf den Tag Christi" (Philipper 1,9-10). Sie weiß also Bescheid. Sie hat mich die ganze Zeit über durchschaut, genau wie Betsy, Diana, Steve, Jay und die anderen auch.

Ist das überhaupt möglich? – Ja, durchaus. Gott hatte den Film, dieses Stück Kreativität, auf das ich meinen ganzen Ehrgeiz konzentriert hatte, benutzt, um mir einen Spiegel vor das Gesicht zu halten. Was ich da sehe, erschreckt mich: verbrämte Abwehr, Unzufriedenheit in beinahe allen Situationen, Neid, Liebäugeln mit verbotenen Reizen, Gleichgültigkeit der Bibel gegenüber, selbstsüchtige Gebete.

Mit der Liste wächst auch meine Übelkeit.

Monatelang habe ich mich mit meinen Problemen herumgeschlagen, ohne zu ahnen, was die Wurzel meines Elends war. Könnte es sein, daß das Wort „Probleme" nur eine Umschreibung für verweigerten Gehorsam ist?

Trotz aller Erschöpfung und Demütigung möchte ich jetzt nichts lieber, als von innen heraus wieder heil zu werden. Ich spüre irgendwie, daß die Hilfe in dem Herrn Jesus verborgen ist. Wie mitfühlend und sanft er den Kranken begegnete! Jesus, der Tröster, der Heiland.

Doch je mehr ich darüber lese, wie er mit der Sünde umgegangen ist, desto deutlicher wird mir, daß er auch ein Mann voll Energie und Entschlossenheit war: Er wirft Tische um und droht den Leuten, die den Tempel seines Vaters verunehren, mit der Peitsche; er stellt sich denen in den Weg, die ihre Sünde hinter Masken verstecken; er bringt Unreinheit im Leben seiner Jünger ans Licht. Selbst seine engsten Freunde scheut er sich nicht, zur Ordnung zu rufen.

All diese Berichte lese ich nicht gern, aber sie stehen nun einmal so in der Bibel. Jesus verschließt seine Augen nicht vor Egoismus und Stolz. Jede Art von Sünde nennt er schonungslos beim Namen.

Und auch in meinem Leben möchte er mit der Sünde aufräumen. Meine Sünde – der Ausdruck allein schmerzt schon! – ist von einem winzigen Rinnsal zum reißenden Strom geworden, der nicht mehr ignoriert werden kann. Und nun ist mir, als stehe Jesus selbst vor mir mit der Summe meiner Sünden, als wolle er liebevoll, aber bestimmt sagen: „Sieh doch her, Joni, was aus dir geworden ist. Was willst du dagegen unternehmen?"

Ist mir die Sünde in meinem Leben ebenso verhaßt wie ihm? Ich schäme mich. Die Antwort lautet: „Nein." Ich bin viel weiter von Jesus entfernt, als ich gedacht hatte.

Im Jakobusbrief lese ich: „Nahet euch zu Gott, so nahet er sich zu euch. Reiniget die Hände, ihr Sünder, und heiliget eure Herzen, ihr Wankelmütigen. Werdet eures Elends inne und traget Leid und weinet; euer Lachen verkehre sich in Weinen und eure Freude in Traurigkeit. Demütiget euch vor dem Herrn, so wird er euch erhöhen" (Jakobus 4,8-10).

Nun strömen mir die Tränen über das Gesicht und tropfen ungehindert auf den Schreibtisch. Dieser Vers ist mir ja wie auf den Leib geschrieben!

In einem alten Buch der Puritaner finde ich einen Abschnitt,
den ich zu meinem persönlichen Gebet mache:
O Gott,
ich habe erkannt, daß ich deine Werke tun wollte,
doch ohne deine Kraft,
und meine toten, herzlosen, blinden Taten
sind Sünde in deinen Augen.
Es mangelt mir an innerem Licht, an Liebe, an Freudigkeit,
und Herz, Sinn und Mund regen sich ohne deine Herrschaft.
Hilf mir, mich meiner Schwachheit zu freuen
und dich allezeit zu preisen
und meine Fehler vor anderen zu bekennen,
anstatt den Mut zu verlieren,
damit sie deine Herrlichkeit besser erkennen.
Lehre mich, daß ich aus übermenschlicher Kraft
handeln muß,
damit ich Dinge tun kann, die ich allein nicht schaffe,
und Lasten tragen, die über meine Kraft gehen,
in allem aber für dich tätig bin
und deine Kraft dabei in Anspruch nehme.

Ja, ich möchte wirklich alles aus der Kraft Gottes heraus tun, anstatt mich auf meine eigene Weisheit zu verlassen. Ich möchte
ihm so gern dienen! Doch nicht herz- und kopflos. Ich möchte
meine Fehler eingestehen, anstatt mich von ihnen entmutigen
zu lassen. „Ach Herr, wenn ich mich an Dinge wage, die meine
Kraft übersteigen, so laß mich doch neue Kraft in dir finden!"
   Endlich hat der Gesundungsprozeß eingesetzt.
   Mit großem Interesse lese ich mein Buch *Der nächste Schritt*
wieder neu. In der Einleitung stoße ich auf die Worte: „Ich bin
zwar immer noch gelähmt ... aber ich bin nicht mehr verzweifelt." Jetzt muß ich über meinen Enthusiasmus von damals lächeln. Ich hatte ja keine Ahnung, wie anfällig ich einmal für Verzweiflung sein würde! Und ich kann auch nicht davon ausgehen, daß ich nie wieder damit zu kämpfen haben werde. Kurz
entschlossen rufe ich die Herausgeberin des Buches an und bitte
sie, diese Zeilen bei der nächsten Auflage zu streichen.
   Inzwischen kann ich viel klarer denken. Die Predigt über Gehorsam, die ich vor wenigen Wochen gehört habe, läßt mich

nicht los. Wie steht es denn nun mit meinem Argument gegen das Gesetz und für die Gnade?

Ich weiß, daß man in einer Religion, die strikten Gehorsam für festgesetzte Regeln und Verbote verlangt, kaum Spielraum zum Mißbrauch hat. Ich dagegen habe die Freiheit, die ich durch Jesus habe, mißbraucht. Die Gefahr bei jeder freien Entscheidungsmöglichkeit ist der Mißbrauch eben dieser Freiheit.

Ich bin eine Gefangene Jesu; ich bin sein gedemütigtes, scharf zur Ordnung gerufenes Kind. Zugleich bin ich aber auch frei in Jesus, und ich bitte ihn flehentlich, es noch einmal mit mir zu versuchen und mir meine Entscheidungsfreiheit zu lassen.

Ja, ich gebe zu, daß dabei die Gefahr bestehen bleibt, eine falsche Entscheidung zu treffen und das Verkehrte, Sündhafte zu wählen. Mein Instinkt sagt mir jedoch, daß wahres Wachstum, echte Reife, nur dort entsteht, wo die Freiheit zur Entscheidung gegeben ist, selbst wenn das gelegentlich zu Fehlern führt.

„Vater im Himmel, ich möchte mich deinem Heiligen Geist völlig unterstellen, denn er kann mich leiten, mich so zu entscheiden, daß dein Name dadurch geehrt werde. Und ich glaube fest daran, daß du mit mir ans Ziel kommst, ganz gleich, wie meine Entscheidungen ausfallen werden."

Mein Dienst

„Tut euren Dienst
mit gutem Willen als dem Herrn
und nicht den Menschen."

Epheser 6,7

Es ist ein kühler Tag im Frühling 1979. Die gelben Forsythien entlang der Weidezäune stehen in voller Blüte, um grünere, wärmere Zeiten in Maryland anzukündigen. Eine Windböe streicht mir über die Wangen, und ich bin dankbar, als Jay ihren Pullover auszieht, um ihn mir um die Schultern zu legen. Sie steht hinter meinem Rollstuhl. Nun schlingt sie ihre Arme um mich, und ich weiß, daß sie eine Frage auf dem Herzen hat.

„Bist du auch ganz sicher?" fragt sie. Meine anderen beiden Schwestern Kathy und Linda tragen Kisten, Pakete und Koffer zu einem Kleinlaster in unserer Einfahrt. Mache ich tatsächlich keinen riesigen Fehler? War es wirklich Gottes Wille, der mich zu diesem Umzug nach Südkalifornien bewegt hat? Meine sorgfältig verpackten Habseligkeiten, von Büchern über Kleidung und Arznei bis zu Bilderalben und dergleichen, scheinen sehr wohl zu wissen, wohin die Reise gehen soll. Aber bin ich mir auch im klaren darüber?

Wenn ich zurückdenke, kann ich nur darüber staunen, welche Umstände diesen Entschluß herbeigeführt haben. Ein Buch und ein Film über mich selbst zeichnen den langen Weg bis zur Annahme meines Gelähmtseins nach. Ich habe die schmerzliche Erfahrung machen müssen, daß man nicht in einer Welt der Bücher und Filme leben kann; sie können höchstens ein unvollkommenes Bild des betreffenden Menschen wiedergeben. Ihre Flimmerwelt verschwindet schneller als das Licht eines Scheinwerfers bei Kurzschluß.

Das Leben geht weiter. Inzwischen bin ich dreißig Jahre alt geworden. Ich spüre deutlich, daß es höchste Zeit ist, etwas Neues zu unternehmen. Auch Jay und Rob, die Farm und ich sind nicht dieselben geblieben wie früher. Die Umstände sind wie geschaffen für eine einschneidende Veränderung.

Ich kann es mir nicht leisten, mein Leben lang das Mädchen

zu bleiben, dessen Glaube bei jedem Windstoß ins Wanken gerät. Ich muß wachsen. Mein Glaube muß fester werden und weiter reichen. Es geht nicht an, nur ein Hörer des Wortes zu bleiben; die Tat muß folgen. Es ist an der Zeit, daß ich das Gelernte in die Praxis umsetze.

Der Zeitpunkt ist gekommen. Ich werde den Sprung wagen.

Jay knotet die Ärmel des Pullovers fester um meinen Hals, um mich zu wärmen. Unaufgefordert zieht sie mir meine Wollmütze tiefer über die Ohren. Ich fühle mich gleich viel besser und sehe dankbar zu, wie sie meine Hände in die ihren nimmt. Sie weiß immer, was zu tun ist. Ich glaube, sie kennt meine Wünsche und Bedürfnisse besser als ich selbst.

Ich habe sie von Herzen lieb. Sie wird mir arg fehlen.

Während sie meine Füße auf den Stützen zurechtschiebt, kämpfe ich gegen einen erschreckenden Gedanken an: mit Jay wird mir ein großer Teil meiner Selbstsicherheit verlorengehen. Jahrelang haben wir Freud und Leid miteinander geteilt. Wir haben die Farm gemeinsam bewohnt, sind gemeinsam auf Reisen gegangen, waren nie voneinander getrennt. Jay ist mir mehr als nur eine Schwester. Sie ist meine Vertraute, meine Krankenpflegerin, meine Hausgenossin. Obwohl sie in ihrer Tochter Kay und nun in Rob ihre eigene Familie hat, weiß ich, daß auch sie mich vermissen wird. Das schmerzt!

Der Kleinlaster ist bis unter das Dach voll beladen und wartet mit laufendem Motor darauf, daß die Fahrt losgeht. Der Fahrer, ein Bekannter von uns, der geschäftlich an der Westküste zu tun hat, zieht sich die Handschuhe aus und setzt sich ans Steuer. Dann läßt er den Motor aufheulen, ruft uns einen Abschiedsgruß zu und fährt los. Innerhalb einer Woche wird er samt meinen Habseligkeiten im sonnigen Südkalifornien eintreffen.

„Okay, Joni, jetzt bist du an der Reihe!" Mit einem Lächeln auf den Lippen kommt meine Schwester Linda auf mich zu.

„Weißt du, es ist immer noch früh genug, falls du's dir doch anders überlegen willst", sagt Jay. Auf ihre Frage von vorhin bin ich ihr noch immer die Antwort schuldig. Sie hebt Charlie, unseren Kater, auf die Arme, um ihn unter dem Kinn zu kraulen.

„Ich weiß, Jay. Ich weiß, daß ihr alle nur das Beste für mich wollt." Ich schlucke und sehe sie der Reihe nach an. „Trotzdem bin ich mir ganz sicher, daß mein Entschluß richtig war. –

Außerdem hat Kalifornien bestimmt einen wärmeren Frühling als Maryland zu bieten!" Unser Lachen vertreibt die Wehmut, und wir eilen ins Haus, um am Kamin eine Tasse heißen Kaffee zu trinken.

Später am Nachmittag habe ich Muße, allein am Kamin über meinen Entschluß, so weit von daheim fortzuziehen, nachzudenken.

Sich entscheiden. Eine Wahl treffen. Immer wieder stoße ich auf diese Begriffe. Der Entschluß, ein Buch über mein Leben zu schreiben. Soll ich einen Spielfilm machen? Was hat Gott mit mir vor, und wohin will er mich führen? Wer bin ich eigentlich? Ist es überhaupt klug, von der Farm wegzuziehen? Und eine getroffene Wahl bringt stets Veränderungen mit sich.

Zugegeben, das vergangene Jahr war nicht das fruchtbarste in meinem Glaubensleben, aber ich habe Gott letztendlich meine Treulosigkeit eingestanden, und ich glaube fest, daß er mir vergeben hat und mich durch das Blut Jesu so weiß wie Schnee gewaschen hat. Ich spüre die Gegenwart seines Heiligen Geistes, wenn ich in der Bibel lese. Mehr als je zuvor möchte ich mich an ihm erfreuen. Und ich weiß auch, daß ich den Wünschen meines Herzens folgen kann, wenn ich Gottes Willen über alles stelle.

Was sind nun die Wünsche meines Herzens? Ich zähle sie mir in Gedanken auf: Ich möchte selbständig werden. Ich habe einen Traum, den ich verwirklichen möchte. Um ein „Täter des Wortes" zu werden, muß ich anderen helfen – anderen Behinderten mit ihren Nöten und Träumen, um es genauer zu sagen.

Immer wieder muß ich an mein kurzes Gespräch mit Debbie Stone damals in der Rancho-Los-Amigos-Klinik denken. Ihre Worte haben mich verfolgt: „Joni, du machst dir ja keine Vorstellung, wie viele Probleme Behinderte haben; Probleme geistlicher Art, aber auch ganz alltägliche Schwierigkeiten im praktischen Leben."

Ich bin eine Behinderte, die die überwältigende Liebe und Gnade Gottes am eigenen Leib erfahren hat. Obendrein habe ich den Vorteil einer opferbereiten Familie und Freunde, die mich nach Geist, Seele und Leib treu versorgt haben, ob sie nun meine Laune gehoben haben oder mich selbst in den Rollstuhl. Jenseits der Weiden und Zäune unserer Farm gibt es Tausende von Männern und Frauen, Teenagern und Kindern, die das alles nicht haben. Sie brauchen Trost aus Gottes Wort, aber auch praktische Hilfe. Irgendwie weiß ich ganz genau, daß es an mir ist, diese Hilfe zu geben.

Und so sonderbar es auch klingen mag, ich fühle mich nach Los Angeles berufen. Dort kann ich gerade diesen Traum vom Helfen verwirklichen. Ein paar Rehabilitationsspezialisten kenne ich schon von meinem Aufenthalt in der Rancho-Klinik her. Ich werde zur Grace-Community-Kirche zurückkehren. Außerdem habe ich Kontakte zu mehreren Mitarbeitern bei World Wide Pictures. Und das Klima liebe ich einfach! In Südkalifornien werden mir zwar einige unliebsame Erinnerungen begegnen, und auch dem Smog dort werde ich nicht entkommen, aber alles in allem ist Los Angeles noch immer der ideale Ort für mich.

Der Nachmittag weicht allmählich der frühen Abenddämmerung des Vorfrühlings. Ich sitze allein in dem dunkler werdenden Wohnzimmer. Die einzige Lichtquelle ist das Feuer im Kamin. Frieden breitet sich in mir aus. Ich verspüre keine Zweifel. Keine Panik. Nur einfach Frieden.

Ich weiß nicht, was auf mich zukommt. Aber ich weiß endlich, wer ich bin. Ich habe einen Traum, und ich weiß, wohin mein Weg mich führt.

„Hast du auch die Flugtickets?" rufe ich Kerbe zu, die gerade ihre Koffer an der Laderampe des Flughafens abstellt.

„Oh … oh, nein, ich glaube nicht, daß Jay sie mir schon gegeben hat." Sie greift in ihre Handtasche, um nach dem Umschlag mit den Tickets zu suchen. „Vielleicht hat Rob sie."

Rob klopft seine Jackentaschen ab.

„Hm, hier sind sie auch nicht!"

Na, das fängt ja gut an! Ich kann noch nicht einmal die Tickets finden, um meinen neuen Wohnort zu erreichen! Mit den Augen suche ich das Bordgepäck und die Reisetaschen um mich herum auf der Rampe ab. Nichts. Da fällt mein Blick auf meinen Schoß.

„Ich hab' sie!" rufe ich überrascht. Jemand hat mir den Umschlag mit den Flugscheinen an die Seitenwand meines Rollstuhls gesteckt.

Kerbe schnappt sich die Tickets und reicht sie dem ungeduldigen Gepäcklotsen, der Koffer und Taschen schon auf einem Karren verstaut hat. Plötzlich bemerke ich, daß das Gepäck mit den falschen Aufklebern versehen ist. Violett – das ist nicht Los Angeles. Mit diesen Aufklebern wird unser Gepäck in San Francisco landen!

„Rob, schnell, halte den Karren auf!"

Jay löst die Bremsen an meinem Rollstuhl und schiebt mich eilig durch die automatischen Türen.

„Und vergiß bloß nicht, dir so schnell wie möglich einen Hausarzt und ein gutes Sanitätsgeschäft zu suchen", ermahnt sie mich, während wir durch die Sicherheitsabsperrung gehen. „Und denk dran, dir neue Katheter und Urinbeutel zu bestellen. Deine sind so gut wie alle."

Innerhalb weniger hektischer Momente sind die Aufkleber ausgetauscht, die Tickets gestempelt und die letzten Abschiedstränen geweint. Dann sitzen Kerbe und ich auch schon auf unseren Plätzen im Flugzeug.

Die Motoren dröhnen mit voller Kraft. Ich strenge mich an, einen letzten Blick durch das Fenster von Jay und Rob, Vater und Mutter, Kathy und den anderen zu erhaschen. Am Ausgang herrschte vorhin ein solches Durcheinander, daß ich keine Gelegenheit mehr hatte, alles zu sagen, was ich noch auf dem Herzen hatte. Nicht, daß es ein Abschied für immer wäre … es kommt mir nur jetzt so vor.

Ich sehe Daddy noch vor mir, wie er, auf seine Krücken gestützt, auf der Rampe stand. So liebend gern, wie er sich nützlich gemacht hätte, mußte er doch tatenlos zusehen, wie andere alles erledigten. Meinen forschenden Blick hat er nicht bemerkt. Ich konnte ihm an der Nasenspitze ablesen, wie besorgt er darüber war, daß seine jüngste Tochter nun das Nest verläßt, dazu noch in einem Rollstuhl. Er macht sich noch immer Gedanken darum, wo ich wohnen werde und wer mir hilft, obwohl ich ihm mindestens zehn Mal erklärt habe, daß John MacArthur, der Pastor der Grace-Community-Kirche, mir ein kleines Haus direkt neben der Kirche besorgt hat. Meine Kusine Kerbe wird bei mir wohnen, und auch Judy Butler, die mir von der Billy-Graham-Gesellschaft für ein Jahr zur Seite gestellt worden ist, um meine Hilfsorganisation aufzubauen. „Keine Sorge, Daddy, alles ist in Butter!" habe ich ihm mehrmals laut in die schwerhörigen Ohren gerufen.

„Na, wenn du meinst, Liebes …" Seine blauen Augen funkelten, aber seine Lippen zitterten ein wenig.

Mutter dagegen war während des ganzen Vormittags der ruhende Pol. Sie brachte Ordnung in das Durcheinander und half beim Gepäckverladen. Ich hoffe, daß mich etwas von dieser Gelassenheit während der nächsten Monate begleiten wird.

Unser Flugzeug hebt vom Boden ab und dreht bald nach dem Start in Richtung Westen ab. Ich lasse den Kopf behaglich auf das Polster sinken. Felder und Vorstädte unter uns verschwinden unter einer dichten Wolkenschicht, während wir immer höher in die Luft steigen. Der Morgen verschwimmt mir schon in der Erinnerung; er erscheint bereits um Stunden entrückt. Gerade habe ich die Augen geschlossen, um ein wenig zu schlafen, als ich das Gefühl habe, daß im Gang neben mir jemand steht.

„Sie sind doch das Mädchen aus dem Film, nicht wahr?"
Über mir sehe ich das lächelnde Gesicht einer Frau im eleganten
Kostüm. Sie trägt teuren Schmuck.

„Ich könnte schwören, daß ich Ihr Bild neulich in einer Zeitschrift gesehen habe!"

„Nun, möglich ist's schon. Ich habe gerade vor kurzem in einem Film über mein Leben mitgespielt."

Wir plaudern eine Weile über den Film. Sie erzählt mir, daß sie
und ihr Mann während der Dreharbeiten für mich gebetet haben. Sie hätten sich oft gefragt, wie ich es nur ertragen konnte,
mit so vielen schmerzhaften Erinnerungen an vergangene Tage
konfrontiert zu werden, und ich erwidere, daß mir das nur
durch die Gebete von Menschen wie sie möglich war.

Kerbe läßt ihre Zeitschrift sinken und hört interessiert zu.
Nachdem die Frau wieder zu ihrem Sitz zurückgekehrt ist, wendet sie sich zu mir und setzt sich bequem in ihrem Sitz zurecht.

„Ja, wie war das denn eigentlich, Joni? Ich meine die Sache
mit dem Film."

Ich sehe meiner Kusine in die klaren, blauen Augen. Sie ist ein
ausgesprochen hübsches Mädchen, jung, voller Schwung und
Abenteuerlust, Anfang zwanzig. Sie möchte nichts lieber, als
Gottes Willen für ihr Leben zu befolgen. Ihre Frage macht mir
wieder deutlich, wie schwierig es für den Durchschnittsmen-
schen ist, sich die schweren Tage des letzten Jahres, die ich
durchlebt habe, vorzustellen.

„Also, von Glanz und Gloria kann schon mal nicht die Rede
sein", beginne ich mit einem Seufzer.

Mit sorgfältig gewählten Worten erzähle ich ihr dann von der
hübschen Schauspielerin in dem blauen Badeanzug, ihren anmutigen Bewegungen und ihrer blendenden Figur. Ich dagegen
fühlte mich wie ein unbeholfener, häßlicher Sandsack. Bei diesem Vergleich halte ich mich bewußt im Zaum, um die Tatsachen nicht zu übertreiben, so drastisch ich sie damals auch emp-
funden habe.

Während ich mit meinem Bericht fortfahre, frage ich mich im
stillen, wie jener Tag in Gottes Augen wohl ausgesehen hat, wie
ich vor ihm dagestanden habe. Ich konnte an nichts anderes denken als an den Anblick, den ich in meinem Rollstuhl bot, aber
das ist vollkommen unwesentlich im Vergleich zu dem, was

Gott in meinem Herzen gesehen hat. Wenn ein Badeanzug schon den Blick auf ein Paar reglose, geschwollene Beine freigibt, wie konnte ich mir nur einbilden, daß ich meine bitteren Gedanken vor dem allmächtigen Gott verbergen könnte?

Über unserem Gespräch über die verschiedenen Erlebnisse dieser Monate vergehen die Stunden schnell. Bald verlieren wir an Flughöhe und nehmen Kurs auf den Flughafen von Los Angeles.

Durch die Fenster kommt nun das überdimensionale Schild mit der Aufschrift „HOLLYWOOD" an einem Hügel in der Nähe der Stadt ins Blickfeld. Es erinnert mich daran, daß ich nie wieder behaupten kann, gegen Groll und Bitterkeit immun zu sein. Nie wieder werde ich Gottes Gnade für selbstverständlich nehmen. Ich bin frei in Christus, und doch zugleich auch eine Gefangene Christi.

Wir landen und kommen vor dem Flughafengebäude zum Stehen. Kerbe und ich warten, bis die anderen Passagiere ihr Handgepäck aus den Fächern genommen und die Maschine durch den vorderen Ausgang verlassen haben.

Ich fühle eine Hand auf meiner Schulter und sehe das Lächeln der gutgekleideten Dame wieder über mir. Im Vorbeigehen sagt sie zu mir: „Ich freu' mich schon auf Ihren Film. Sie sind wirklich eine prächtige Frau!"

Ich möchte ihr danken, bringe aber kein Wort über die Lippen. Sie hat ja keine Ahnung, was alles in mir vorgegangen ist, während wir den Film gedreht haben! Ich aber weiß es. Und Gott weiß es erst recht.

„Das ist nett von Ihnen", rufe ich ihr nach, „aber wissen Sie, wir haben einen großen Gott!"

„Kalifornien, du hast mich wieder!
Avocados, Palmen, Flieder ..."
Ich summe die Schlagermelodie vor mich hin, während wir
auf den staubtrockenen Schnellstraßen Hollywoods an endlosen Reihen von Oleanderbüschen vorübersausen.

Der Verkehr wird dichter, und wir rollen unsere Fenster wegen der Hitze und der Abgase wieder hoch. Die Klimaanlage
sorgt für angenehmere Temperaturen. Immer wieder sehe ich
Landschaftsbilder von Maryland vor meinem inneren Auge:
mächtige Ahornbäume im frischen Frühlingswind, ein enges
Tal, die kleine Hütte am Bach, in der Nähe unserer Farm. Kalifornien ist ganz anders. Das einzige Tal, das ich hier gesehen
habe, ist das San-Fernando-Tal, und dort gibt es vor lauter
Neubausiedlungen und Schnellstraßen fast kein freies Plätzchen
mehr. Werde ich mich hier überhaupt je heimisch fühlen?

Wir fahren von der Stadtautobahn herunter und steuern auf
die Grace-Community-Kirche zu. Wenig später haben wir das
kleine, stuckverzierte Haus erreicht, das uns vorläufig als Heim
dienen soll. Jemand von der Gemeinde hat eine stabile Rollstuhlrampe vor der Haustür angebracht und den Eingang ver-
breitert. Andere haben das Haus mit einem Sofa, Tisch und
Stühlen, Lampen, Kissen, Bildern und Pflanzen ausgestattet.
Alles ist sehr geschmackvoll hergerichtet. Welch ein warmer
Willkommensgruß!

Geschwister aus der Gemeinde unterbrechen ihre Heimfahrt
von der Arbeit oder vom Einkaufen, um bei uns hereinzu-
schauen und sich vorzustellen. Oft bringen sie uns einen fertig
gekochten Eintopf oder eine Suppe mit. Karten mit der Botschaft „Herzlich willkommen im neuen Heim" häufen sich in
unserem Briefkasten. Ofenfrische Schokoladenplätzchen stehen plötzlich wie vom Himmel gefallen vor unserer Haustür.

So scheuen die Leute von der Grace-Community-Kirche keine Mühe, um uns das Einleben zu erleichtern. Selbst Pastor John MacArthur nimmt sich Zeit, um uns zu besuchen. Er kommt als Bruder im Herrn und trägt bequeme Arbeitskleidung. Ich bedanke mich bei ihm für seine Bemühungen um das Haus.

„Wir sind ja froh, daß Sie gekommen sind", sagt er und klopft dabei mit einem verschmitzten Lächeln auf die Armlehne des Rollstuhls. Ich finde es prima, daß er sich nicht scheut, meinen Rollstuhl anzufassen. „Wie steht es denn mit den Plänen um das Hilfswerk?"

Wir unterhalten uns über das Budget, das Judy und ich ausgearbeitet haben, und das kleine Büro in der Nähe, das wir mieten möchten. Niemand kann uns Zeitverschwendung bei der Verwirklichung meines Traums vorwerfen!

„Sie dürfen sich gern auch einmal in Ruhe unser Werk drüben ansehen", bietet er mir an und deutet mit der Hand auf die kircheneigenen Gebäude. „Aber ..." Er zögert. „Eigentlich sollten Sie zuallererst Dr. Sam Britten von unserem Kirchenvorstand kennenlernen. Er ist derjenige, der unser Behindertenwerk ins Leben gerufen hat. Obendrein ist er der Leiter eines anerkannten Behindertenzentrums hier an der Universität."

Ich bin Dr. Britten bei unseren ersten Planungssitzungen schon einmal begegnet. Er ist ein kumpelhafter Typ, der am liebsten mit „Dr. Sam" angesprochen werden wollte und sich gleich einen Stuhl heranzog, um sich mit mir zu unterhalten. Ich vermute, daß die zwanzig Jahre, die er nun schon im Dienst an Behinderten verbracht hat, ihm zu einer solchen Warmherzigkeit verholfen haben.

Am Tag nach John MacArthurs Besuch macht Kerbe einen Termin mit Dr. Sam an der California State University für mich aus.

Die Universität liegt nicht sehr weit von der Kirche entfernt. Kerbe fährt mich hin, und gemeinsam machen wir uns auf die Suche nach dem Zentrum für Leistungssteigerung körperlich Behinderter, dessen Leiter Dr. Sam ist. Kerbe parkt ihren kleinen Chevrolet Camaro auf dem Studentenparkplatz und winkt einen vorbeigehende Studenten heran, um ihr zu helfen, mich aus dem Wagen zu heben.

Das Universitätsgelände sagt mir auf Anhieb zu. Eine Reihe von Parkplätzen für Behinderte ist direkt vor dem Sportgebäude markiert. Ein junges Mädchen in einem elektrischen Rollstuhl, wie ich ihn daheim benutze, verläßt einen Kleinbus mit Hilfe eines mechanischen Lifts. Ein muskulöser junger Querschnittsgelähmter im ärmellosen Hemd saust in seinem sportlichen Rollstuhl an mir vorüber. Seine Bücher trägt er auf dem Schoß, und von den Griffen des Stuhls baumelt seine Tasche herab. Ich folge den Spuren seiner Räder auf den Eingang zu. Ohne Frage bin ich hier an der richtigen Adresse, nämlich Dr. Brittens Rehabilitations-Zentrum.

Helles Sonnenlicht vom anderen Ende des langen Korridors spiegelt sich auf dem blanken Linoleum. Wir hören Stimmen und Lachen aus einer Tür auf der linken Seite des Flurs und gehen darauf zu. Sie führt in einen großen Raum, wo wir stehenbleiben und uns umschauen.

Junge Männer wie der, den wir gerade auf dem Parkplatz gesehen haben, machen Bodenübungen auf roten Turnmatten. Eine Mitarbeiterin stützt einen älteren Mann am Ellbogen, während er mit steifen Beinen vorsichtig einen Fuß vor den anderen setzt. Beinschienen, Krückstöcke und Laufgestelle hängen wie Orgelpfeifen in Reih und Glied an der Wand. Neben einem Spiegel, der bis an die Decke reicht, stehen Trainingsgeräte zum Gewichtheben. Der ganze Raum erinnert sehr an die Rancho-Los-Amigos-Klinik, nur daß er irgendwie doch anders wirkt.

Gewichte knallen zu Boden, Gurte klicken, Patienten plaudern und lachen. Lachen. Hier liegt der Unterschied!

Ich mache Dr. Britten aus. Hochgewachsen, mit sportlichem Aussehen, steht er gerade neben einem jungen Querschnittsgelähmten, dessen behandschuhte Hände die Pedale eines Trainingsrades auf dem Tisch vor ihm bewegen sollen. Dr. Britten macht dem Jugendlichen Mut, während er die Knöpfe an dem Gerät einstellt. Der Junge beugt sich in seinem Stuhl vor und legt sich mächtig ins Zeug, um das Rad in Bewegung zu setzen. Dr. Britten lächelt und klopft ihm auf die Schulter. Erst als er sich umwendet, bemerkt er uns an der Tür.

„Kommen Sie nur näher!" ruft er uns zu. „Ich habe Sie schon erwartet!"

Kerbe schiebt mich in den Raum hinein, und ich fühle mich auf der Stelle heimisch hier. Dieses Werk erweckt den Eindruck, als würde hier tatsächlich Großartiges geleistet.

„Nett, Sie wiederzusehen", sage ich und reiche ihm mühsam den Arm zum Gruß. Dr. Sam nimmt meine Hand in seine und lächelt mich an. Seine braunen Augen strahlen Wärme und Herzlichkeit aus.

„Nun, wie steht's mit meinem Vorschlag, Auto fahren zu lernen?" fragt er mit einem Blick auf seinen Notizblock. Ich bin verdutzt. Seine Anregung bei unserem Gespräch vor ein paar Tagen hatte ich glatt wieder vergessen! Er hatte mir nahegelegt, einen Kleinbus fahren zu lernen, doch ich hatte das Ganze als unmöglich abgetan. „Die besten Universitäten im Land haben mich getestet. Ich habe einfach nicht die Muskeln, um ein Lenkrad zu drehen", hatte ich ihm erwidert.

„Falls Sie's trotzdem noch mal probieren möchten, habe ich eine Auswertung für sie vereinbart", sagt er, „und zwar jetzt gleich."

„Ja, schon ... Aber meinen Sie wirklich, daß jemand wie ich auf die Schnellstraßen gehört? Ganz im Ernst?" Langsam bahnen wir uns einen Weg zwischen Patienten und Geräten hindurch. Bevor er antwortet, stellt er uns einige Mitarbeiter und Studenten vor. Endlich haben wir einen Tisch erreicht, auf dem Auswertungsbögen und Aufnahmeformulare gestapelt sind.

„Haben Sie die Kleinbusse draußen auf dem Parkplatz gesehen?" Er zieht sich einen Hocker neben mich und beginnt, meinen Arm zu untersuchen. Ich nicke abwesend, während ich seine Arbeit interessiert beobachte. Er beugt, dreht und streckt meinen Arm und bittet mich, meine Muskeln anzuspannen. Auf einem der Formulare macht er sich zwischendurch Notizen und zeigt dann mit dem Kugelschreiber auf eins der behinderten jungen Mädchen, das gerade an uns vorüberrollt.

„Sie fährt solch einen Bus."

Ich starre hinter dem Mädchen her. Sie macht einen viel unbeweglicheren Eindruck als ich. Kopfschüttelnd richte ich meine Aufmerksamkeit wieder auf Dr. Sam, der jetzt meine Koordination und meine Reflexe testet.

Später, nachdem ich mich mit mehreren der Auto fahrenden Behinderten unterhalten habe, schiebt Dr. Sam mich an eins der

Trainingsräder heran. Er nimmt ein Paar Lederhandschuhe von der Wand und öffnet die Klettverschlüsse.

„Ihre Auswertung ist glänzend ausgefallen", lächelt Dr. Sam. „Ich wüßte wirklich nicht, warum Sie nicht auf der Stelle mit einem Übungsprogramm anfangen könnten."

„So, so, Autofahren soll ich also lernen!" sage ich kopfschüttelnd.

„Aber ja! Warum auch nicht?" Er sieht mich aufmunternd an, während er meine Hände an die Pedale schnallt. „Ich bin ganz sicher, daß es klappen wird. Über das Lenken unterhalten wir uns später."

Was in aller Welt meint er nur? Ich beginne, die Pedale zu bewegen. Vielleicht ergeben sich die Antworten später. Nun, immerhin bin ich ja hergekommen, um Fragen zu stellen. Sam Britten ist offensichtlich eine Kapazität, und ich brauche seine Ratschläge für den Aufbau eines Werks für Behinderte. Ich habe eben nur nicht erwartet, daß ich selbst die erste sein würde, der geholfen wird.

Aus den Schultern heraus stemme ich mich gegen die Pedale. Die Maschine gibt mir das Gefühl, in diesen Raum zu gehören. Mein Puls beschleunigt sich innerhalb von wenigen Minuten, und ich atme tief, wie ich es in meiner Jugend im Sportunterricht gelernt habe. Die Bewegung tut gut. Ich schiebe die Fragen, die ich stellen wollte, vorerst beiseite. Statt dessen überlege ich, wie mein Vater von einem Zentrum wie diesem hier profitieren könnte.

Jeder im ganzen Raum ist mit Turnübungen beschäftigt – außer einer jungen Frau, die wie eine Statue in einer Ecke sitzt, die Arme steif auf die Lehnen ihres Rollstuhls gestützt. Ihre südländische Schönheit und das lange, lockige Haar stehen im bestürzenden Kontrast zu ihrem Rollstuhl. Eine Mitarbeiterin wechselt ein paar Worte auf Spanisch mit ihr, und ich frage mich, ob es ihr zartes, gepflegtes Aussehen oder ihre Art, sich abzusondern, ist, was sie wie von einem anderen Stern erscheinen läßt. Wie isoliert sie wirkt! Vielleicht ist sie ein Filmstar aus Südamerika, überlege ich.

Als Sam Britten sich wieder neben mich stellt, bin ich restlos außer Atem.

„Für heute reicht's erst mal", bestimmt er und löst die Klettverschlüsse an meinen Handschuhen. „Wenn ich erst ein Trainingsprogramm für Sie ausgearbeitet habe, sind sie auf der Schnellstraße, bevor Sie sich's versehen!"

Wir lachen; er aus Fröhlichkeit, ich voller Skepsis. Dieser Mann ist mir sympathisch. Und ich fühle mich in der positiven Atmosphäre dieses Zentrums sehr wohl. Ich freue mich schon darauf, es regelmäßig zu besuchen.

„Würde es Ihnen etwas ausmachen, ein paar Worte an eine Gruppe von Behinderten zu richten, bevor Sie gehen?" fragt er mich dann. „Sie wissen alle, wer Sie sind. Ihr Buch gehört nämlich zum Lesepensum dieses Kurses."

Gern erkläre ich mich dazu bereit. Mit Behinderten über all die Schwierigkeiten meines Lebens zu reden – von dem Angestarrtwerden, dem falschen Mitleid und dem Wunsch, unabhängig zu leben, bis hin zu der Bereitschaft, sich auch von anderen helfen zu lassen –, das gehört schließlich zu meinem Traum, anderen Behinderten das Leben zu erleichtern.

Dr. Britten stellt mich einer Gruppe von Menschen in Rollstühlen und Laufgestellen vor, und setzt sich dann zu den anderen Mitarbeitern im Hintergrund. Offensichtlich ist er beeindruckt von dem, was ich über meinen Glauben und die Annahme meines Lebens im Rollstuhl zu sagen habe. Die Tatsache, daß ich heute Seite an Seite mit den anderen im Raum an einer Trainingsmaschine gearbeitet habe, schafft gleich einen spontanen Kontakt zu ihnen. Wir sind alle im selben Boot.

Alle – außer der südländischen Schönheit mit den grünen Augen, die sie starr nach vorn gerichtet hält. Nach wie vor sitzt sie wie eine Statue da.

Der Vollmond hängt pastellfarben und geheimnisvoll über dem Orangenbaum hinter unserem kleinen Stuckhaus. Erinnerungen an Sommerabende auf der Farm werden wach, wo Jay und ich so manches Mal an dem Tisch aus Rotholz saßen und alte Volkslieder sangen. Nun sitze ich allein im Garten und singe dem Mond eins von meinen Lieblingsliedern vor und höre Jays Altstimme dabei in meiner Vorstellung. Was mag meine Familie daheim heute abend wohl unternehmen?

Es war eine wahre Wohltat, heute mit Jay zu telefonieren. Im Geiste sah ich sie auf den Stufen vor der Küche sitzen, die Telefonschnur zwischen den Fingern drehend und den Rücken gegen den Türrahmen gelehnt. Ich hatte ihr eine Menge Neuigkeiten zu berichten.

Unser Hilfswerk, das wir „Joni and Friends" getauft haben, ist inzwischen einen Monat alt. Freiwillige Mitarbeiter helfen mir, die Hunderte von Briefen zu beantworten, die durch den Film und die beiden Bücher bei mir eingehen. Ein regelrechtes Büro mit ausgetüftelter Arbeitseinteilung ist noch recht ungewohnt für mich, doch Judy, die schon manche Großevangelisation für Billy Graham und sein Team organisiert hat, fühlt sich gleich ganz heimisch hier. Es dauert nicht lange, bis auch Kerbe und ich uns im Büro eingearbeitet haben.

Wenn Jay doch nur hier wäre!

Mit aller Kraft kämpfe ich gegen das schleichende Heimweh an, indem ich mich beschäftigt halte. Ich gebe im Büro mein Bestes, male viel an der Staffelei, blättere in Immobilienanzeigen nach einem endgültigen Wohnsitz für uns und besuche Dr. Brittens Zentrum.

Von Sam lerne ich mehr als nur Übungen zur Muskelkräftigung. Ich beobachte ihn, wie er mit Menschen ohne jegliche Hoffnung umgeht, Menschen, die von einer Klinik zur nächsten abgeschoben worden sind, die sich als Belastung für Angehörige und Freunde empfinden. Sam ist da ganz anders. Wie Jesus selbst angesichts der Scharen von Kranken, so hat auch er ein warmes Herz für seine Patienten. Er erbarmt sich ihrer, anstatt sie wortreich zu bedauern. Ich kann nur staunen, wie er seine umfangreiche Arbeit bewältigt. Er nimmt sich Zeit, reichlich Zeit: für das junge Mädchen, das niemand abholt und nach Hause fährt, oder für den jungen Gelähmten, der sich wegen seines unkontrollierten Speichelflusses schämt. Ich sehe, wie Sam am Boden neben einem Patienten kniet. Seine Lippen bewegen sich unablässig, wahrscheinlich im Gebet.

Ich mache Fortschritte an dem Trainingsrad. Allmählich kann ich es viel schneller und leichter bewegen. Wenn ich auch immer noch meine Zweifel daran hege, daß ich je einen Kleinbus steuern werde, so ist mein Training alles andere als Zeitverschwendung. Schon lange habe ich mich nicht mehr so kräftig und gesund gefühlt wie jetzt. Ich habe sogar etwas an Gewicht zugenommen und schlafe nachts besser.

„Nicht schlecht!" meint eine attraktive Frau im blauen Trainingsanzug mit einem Blick auf den Umdrehungsanzeiger an meinem Gerät. Ich habe sie schon oft hier im Zentrum gesehen und nehme an, daß sie eine Assistentin von Sam ist. Sie stellt sich als Rana Leavell vor.

„Wie lange muß ich denn noch meine Kurven drehen?" ächze ich und verdrehe im Scherz die Augen.

„Da haben Sie die Falsche gefragt", gibt sie zurück und sieht sich nach Sam um.

„Sind Sie denn keine Mitarbeiterin hier?" Ich drehe langsamer. „Ich habe Sie doch schon öfter den Patienten helfen sehen."

„Ich leiste bloß mein Praktikum hier ab. Ich möchte Sportlehrerin für behinderte Kinder werden. Meine gesunden Achtkläßler bringen mich nämlich schier zur Verzweiflung!" sagt sie lachend. „Sehen Sie die Dame in dem Rollstuhl dort?" Sie zeigt auf die Schönheit mit dem kaffeebraunen Haar. „Sie hat mir gesagt, daß sie vor Jahren in der achten Klasse Sportunterricht bei mir hatte. Da kommt man sich direkt alt vor!"

Ich halte das Gerät an. Rana kennt also die geheimnisvolle Frau.

„Wer ist sie eigentlich?" Ich bemühe mich, meiner Stimme einen lässigen Ton zu verleihen.

„Sie heißt Vicky Olivas. Gelähmt ist sie erst seit ein paar Jahren. Es war nicht leicht für sie." Rana spricht leise. „Sie kann sich kaum rühren."

„Ja, das ... das ist mir schon aufgefallen." Sam ist gerade damit beschäftigt, Vickys Armmuskeln zu strecken, so daß ich sie ungestört beobachten kann. Dann schäme ich mich aber doch, sie so ungeniert anzustarren.

„Ich habe für sie gebetet", sage ich ein wenig verlegen zu Rana.

„Gebetet?" Rana wirft mir ein abwertendes Grinsen zu. „So, so, gebetet haben Sie?!" Sie klopft auf das Trainingsrad. „Ich hole Ihnen eben jemand, der Sie von dem Ding hier befreien kann." Damit dreht sie sich um und geht.

Die geheimnisvolle Schöne hat also einen Namen. Sam kommt und löst die Riemen meines Geräts, und wir werten meine Leistungssteigerung aus. Aus dem Augenwinkel beobachte ich währenddessen, wie Vicky Olivas von einer Helferin aus dem Raum geschoben wird. Am liebsten wäre ich ihr auf der Stelle gefolgt, möchte aber Dr. Sam auf keinen Fall unterbrechen. Gespräche sind ein wichtiger Teil seiner Arbeit. Als Kerbe mich dann schließlich nach draußen bringt, ist die Frau im Rollstuhl längst auf und davon.

„Brauchen Sie Hilfe?" erbietet sich Rana beim Hinausgehen.

„Ja, wenn's Ihnen nichts ausmacht. Würden Sie mit ihr anfassen und mich ins Auto heben?" Mit einer Kopfbewegung deute ich auf Kerbe, die gerade den Parkplatz überquert. Im Schatten des Spätnachmittags spielt eine Gruppe Studenten auf einer Rasenfläche Fußball. Die Bäume und der kühle Schatten erinnern mich an den erdigen Duft meiner Heimat. Habe ich überhaupt schon irgendwelche Fortschritte gemacht? Ich meine nicht die meßbaren Fortschritte am Trainingsgerät. Ich meine eher den Prozeß des Heimischwerdens in einer neuen Umgebung, den Aufbau eines neuen Lebens mit Haus, Hilfswerk und Freundeskreis. Freunde.

Rana steht neben mir und wühlt in ihrer Handtasche, bis sie eine Schachtel Zigaretten zutage fördert.

„Hätten Sie Lust, uns mal zu besuchen?" frage ich.

„Ja, gern. Ihre Kusine hat mich auch schon eingeladen." Sie zündet ein Streichholz an. „Ich habe ihr gesagt, sie kann auch mal zu mir kommen und das Pferd meiner Tochter reiten, während die in Europa ist." Sie schüttelt das Streichholz aus und tut einen tiefen Zug an ihrer Zigarette.

„Haben Sie eine Familie?"

„So könnte man's ausdrücken", antwortet sie. Es klingt wie eine eingeübte Dialogzeile aus einer Fernsehkomödie. „Ich bin geschieden." Nach einem Seufzer fügt sie hinzu: „Meine Tochter ist zwölf. Wir verstehen uns blendend. Sie fehlt mir sehr." Dabei dreht sie die Zigarettenschachtel in den Händen hin und her. Zwischen den Schatten hindurch fällt ein Sonnenstrahl auf ihr Haar. Es ist viel heller, als es in dem Raum gewirkt hatte.

„Also, mit dem Pferd kann ich Kerbe wohl kaum locken", lache ich, „aber das Angebot bleibt bestehen. Ich würde Sie wirklich gern näher kennenlernen."

Kerbe fährt ihren Camaro dicht an den Bordstein heran. Rana schiebt mich auf die Mitfahrerseite und klappt die Armlehnen meines Rollstuhls herunter. Meine Kusine greift unter meinen Armen hindurch, um meine Taille zu umfassen, während Rana sich vor mich stellt und ihre Hände unter meinen Knien verschränkt. Gemeinsam heben die beiden mich auf meinen Platz im Auto. Während Kerbe den Rollstuhl zusammenklappt und im Kofferraum verstaut, schließt Rana meinen Sicherheitsgurt.

„Apropos näher kennenlernen", bemerke ich zu Rana, während sie den Gurt anpaßt, „ich hätte nichts dagegen, diese Vicky Olivas auch näher kennenzulernen."

„Da geht's Ihnen nicht anders als uns allen", sagt Rana, ohne aufzusehen. Dann schlägt sie die Autotür zu und schaut durch das offene Fenster zu mir herein. „Dieses Auto ist nicht besonders geeignet für Sie!" Sie klopft auf das Dach. „Ein Kleinbus würde da bessere Dienste leisten."

„Genau das sagt Sam auch ständig", seufze ich, als Kerbe den Wagen in den Verkehr hinaussteuert. „Aber ich und Autofahren? Kannst du dir das überhaupt vorstellen? Ich mit achtzig Sachen auf der Autobahn?"

Wir fahren heim zu dem kleinen Haus in der Nähe der Kirche. Ich nenne es „Heim", obwohl drei von uns immer noch aus Koffern und Taschen leben und Gepäckstücke, Haarföne und

Kisten voller Bücher auf dem Fußboden unserer Schlafzimmer verstreut liegen. Vieles haben wir uns geborgt. Sogar unsere Kochtöpfe sind eine Leihgabe. Als wir aber jetzt vor der hölzernen Rollstuhlrampe vor der Hintertür haltmachen und die köstlichen Küchendüfte schnuppern, die Judys Mahlzeit verbreitet, wird uns doch ein wenig warm ums Herz.

Später am Abend, als ich in meinem Bett liege, schaue ich gedankenverloren den Mond hinter den geöffneten Vorhängen an. Ich denke an die Geräusche einer Sommernacht auf der Farm: zirpende Grillen, das Quaken der Frösche, ein Hund, der in der Ferne bellt. Eine ganz andere Welt im Vergleich zu dem unablässigen Brummen des Verkehrs auf der nahen Durchgangsstraße, das die warme Nachtluft durchdringt. Zugleich höre ich die gedämpften Geräusche von Judy, die noch in der Küche wirtschaftet, und Kerbes Stimme, die am Telefon mit einer neuen Freundin spricht.

Vielleicht werde ich doch auch hier heimisch werden ...

Ich fahre an dem schmiedeeisernen Zaun des Hauses entlang, das zum Verkauf angeboten ist. Ein gepflegter Rasen ist auf der einen Seite von einem Beet voll rosafarbener Ziersträucher eingefaßt und von flammenden Indianerpinseln auf der anderen. Unter drei Eichen halte ich an. Größere als diese gibt es in der ganzen Nachbarschaft nicht, staune ich mit einem prüfenden Blick über die Umgebung. Zugegeben, es ist nicht gerade wie daheim auf der Farm. Das Haus und das Grundstück sind winzig und längst nicht so zurückgezogen – aber wunderhübsch ist es doch hier. Ich atme tief ein und nicke dem Makler zu.

Als nächstes werde ich den Vertrag entwerfen müssen, einen Kredit beantragen, das Post- und Einwohnermeldeamt benachrichtigen müssen. Und vor einem Monat habe ich mich noch nervös machen lassen, als ich ein bloßes Bankkonto einrichten lassen wollte!

Später am selben Tag schiebt Judy meinen Rollstuhl durch die Gänge eines Supermarkts. Auf meinem Schoß sammeln sich Suppendosen, ein Paket Gehacktes, Senf und Scheuerpulver. Judy parkt mich schräg im Gang, um geschwind ein vergessenes Teil vom anderen Ende des Geschäfts zu holen.

Eine Frau schiebt ihren hoch beladenen Einkaufswagen zentimeterweise näher, während sie die Regale ausgiebig studiert. Gewiß überlegt sie im stillen schon, wie sie es nur schaffen soll, sich samt ihrem Wagen an mir vorbeizudrängen. Ich beschließe, einfach nichts zu sagen, bis sie mich direkt ansieht. Ich werde ihr erklären müssen, wie sie meinen Rollstuhl rückwärts an das Regal mit den Backmischungen heranschieben soll, damit sie an mir vorbeikommt. Ob meine Gegenwart sie nervös macht? Gerade will ich sie ansprechen, als Judy mit den Teebeuteln auftaucht. Die Frau lächelt – vor Erleichterung, wie ich vermute – und läßt Judy und mich an ihrem vollen Einkaufswagen vorbei.

Ich verkneife mir eine Entschuldigung dafür, ihr fast im Weg gewesen zu sein. Schließlich habe ich aber das gleiche Recht, im Supermarkt zu sein, wie sie, rechtfertige ich mich vor mir selbst.

Ach, diese gedanklichen Verrenkungen sind einfach albern, denke ich dann aber auf dem Weg zum Parkplatz. Judy hat einen jungen Angestellten gebeten, uns beim Verladen der Einkaufstüten und meiner selbst in das Auto behilflich zu sein. Wie mögen wohl andere Behinderte mit dem Leben fern von ihrer Familie fertig werden? Ich sehe die Gesichter der anderen vor mir, die ich in Sams Zentrum kennengelernt habe. Wie fühlen sie sich in solchen Situationen? Wie würde Vicky Olivas sich beim Einkaufen verhalten? Oder scheut sie sich zu sehr davor, überhaupt aus dem Haus zu gehen?

Wieder ein Besuch im Zentrum. Als meine Kusine und ich gerade auf den Eingang zusteuern, sehe ich Vicky im Schatten des Gebäudes mit ihrer Helferin sitzen. Sie ist nach draußen gekommen, um eine Zigarettenpause einzulegen – und vielleicht auch, um den anderen zu entfliehen. Ich nehme allen Mut zusammen. Heute werden wir beide einander endlich kennenlernen, beschließe ich.

„Wir haben noch gar keine Zeit gehabt, miteinander zu plaudern", beginne ich. Daß wir einander überhaupt noch nicht vorgestellt worden sind, erwähne ich erst gar nicht.

„Ja, das stimmt!" Sie spricht mit einem schweren spanischen Akzent. Aus der Nähe wirkt ihre Schönheit sogar noch ausgeprägter, als ich erwartet hatte. Sophia Loren in Person, denke ich unwillkürlich. Sie sitzt aufrecht, beinahe ein wenig zu steif, in ihrem Rollstuhl. Ihre Hände liegen regungslos auf einem geblümten Kissen. Ihre ausgebreiteten Finger sind makellos gepflegt und die Nägel lackiert. Sie trägt gestärkte Jeans mit Bügelfalten, die haargenau über den hochhackigen Sandalen enden. Selbst ihre Zehennägel sind lackiert. Ihre Helferin hält den Kaffee und die Zigarette für sie.

„Was erhoffen Sie sich denn von dem Zentrum?" frage ich. Es ist der sicherste Aufhänger, der mir einfallen will, um mit ihr ins Gespräch zu kommen. Wenn ich doch nur den Schleier des Geheimnisvollen um diese Frau ein wenig lüften könnte!

Sie erwidert meinen Blick mit dem ungläubigen Ausdruck eines schockierten Aristokraten.

121

„Gesund zu werden natürlich", antwortet sie. Nach einer befangenen Pause fügt sie hinzu:„Wollen Sie das denn nicht auch?"

Darauf war ich nicht gefaßt. Wenn ich nicht aufpasse, werde ich noch zu spät zum Training kommen. Andererseits ist diese Gelegenheit zum Zeugnis eine wahre Gebetserhörung, und mir liegt tatsächlich sehr daran, Vicky kennenzulernen.

„Ich komme her, um sämtliche Muskeln, die mir geblieben sind, zu kräftigen", sage ich wahrheitsgemäß. „Wenn mehr bei der Sache herauskommt, um so besser!" Ich zucke mit den Achseln. „Ich nehme, was Gott mir schenkt."

„Gott?" Sie holt tief Luft. „Mein Psychologe meint, daß bei mir alles nur Einbildung ist."

„Was denn ... Ihre Lähmung soll Einbildung sein?"

Vicky Olivas senkt den Blick auf ihre hübschen, leblosen Hände. Mir wird deutlich, daß ich zuviel gesagt habe. Ich bin mit der Tür ins Haus gefallen. Nun stottere ich, daß es ja durchaus sein kann ... manchmal hört man von solchen Fällen ... selten zwar, aber immerhin ...

„Mein Psychologe sagt, daß ich vielleicht mit einem Schlag wieder laufen kann, wenn ich weiterhin hierherkomme." Sie spricht langsam, als falle ihr das Reden schwer. „Ich bin auch bei einem Hypnotiseur gewesen. Er konnte mir nicht helfen. Der Spiritist auch nicht."

Bei ihren letzten Worten krampft sich mein Magen zusammen. Das Geheimnis um diese Frau hat sich noch kein bißchen gelüftet. Im Gegenteil; nun erscheint sie mir noch rätselhafter als zuvor.

„Heilung ist Ihnen wohl sehr wichtig", sage ich, um die Stille zu füllen, während Vickys Helferin ihr erst die Zigarette, dann die Kaffeetasse an die Lippen führt.

„Ja." Wieder entsteht eine Pause. „Ich war vor kurzem in Rußland. In Leningrad gibt es ein Forschungsinstitut. Meine Familie in Südamerika hat politische Beziehungen. Ich konnte ohne Schwierigkeiten reisen."

„Und hat es Ihnen was eingebracht?"

„Wie Sie sehen", sagt sie und deutet mit dem Kinn auf ihre Hände, „haben die russischen Ärzte auch nicht viel für mich tun können. Aber Sie müssen wissen", fügt sie hastig hinzu, „daß ich Lungenentzündung und eine Liegewunde hatte und gar nicht viel machen konnte. Ich war zu krank." Dann beschreibt sie mir die unzähligen Therapeuten, die ihr Unterwassermassagen gegeben, ihre Beine mit einem Laufgestell gestützt und ihr Konzentrationsanweisungen gegeben hatten.

„Wenigstens kann ich das" – sie beugt sich fast unmerklich in ihrem Stuhl vor, um die Schultern leicht anzuheben und zu senken. Sie ist sichtlich stolz auf diesen kleinen Erfolg, den sie ihrer Reise nach Rußland verdankt. „Und ich werde noch mehr können. Ganz bestimmt." Sie nickt mit dem Kopf zum Zeichen, daß ihre Helferin ihr wieder die Zigarette und den Kaffee reichen soll.

Ich frage mich, ob ihr der seltsame Gegensatz der Situation überhaupt bewußt ist: Hier sitzt sie im Schatten und spricht von all den Dingen, die sie bald wieder tun kann, während die echte Schweißarbeit, die aus solchen Träumen Wirklichkeit macht, in dem Gebäude hinter ihrem Rücken geleistet wird. Vicky Olivas scheint überzeugt zu sein, irgendwann, wie aus heiterem Himmel, wieder laufen zu können, aber sie ist nicht bereit, etwas dafür zu tun, außer auf das Wunder zu warten. Abwartend und distanziert sitzt sie in der Ecke des Trainingszentrums und sieht den anderen untätig bei der Arbeit zu. Wartet und geht der Gruppe aus dem Weg und macht Zigarettenpausen draußen im Freien. Sie wartet und konsultiert einen Psychologen, einen Hypnotiseur und sogar einen Spiritisten.

Gewiß geht Vicky Olivas nicht in den Supermarkt zum Einkaufen. Sie überläßt anderen die Arbeit und wartet derweil darauf, gesund zu werden.

„Da bist du ja!" ruft Rana, die ich inzwischen näher kennengelernt habe, mir vom Eingang des Gebäudes her zu. „Sam hat dich schon gesucht. Du bist ein bißchen spät, weißt du." Sie deutet auf ihre Armbanduhr. „Hallo, Vicky! Kommen Sie auch mit rein?"

„Nein, ich glaube, ich fahre heute früher nach Hause."

„Na, ganz wie Sie wollen!" In ihrer dahingesagten Antwort liegt ein leiser Vorwurf.

Rana schiebt meinen Rollstuhl durch die geöffnete Glastür und den langen Korridor entlang in den Trainingsraum hinein.

„Hast du was Interessantes in Erfahrung gebracht?" fragt sie.

Ich höre dem rhythmischen Quietschen meiner Räder auf dem spiegelblanken Linoleum zu, während ich nach Worten suche.

„Hm, sie muß noch eine Menge lernen", sage ich vorsichtig, um nicht arrogant zu wirken.

„So geht's jedem!" Rana hat tagtäglich mit Menschen wie Vicky zu tun. Sie sieht die Dinge ziemlich realistisch.

Auch ich habe noch eine Menge zu lernen. Wie kann ich anderen Behinderten echte Lebenshilfe bieten, wenn ich nicht mal einen Weg finde, um Gottes Liebe zu jemandem wie Vicky Olivas durchdringen zu lassen? Liegt nicht gerade hier der zentrale Punkt des Zeugnisses für Christus?

„Übrigens", fährt Rana fort, „war das nicht eine furchtbare Geschichte, die sie in den Rollstuhl verbannt hat?"

„So weit bin ich gar nicht mit ihr gekommen", gestehe ich. Ich kann es selbst kaum fassen, daß ich versäumt habe, sie nach der Ursache ihrer Lähmung zu fragen.

„Im Ernst?"

Ich schüttele den Kopf.

„Bitteschön, ich hätte gern gewußt, wo Gott war, als diese unglaubliche Tragödie damals passiert ist."

Das Schwimmbecken im Garten eines Nachbarn erweist sich als idealer Ort für Rana, meine Gliedmaßen zu massieren und zu strecken. Gerade machen wir jedoch eine Pause und lassen uns träge von den sanften Wellen im Kreis umhertreiben. Sie hängt ihre Finger ins Wasser, um hin und wieder glitzernde Tropfen in die Luft zu schleudern.

Es ist ein ruhiger Samstagnachmittag. Ich habe keine Lust, überhaupt an Training zu denken. Statt dessen kommt mir mein Gespräch mit Vicky Olivas wieder in den Sinn. Sie ist ein Mensch, der von Hunderten von Fragezeichen umgeben ist. Ich beschließe, die Gelegenheit beim Schopf zu ergreifen und mehr über sie in Erfahrung zu bringen.

„Rana, erzählst du mir Vickys Geschichte?" Ich hebe den Kopf, um sie gegen die grelle Sonne anzusehen.

Dann lege ich mich auf meiner Luftmatratze zurecht und höre gespannt zu, was Rana mir nun berichtet ...

Der 26. März 1976 ist ein herrlicher, sonniger Freitag in Los Angeles, doch für Vicky Olivas gehören die schönsten Tage ihres Lebens längst der Vergangenheit an. Ihr Mann hat seiner jungen Familie den Rücken gekehrt, sein Eheversprechen gebrochen und Vicky mit dem zweijährigen Arturo im Stich gelassen. Vicky ist völlig verzweifelt. Ihre Zukunft ist plötzlich ungewiß. Sie wird sich eine Arbeitsstelle suchen müssen, um für sich und den kleinen Jungen zu sorgen.

Eine Frau vom Arbeitsamt hat gerade angerufen. Obwohl heute Freitag ist und das Wochenende bevorsteht, drängte sie Vicky dazu, unverzüglich zu einem Vorstellungsgespräch zu fahren. „Bis Montag ist der Job vielleicht schon vergeben", meinte sie.

Für Vicky bedeutet das, Arturo zu ihren Eltern zu bringen, nach Hollywood zurückzukehren, um sich umzuziehen – obendrein wird sie sich Geld von einer Nachbarin für Benzin borgen müssen –, und schließlich wieder zurück ins Tal. Vicky seufzt tief. Also schön, warum nicht?

Sie genießt die Fahrt in ihrem schicken Sportwagen. Seitdem ihr Mann sie verlassen hat, ist selbst ein solcher Genuß selten geworden. Ein frischer Wind, der ihr von dem offenen Fenster her durch das Haar weht, gibt ihrer Hoffnung wieder Auftrieb. Wenn sie erst eine Arbeitsstelle und eine größere Wohnung hat, wird das Leben vielleicht wieder besser für sie und Arturo werden.

Vicky findet die angegebene Adresse nicht auf Anhieb. Das ganze Stadtviertel hier scheint aus nichts als Fabriken zu bestehen. Sie überlegt schon, ob sie die Suche nicht einfach aufgeben soll, um wieder nach Hause zu fahren. Dann erkundigt sie sich aber bei der Telefonistin eines Betriebs in der Nähe und erhält die Auskunft, daß das fragliche Unternehmen eine Straße weiter nördlich liegt. Sie folgt der Anweisung, parkt ihren Wagen vor dem Gebäude und steigt aus. An der Ecke zögert sie. Eine enge, verschmutzte Durchfahrt liegt vor ihr. Die Telefonistin hat ihr gesagt, daß das gesuchte Unternehmen ganz am Ende der Durchfahrt liegt.

„Irgendwo muß ich ja anfangen", sagt Vicky sich und geht dann entschlossen los. Ihre hohen Absätze klappern bei jedem Schritt.

Die Tür ist nicht abgeschlossen. Vicky betritt ein von Vorhängen verdunkeltes Büro. Auf der Schreibmaschine liegt eine dicke Staubschicht, und der Fußboden ist von Papierbögen übersät. Die Luft ist stickig und verbraucht. „Hoffentlich werde ich hier nicht eingestellt", denkt Vicky im stillen. Sie schaut um eine Ecke und geht dann zögernd einen Flur entlang.

„Hallo! Ist jemand da? Hallo!"

Sie durchquert die Lagerhalle und erreicht ein zweites Büro, in dem sie zwei Männer antrifft. Der eine sitzt an einem reparaturbedürftigen Schreibtisch, während der andere mit verschränkten Armen auf einem billigen Plastikstuhl sitzt.

„Guten Tag. Ich bin Vicky Olivas. Das Arbeitsamt schickt mich her."

Der Mann am Schreibtisch, offensichtlich der Chef des Betriebs, lehnt sich zurück und mustert sie von Kopf bis Fuß.

Plötzlich fühlt Vicky sich unbehaglich in ihrem pfirsichfarbenen Hosenanzug. Ihr hüftlanges Haar scheint ganze Pfunde zu wiegen. Sie blinzelt mit den Augen, und die angeklebten Wimpern voller Wimperntusche hängen wie Blei an ihren Augenlidern. Unter seinem starren Blick wird alles an ihr bleischwer.

„Ja. Hab' Sie schon erwartet. Haben Sie Ihre Zeugnisse dabei?" fordert er.

Irgend etwas warnt Vicky: „Sag ihm, du hättest sie im Auto vergessen, und mach, daß du hier rauskommst!"

„Nein ... nein", stammelt sie statt dessen. „Ich habe keine Zeugnisse bei mir."

„Hier." Er schiebt ihr ein Bewerbungsformular zu. „Gehen Sie in das vordere Büro und füllen Sie das aus. Ich habe noch zu tun."

Vicky ist trotz allem dazu entschlossen, das Vorstellungsgespräch hinter sich zu bringen, und beginnt, ihren Namen, ihre Adresse und Versicherungsnummern auf dem Formular anzugeben. Unter „Letzte Anstellung" schreibt sie „Sekretärin eines Wirtschaftsprüfers". Zwischendurch schaut sie einmal auf und sieht, wie die beiden Männer Fernsehgeräte in einen Lastwagen am Ausgang des Warenlagers verladen. Als der zweite Mann mit dem Lastwagen losfährt, hat sie das Formular fertig ausgefüllt.

Der Besitzer des Betriebs betritt den Raum, zieht die Tür hinter sich ins Schloß und verriegelt sie.

Vicky schaudert, redet sich jedoch ein, übernervös zu sein.

„Sind Sie fertig?"

„Ja. Ich muß nur noch unterschreiben", sagt sie und leistet ihre Unterschrift unten auf dem Formular.

„Kommen Sie mit in mein Büro." Er deutet auf eine Seitentür. Vicky geht vor ihm her. Sie sind nun in einem anderen Warenlager.

Dann beginnt der Alptraum.

Plötzlich packt sie der Mann von hinten, umklammert sie mit seinen Armen und schleudert sie gegen eine Wand. Sie prallt auf eine Werkzeugkiste, stolpert, fängt sich aber wieder. Der Mann steht mit herabhängenden Armen vor ihr und zischt: „Merken Sie denn nicht, daß alles genau geplant war?"

„Wovon ... wovon reden Sie?"

„Jemanden wie Sie habe ich gerade gewollt", keucht er, während seine Augen sie gierig verschlingen. „Ich habe alle anderen nach Hause geschickt." Er kommt näher, faßt sie bei der Bluse. Vicky versucht verzweifelt, sich aus seinem Griff zu befreien. Aus einem Augenwinkel sieht sie etwas Metallenes glänzen. Eine Pistole! Sie windet sich noch heftiger. Plötzlich ein ohrenbetäubender Knall. Wand, Werkzeug und Mann wirbeln im Kreis, während Vicky zu Boden sinkt.

In ihrem Kopf überschlagen sich die Gedanken, während ihr Körper über den Fußboden rutscht. Irgend jemand zerrt sie. Wohin? Sie fühlt die kalten Kacheln eines Toilettenraums unter ihrer Wange. Es riecht nach Urin und Kot. Etwas Warmes, Feuchtes tropft ihr über den Hals. Mehr kann sie nicht spüren. Keine Schmerzen. Sie sucht mit den Augen nach ihren Beinen. Sie hat kein Empfinden. Sie will sich das wirre Haar aus dem Gesicht streichen, kann aber keinen Arm regen.

Der Mann verläßt den Raum, kommt nach kurzer Zeit zurück, wischt sich die Stirn mit der Hand, schüttelt nervös den Kopf, geht wieder und kehrt zurück. Das Ganze wiederholt sich mehrmals. „Ich ... ich wollte nicht auf Sie schießen. Es war keine Absicht."

Der üble Geruch und sein schweißnasser Körper machen sie schwindlig. Sie zermartert sich das Gehirn nach etwas, was sie retten könnte.

„Rufen Sie ... bitte ... meinen Bruder an!" stößt sie hervor. Sie bemüht sich um eine ruhige, beherrschte Stimme, gibt sich alle Mühe, höflich zu bleiben, und kämpft mit aller Macht gegen die entsetzliche Angst in ihr an. „Er kommt und holt mich ... Wir werden nichts sagen ... Alles wird glatt gehen!" Jedem Satz folgt ein gepreßter Atemzug. Sie nennt ihm die Telefonnummer.

Der Mann wählt tatsächlich die Nummer. Besetzt! Wütend wirft er den Hörer auf die Gabel zurück. „O, Arturo, hör bloß auf, mit dem Telefon zu spielen!" Der Mann wählt noch einmal. Niemand meldet sich.

Er geht in der Toilette auf und ab und reibt sich die schweißnassen Hände unablässig an der Hose ab.

„Bitte nehmen Sie meine Autoschlüssel aus meiner Handtasche", sagt sie. „Wenn Sie meinen Wagen holen würden ... ein Camaro, hellblau ... gleich hier an der Straße. Sie werden ihn schon sehen."

Der Mann überlegt fieberhaft, was er tun soll. Endlich geht er weg. Nach ein paar Minuten ist er wieder da.

„Alles klar. Ich hab' das Auto." Er faßt Vicky unter den Achseln und hilft ihr auf. Doch ihre Beine sacken unter ihr zusammen. Sie sind völlig gefühllos. Erschöpft sinkt sie auf die Kacheln zurück, wobei sie mit Kopf und Schultern hart aufprallt.

„Warum helfen Sie mir nicht?" schreit er sie an. Er stürmt zur Tür, schaltet das Licht aus und schlägt die Tür hinter sich zu. In der Stille und Dunkelheit ist der Gestank von Urin, Schweiß und Schmutz erstickend. Das Ganze hat etwas Unheimliches, Geisterhaftes an sich. Hat der Mann sie hier liegen gelassen, damit sie allein und hilflos sterben soll?

Wieder dreht sich der ganze Raum vor ihren Augen. In ihrer Benommenheit glaubt Vicky plötzlich eine laute, aufgebrachte Frauenstimme zu hören. Sie holt tief Luft und schreit, so laut sie kann: „Hilfe! Hiiilfe!"

Ein junges Mädchen kommt in den Raum gestürzt.

„Mensch, was hast du denn mit ihr gemacht?"

Sie muß den Mann gut kennen, überlegt Vicky trotz ihres nahezu ohnmächtigen Zustands. „Was machen wir jetzt bloß?" Vicky spürt dem Mädchen helle Panik ab, als sie ihr ein verschmutztes Handtuch unter den Nacken schiebt. Ob sie vorhaben, sie zu töten?

Das eingeschaltete Neonlicht und die Gegenwart des Mädchens helfen Vicky, klarere Gedanken zu fassen.

„Wir sagen einfach, daß Sie mich in meinem Wagen auf der Straße gefunden haben, ohnmächtig oder verletzt oder was auch immer." Sie faßt neuen Mut. Sie hat keine Ahnung, ob ihr Vorschlag vernünftig klingt und ob die beiden ihr überhaupt zuhören, aber sie muß es einfach versuchen. „Und dann haben Sie mich auf den Mitfahrersitz geschoben und mich ins nächste Krankenhaus gefahren. Sie können sagen, daß Sie nicht wissen, was mit mir los ist." Vickys Augen fliegen zwischen dem Mann und dem Mädchen hin und her. „Ich werde nichts verpfeifen. Kein Wort! Das verspreche ich."

Die beiden beraten sich miteinander. Vicky gibt sich die größte Mühe, die Geschichte glaubhaft klingen zu lassen. Schließlich sagt der schwitzende Mann drohend: „Also gut. Aber Sie halten den Mund, verstanden? Wir haben Ihre Bewerbung mit Ihrer

Adresse und allem. Wenn Sie was Falsches sagen ... Ich weiß, daß Sie einen Sohn haben. Ich bringe ihn um."

„Und was ist dann passiert?" dränge ich Rana. Hinter ihrer modischen Sonnenbrille und dem teuren Sonnenöl scheint diese nüchterne, intelligente, schlagfertige Frau ernsthaft von dem Schicksal berührt zu sein, das sie gerade geschildert hat.

„Also, die beiden Gauner haben sie auf den Beifahrersitz ihres Autos verfrachtet. Das Mädchen hat den Wagen gefahren, und Vicky hat ihr den Weg sogar noch weisen müssen." Rana schiebt ihre Sonnenbrille zurück und sieht mich direkt an. „Unglaublich, nicht?"

Ich nicke nur und lasse meine Hand ins Wasser fallen, um nicht samt meiner Luftmatratze abgetrieben zu werden.

„Sie kommen also am Krankenhaus an. Das Mädchen rennt zur Notaufnahme und sagt: ‚Ich hab' 'ne Frau gefunden. Sie ist schwerverletzt; keine Ahnung, ob es eine Stichwunde oder eine Schußwunde ist.' Ein paar Polizisten waren gerade zufällig wegen einer anderen Sache da, und Vicky wurde auf einer Bahre reingeholt. Endlich war sie in Sicherheit und hat einer Frau von der Polizei die ganze Geschichte erzählt, während die Ärzte sie zusammengeflickt haben. Trotzdem –" Rana holt tief Luft – „trotzdem hat ihr kein Mensch glauben wollen, bis sie zu dem Warenlager gefahren sind und ihre Handtasche, Sonnenbrille, Blutspuren und die Pistole in einem Abfalleimer gefunden hatten. Erst dann haben sie den Mann festgenommen."

Die ganze Begebenheit klingt wie ein Groschenroman oder ein Fernsehkrimi: unglaublich, an den Haaren herbeigezogen. Und doch hat sich alles so zugetragen. Aber es sollte noch schlimmer kommen.

„Der Mann ist nach drei Jahren Haftstrafe auf freien Fuß gesetzt worden. Vicky dagegen muß ihr ganzes Leben im Rollstuhl verbringen."

„Wovon bestreitet sie eigentlich ihren Unterhalt?"

„Das Arbeitsamt hatte zwar nicht direkt mit der Sache zu tun, aber sie hätten Lunte riechen sollen. Der Mann hatte schon drei versuchte Vergewaltigungen auf dem Kerbholz. Vicky hat eine lächerliche Abfindung bekommen, und davon lebt sie jetzt mit ihrer Helferin und ihrem Sohn. Dieses Geld ist ihre einzige Einnahmequelle."

Einen Moment lang wird die Stille zwischen uns nur durch das Brummen der Schwimmbadpumpe unterbrochen.

„Es grenzt an ein Wunder, wenn die Frau je wieder lächelt", meint Rana. Ich selbst bringe kein Wort hervor. Vickys Geschichte darf nicht so enden! denke ich. Nicht, wenn ich meinen Traum, anderen Behinderten zu helfen, in die Tat umsetze. Aber wo fange ich an?

„Ich weiß wirklich nicht, wie ihr Behinderten es schafft", sagt Rana kopfschüttelnd. „Und wie ihr an einen Gott glauben könnt, der solche Schicksalsschläge zuläßt, ist mir noch schleierhafter."

Ich schweige noch immer, doch nun steht Rana im Mittelpunkt meiner Überlegungen. Ich spüre ihr eine beinahe greifbare innere Not ab. Mein Gespräch mit Rob vor genau einem Jahr bei den Dreharbeiten kommt mir wieder in den Sinn. Wie damals, doch aus anderen Gründen, halte ich mit einer abgedroschenen Antwort zurück. Rana ist dabei, eins der größten Geheimnisse meines Glaubens zu ergründen. Da kann ich nicht mit Gemeinplätzen antworten. Auch das hat mich der Film gelehrt.

Ihre Bemerkung darf ich nicht unbeachtet lassen. Doch die Erinnerung an den Film bringt andere Bedenken mit sich: Wer bin ich schon, daß ich groß vom Evangelium reden will? Mein eigenes Davonlaufen vor Gott liegt erst Monate zurück. Die Schatten dieser dunklen Zeit verfolgen mich noch immer, obwohl ich weiß, daß Gott mir alles vergeben hat. Mit dem Kopf weiß ich, daß er die Tafel reingewischt hat. Mein Herz dagegen hat es noch nicht recht begriffen, daß ich jetzt frei von aller Schuld bin. Wer bin ich also, daß ich große Reden über Gott schwingen will?

„Und obendrein", höre ich es aus noch entfernterer Vergangenheit flüstern, „hat Vicky etwas erlebt, das selbst die größten Heiligen der Geschichte ins Zweifeln bringen könnte. Wer hat schon eine Erklärung dafür?"

„Nun?" Rana wartet noch immer auf eine Antwort, während sie mit der Hand lauter Wellenkreise in das Wasser zeichnet.

Ich habe ja immer darum gebetet, eine Gelegenheit zu bekommen, meinen Glauben den Menschen meiner Umwelt zu bezeugen. Hier ist sie nun.

„Hier braucht es viel Weisheit", beginne ich und lehne den Kopf ein wenig vor, um sie direkt anzuschauen. „Und mit Weisheit meine ich nicht die Fähigkeit, Gottes Gründe für sein Handeln in Erfahrung zu bringen."

„So? Was dann?" fragt sie unverblümt.

Ich lasse den Kopf wieder auf meine Luftmatratze sinken.

„Weisheit bedeutet, ihm zu vertrauen, auch wenn alles furchtbar ungerecht erscheint." Ich füge etwas hinzu, das mir noch frisch im Gedächtnis ist.

„Weißt du, Glaube kann auch Zweifeln bedeuten, aber der Glaube ist immer stärker als alle Zweifel."

Rana kommt hinter ihren dunklen Brillengläsern hervor. Ich merke ihr an, daß sie mit ihren Fragen der Wahrheit auf den Grund kommen will.

„Und was hat es nun mit diesem Gott auf sich, daß er so viel Vertrauen verdient?"

Ich lächele. Ihre Offenheit gefällt mir.

„Zugegeben, Vickys Geschichte ist wirklich schlimm. Da hilft kein langes Um-den-heißen-Brei-Reden. Aber viel schlimmer ist der Grund, weshalb Menschen solche Sachen tun wie nach Waffen greifen, schießen, vergewaltigen und was sonst noch alles. Sünde heißt so was, auf gut deutsch gesagt. Und ich meine nicht nur Sünde von der Sorte, wie dieser Verrückte sie da in dem Warenlager begangen hat. Ich meine auch meine eigene Sünde, meine und deine."

„Sünde. Endlich redest du von etwas, was ich verstehe", gibt Rana zurück. Mit dem nächsten Atemzug erzählt sie mir auch schon aus ihrem eigenen Leben. Wie sie sich nach ihrer Scheidung in Vergnügungen gestürzt hat, ohne nach den Folgen zu fragen. Was sollte auch daran schon falsch sein, solange sie niemandem damit schadete? Während sie mir all die schmutzigen Einzelheiten gesteht, nicke ich nur ernst. Endlich schweigt sie wieder. Sie sieht mich erwartungsvoll an. Was erwartet sie von mir? Schockiertheit? Ekel? Erstaunen?

Ich verziehe keine Miene. Der Film hat mich abgehärtet. Obendrein bin ich mir meiner eigenen Fehler und Sünden nur zu bewußt.

„Sünde ist nichts Außergewöhnliches", antworte ich schließlich auf ihre unausgesprochene Frage. „Ich bin keinen Deut besser als du. Wirklich nicht!" Ich blinzele sie in dem hellen Sonnenlicht an. „Das Außergewöhnliche daran ist, daß Gott uns allen vergibt." Rana weiß selbst, daß ihre Untaten, die sie mir eben geschildert hat, Sünde waren.

„Und das", sage ich und drehe mein Gesicht wieder der Sonne zu, „das ist es eben, was es mit diesem Gott auf sich hat."

„Das verstehe ich nicht recht", gesteht Rana. Sie kühlt sich dir Arme mit einer Handvoll Wasser.

„Mach dir keine Sorgen deswegen. Ich glaube, du wirst es schon mit der Zeit begreifen", sage ich. Meine Luftmatratze treibt von der ihren fort.

Ein paar Tage später sitzen Rana und ich wieder am Rand des Schwimmbeckens. Es erstaunt mich nicht, daß sie die Sprache wieder auf das angeschnittene Thema bringt.

Je mehr wir miteinander reden, desto offener wird sie und erzählt mir von den Tiefen und Enttäuschungen ihres Lebens. Daraufhin erzähle ich ihr von dem Erlöser, der unsere Welt gesehen hat, wie sie ist, und der an einem Holzkreuz für unsere Sünden gestorben ist. Er wurde in ein Grab aus kaltem Felsen gelegt, und er kam aus dem Reich der Toten als Lebendiger zurück.

„Ich bin sicher, daß Gottes Wort dir das alles viel besser erklären kann als ich." Ich zeige ihr mehrere Bibelstellen aus dem Neuen Testament und einige aus dem Alten, darunter auch Jesaja 53. Sie ist überrascht, wie Jesus schon im Alten Testament beschrieben wird. So ausführlich. So zutreffend!

An diesem Nachmittag geht sie mit einer Bibel in der Hand nach Hause. Sie verspricht mir, ohne daß ich sie darum gebeten habe, mehr darin zu lesen. Am darauffolgenden Nachmittag kommt sie mich besuchen. Ich hatte gar nicht mir ihr gerechnet.

„Ich habe dir etwas zu sagen", verrät sie mir.

Meine neue Freundin hat im Gebet die Herrschaft ihres Lebens Jesus Christus übergeben.

Der Jubel in Ranas Stimme, das Strahlen in ihrem Lächeln sind wie ein frischer Wind, der mich mit neuer Kraft und neuem Schwung erfüllt.

Autsch! Mein Kopf schlägt gegen den Türrahmen des Autos. Mit einem lautstarken „Auweia!" kneife ich die Augen vor Schmerz zu. Eigentlich ist es kein Kunststück, mich aus Kerbes Auto zu heben, aber es hat eben seine Nachteile, einen ungeübten Passanten um Hilfe dabei zu bitten.

„Das tut mir aber leid!" entschuldigt sich Kerbe und reibt mir den wehen Kopf. „Liebe Güte, was für eine Beule!"

„Laß nur, es konnte ja niemand etwas dafür!" stöhne ich. „Rana hat recht. So ein Auto bringt einem nichts als Kopf-schmerzen – im wahrsten Sinne des Wortes!"

Kerbe fängt an zu grinsen. Reichlich unverfroren, finde ich, noch immer unter dem Eindruck des Aufpralls. Mein Kopf tut weh, und am liebsten würde ich sie fragen, was an der Sache denn so komisch sei.

Auf dem Weg zum Eingang des Zentrums entdecken wir Dr. Britten neben einem nagelneuen cremefarbenen Kleinbus. Er poliert gerade die Stoßstange mit einem Tuch. Kerbe bringt meinen Rollstuhl neben ihm zum Stehen, und Sam richtet sich auf, um uns die Arme entgegenzustrecken.

„Nun, wie gefällt er dir?" fragt er.

„Schick, schick." Was mag ihm nur an meiner Meinung zu dem Vehikel liegen?

„Unsere Gemeinde wollte etwas zu deinem Hilfswerk beitra-gen. Die Ältesten haben den Gemeindegliedern das Projekt vor-gestellt, eine Geldsammlung angekündigt, und das hier ist dabei herausgekommen. Er gehört jetzt dir!"

Ich sehe den Bus nicht einmal. Meine Augen kleben an Sam, der munter weiterspricht.

„Natürlich muß er erst umgebaut werden. Der Aufzug wird hier drüben angebracht." Er deutet mit dem Arm hin. „Den Fah-rersitz nehmen wir heraus, damit dein Rollstuhl vorne Platz hat."

„Aber ... aber ... wie ist denn so etwas ... möglich?"

Sam lehnt sich gegen die Mitfahrertür.

„Du glaubst immer noch nicht richtig daran, daß du's kannst, nicht wahr?"

„Nein ... ich meine, das ist es nicht. Dieser Bus ..." Mit einer kreisenden Kopfbewegung deute ich die Umrisse des Fahrzeugs an. „Wie ... ich meine, ist er tatsächlich für mich?"

„Joni, du hast mir unzählige Fragen gestellt, wie Kirchen und Gemeinden Behinderten helfen können. Nimm den Bus als Beispiel für das, was eine Gemeinde tun kann. Ich kann mir niemand denken, der für ähnliche Projekte besser werben könnte als du."

So interessant das auch klingt, so bin ich doch immer noch nicht vollkommen überzeugt, daß ich jemals den Bus werde fahren können. Trotzdem trainiere ich jetzt um so härter mit den Handgewichten, an dem Handrad und in der Körperbalance.

Die nächsten Wochen vergehen wie im Flug. Mein Rollstuhl wird für den Umbau des Kleinbusses vermessen. Die Hebel und Schalter werden auf meine Muskelstärke eingestellt. Endlich ist der Bus fertig ausgestattet. Der kritische Moment ist gekommen.

Sam und Rana klettern in den Bus, während ich von außen die automatische Tür öffne und den Lift herunterlasse. Per Knopfdruck befördert der Lift mich samt meinem Rollstuhl durch die hintere Tür des Kleinbusses in das Innere. Ich steuere den Rollstuhl in die Fahrernische, wo er fest am Boden einrastet. Sam schnallt meine Hand in einen Gurt am oberen Ende eines langen Hebels, der vom Boden des Busses, wo sich normalerweise die Fußpedale befinden, heraufragt. Er erklärt mir, wie der Hebel zu bedienen ist: vorwärts bedeutet beschleunigen, zurück bedeutet bremsen, und mit einem Druck nach rechts oder links lenkt man das Fahrzeug um Kurven.

„Siehst du, wie einfach es ist?" meint er abschließend.

Ich greife den Mundstab mit den Lippen und drücke damit den Zündknopf, der seitlich von mir an der Tür angebracht ist. Der Motor springt an und heult im Leerlauf auf, als ich meine Schulter leicht nach vorn drücke und den Hebel fester drücke. Ich schaue mir die anderen Knöpfe an der Tür neben mir an: ein roter für die Notbremse, ein weißer für die Klimaanlage, ein blauer für die Scheibenwischer und ein gelber für die Scheinwerfer. Ein weiterer Knopfdruck mit dem Mundstab, und der Motor schaltet in den ersten Gang.

„Menschenskinder, wir fahren tatsächlich!" Ich kann es nicht fassen. Der Bus rollt vom Parkplatz auf die Straße hinaus. „Was ist, wenn ein Polizist mich anhält?" frage ich und werfe Rana einen Blick im Rückspiegel zu.

„Hast du deine Lerngenehmigung dabei?"

Ich nicke nervös.

„Na also!" lacht sie. „Du tust einfach, als wären wir nicht da. Der Herr Polizist wird sich deine Lerngenehmigung selbst aus deiner Tasche holen müssen. Ein Kinderspiel!"

Ich fahre durch stille Nebenstraßen. Es verwirrt mich ein wenig, plötzlich auf der Fahrerseite zu sitzen. Mit zusammengepreßten Zähnen fahre ich auf ein Stoppschild zu. Ich denke daran, was Sam mir vorhin gesagt hat, und ziehe mit der ganzen Kraft meines Bizeps an dem Hebel. Mit quietschenden Reifen kommt der Bus mehrere Meter vor dem Schild zum Stehen.

„Bewahren Sie Ru'e. Jederr Schrritt ist sorrgfältisch geplant", ahme ich den berühmten Inspektor Clouseau nach. Allmählich entspannen sich meine Muskeln, und ich fahre weicher.

Ich atme tief und sehe die Häuser an uns vorübergleiten. Ich fahre tatsächlich! Ich steuere ein Auto! Genau wie andere Leute!

Nach ein paar weiteren Tagen auf der Straße fühle ich mich sicher genug, um auch die Schnellstraßen zu bewältigen. Nun müssen Sam und ich nur noch die Bediensteten der Führerscheinstelle davon überzeugen.

Rana, die inzwischen auch gelernt hat, die Schalter und Hebel meines Busses zu betätigen, fährt mich gleich in der nächsten Woche zu dem zuständigen Amt. Sie hat mich schon über das Heft mit den Verkehrsregeln abgefragt.

Obwohl wir zeitig an Ort und Stelle sind, stehen schon lange Menschenschlangen vor jedem Schalter. Wir machen uns auf eine beträchtliche Wartezeit gefaßt. Das Ganze kommt mir wie eine Szene aus einem surrealistischen Film vor. Um uns herum stehen unzählige Menschen an. Ich muß einfach grinsen, als ich mir ihre Gedanken ausmale: die Ärmste kann ja noch nicht einmal ein Glas Wasser an den Mund führen, und ausgerechnet die will auf die Straßen und Autobahnen losgelassen werden?

Endlich sind wir an der Reihe. Eine Dame mit typischer Amtsmiene sitzt hinter der Theke, stempelt ein paar Papiere und fordert Rana auf: „Nächster bitte."

Ich räuspere mich.

„Guten Morgen. Ich bin gekommen, um den schriftlichen Teil der Fahrprüfung zu machen. Ich ... äh, ich kann meine Hände nicht bewegen, aber meine Freundin hier ..."

„Darf ich bitte Ihre Lerngenehmigung sehen?" antwortet sie mit unbeweglicher Miene und holt ein Bewerbungsformular aus dem Regal.

„Wie ich schon sagte", fahre ich fort, „kann ich nicht mit meinen Händen schreiben, aber meine Freundin hier wird mir helfen."

Die Beamtin blättert in einem Stoß Formulare und sagt, ohne aufzuschauen: „Tut mir leid. Sie müssen nächsten Freitag etwas früher wiederkommen. Behinderte dürfen den theoretischen Teil nur bei einem unserer Spezialprüfer ablegen." Sie wirft einen Blick auf ihre Armbanduhr. „Es ist aber jetzt zu spät."

Rana und ich tauschen einen ungläubigen Blick aus. Es hat sie und Judy die größte Mühe gekostet, mich so früh aus dem Bett zu holen und anzuziehen. Noch früher??? Ich flüstere Rana aus dem Mundwinkel zu: „Wir gehen nicht eher, bis ich die Prüfung gemacht habe."

Dann lächele ich die Frau an und räuspere mich nochmals.

„Also, wir werden schon einen Weg finden", sage ich mit einer Entschlossenheit in der Stimme, die selbst eine Beamtin nicht von der Hand weisen kann. Diese schaut mich noch immer ausdruckslos an. „Sie müssen wissen, daß ich eine Mundmalerin bin. Ich kann Pinsel und Stifte mit den Lippen führen." Die Augen der Frau weiten sich beinahe unmerklich. „Wenn Sie meiner Freundin erlauben, mir den Prüfungsbogen festzuhalten, kann ich es so machen."

Nun sitzt sie kerzengerade da und legt ihre Formulare beiseite. Sie steht auf und verläßt ihren Schalter. Uns bedeutet sie zu warten, bis sie mit ihrem Vorgesetzten gesprochen hat. Minuten später kehrt sie zurück und winkt Rana an die Scheibe. Sie beugt sich vor und flüstert: „Ich meine, sie wird die anderen Leute bei der Prüfung zu stark ablenken. Sie wissen schon, was ich meine."

„Weißt du, was sie meint?" wendet Rana sich zu mir.

Die alten Minderwertigkeitsgefühle wollen wieder in mir aufsteigen. Nein, ich werde mich von dieser Frau und ihrem bürokratischen Gehabe nicht ins Bockshorn jagen lassen.

„Also schön", sage ich. Mein Lächeln ist inzwischen wie gefroren, und ein Funke von Zorn liegt in meiner Stimme. „Wie wär's, wenn wir einen Stift an meinem Handgelenk befestigen? Wenn es Ihnen nichts ausmacht, daß ich hier und da ein wenig über die Zeilen schreibe, kann ich die Prüfung so ablegen."

„Ich finde das Ganze einfach lächerlich", sage ich zu Rana, nachdem die Frau sich wieder auf den Weg zu ihrem Vorgesetzten gemacht hat.

„Am liebsten würde ich ihr sagen, daß ich immer von großen Männern mit Hakennase und Brille abgelenkt werde!" Wir unterdrücken ein Kichern.

Die Beamtin kommt mit einer Rolle Klebestreifen zurück und führt uns in den Prüfungsraum. Wir wollen gerade erleichtert aufatmen, als ich feststelle, daß es in dem Raum keine Tische gibt. Für die Prüfungen sind Stehpulte vorgesehen – viel zu hoch, als daß ich sie vom Rollstuhl aus erreichen könnte! Doch ich habe nicht im geringsten die Absicht, die Flinte ins Korn zu werfen. Wir denken uns ein System aus und stellen einen Papierkorb umgekehrt auf meinen Schoß. Darauf befestigen wir nun den Prüfungsbogen so, daß ich ihn in Reichweite habe.

„Mir will allerdings scheinen", bemerke ich zu der Frau, „daß ich auf diese Weise eine erheblich größere Ablenkung darstelle."

Später sorge ich tatsächlich für Ablenkung bzw. Verblüffung. Der Prüfer, der den praktischen Teil meiner Prüfung abnimmt, ist so fasziniert von den Spezialhebeln und Schaltern, daß er beinahe völlig vergißt, mir Anweisungen zu geben, wohin ich fahren und wo ich einparken soll.

Aber die Prüfung bestehe ich anstandslos, und damit rückt mir meine Unabhängigkeit ein großes Stück näher.

Wenn meine Freunde in Maryland mich nur sehen könnten! Endlich kann ich mich selbständig mit jemandem in einem Restaurant treffen. Ich kann allein zu unserem Hilfswerk fahren. Ich kann mir den Sonnenuntergang von der Höhe aus anschauen, wenn mir danach zumute ist. Ich kann ganz allein fahren! Zum ersten Mal seit fünfzehn Jahren komme ich selbständig von einem Ort zum andern. Es ist beinahe, als sei ich über Nacht gesund geworden!

Mein Führerschein und mein Kleinbus locken meine Eltern, mich in Los Angeles zu besuchen. Sie haben zwar gehört, daß ich fahren kann, aber sie müssen es unbedingt mit eigenen Augen sehen. Sie klammern sich an ihre Sitze, während ich sie zu Sams Zentrum chauffiere. Sie sind äußerst beeindruckt von meinen Fahrkünsten und nicht weniger von der Arbeit, die in dem Zentrum geleistet wird. Nachdem sie einige der Patienten dort kennengelernt haben, können sie sich eine bessere Vorstellung von dem machen, was ich durch „Joni and Friends" erreichen will.

Mutter und Vater schauen voller Spannung zu, wie ich den Kaufvertrag für unser neues Haus auf dem Hügel unterschreibe. Sie bleiben eine Woche länger, um mir beim Umzug zu helfen. Ich bin mächtig stolz auf mein Heim und suche nach Einrichtungsgegenständen, die an das Gutshaus auf der Farm daheim erinnern:

Indianerteppiche, die als Wandschmuck verwendet werden, eine bunte Steppdecke für mein Bett, eine bunte Glaslampe für die Küche. Daddy hat mir eine Lampe aus Treibholz von der Küste mitgebracht, dazu eine hölzerne Truhe und mehrere Ölgemälde mit Cowboys und Pferden. Ich lasse mich sogar dazu hinreißen, einen kleinen Schnauzer zu kaufen, der mich an einen unserer Farmhunde daheim erinnert. Mein kalifornisches Zuhause hat ein Flair von der Farm in Maryland, doch es ist zugleich individuell, ungewöhnlich und ganz und gar mein persönlicher Stil.

Ich wage weitere Schritte auf meine Selbständigkeit zu.

Mutter und Vater helfen mir dabei, eine Waschmaschine und einen Wäschetrockner, eine Eßzimmergarnitur und einen Teppich für die Küche auszusuchen. Sie kaufen Hundespielzeug für Scruffy, mein kleines Hündchen. Daddy schiebt mit seinem Gehstock das Gebüsch am Gartenzaun einzeln beiseite, um sicherzustellen, daß der Zaun nirgends Löcher aufweist, durch die Scruffy entwischen könnte.

Mutter spielt eine Runde Tennis mit Rana. Vicky Olivas und ich schauen zu und spielen Schiedsrichter. Meine Eltern begegnen meinen neuen Freundinnen und Freunden mit großem

Interesse. Sie sind der Meinung, daß Judy und Kerbe sich ein riesiges Lob für ihre Pflegedienste an mir verdient haben. Eltern ändern sich halt nie!

Mit jedem Lächeln meiner Mutter und jedem Kopfnicken meines Vaters wird mir deutlicher, daß mein Entschluß, nach Südkalifornien zu ziehen, richtig war. Meine Eltern erkennen meine Unabhängigkeit an und freuen sich mit mir darüber.

„Joni, du hast haargenau das Richtige getan", bestätigen sie mir immer wieder.

„Wer hätte das je gedacht", sagt meine Mutter kopfschüttelnd auf ihrem Platz in meinem Kleinbus, „daß Joni uns einmal auf der Ventura-Schnellstraße umherchauffieren würde! Ich kann's ja kaum erwarten, allen daheim davon zu erzählen."

Ich lache und ergötze mich an dem stolzen Lächeln auf ihrem Gesicht. Und dabei fällt mir Sam Brittens Bemerkung ein: „Du brauchst es den anderen Gemeinden nur vorzumachen, was sie alles leisten können!"

„Na schön, und wie wollen wir's mit der Rechnung machen?"
Ich überlege einen Augenblick lang.

„Ich weiß auch nicht recht. Ich könnte euch alle einladen.
Aber auf der anderen Seite ..." Ich zögere. „Ich will sie auf keinen Fall kränken, weißt du."

„Vielleicht macht sich die Sache besser, wenn ich für alle bezahle", sagt Rana. „Mich kennt sie schon länger. Vicky hat nämlich ihren Stolz."

„Na schön, sie ist also behindert und will keine Almosen.
Dann sollten wir sie ihr Essen selbst bezahlen lassen."

„Vielleicht ist das ein bißchen mehr, als sie sich erlauben kann.
Das Restaurant ist nicht gerade eins der billigsten."

„Also, ich finde, wir machen aus der Maus einen Elefanten!"
rufe ich in gespielter Verzweiflung aus. „Rana, wie wär's, wenn
du die Rechnung bezahlst, und Judy, Kerbe und ich geben dir
hinterher unseren Anteil zurück."

„Gut, laßt es uns so machen. Ich hole sie ab, und wir treffen
uns dann Freitag im ‚Benihana'."

Wir lächeln erleichtert auf. Vielleicht übertreiben wir es mit unserer Besorgnis um Vicky Olivas, aber Rana hat die abgrundtiefe
Leere im Leben der jungen Frau gesehen. Sie selbst hat erlebt,
daß der Friede, den Gott ihr geschenkt hat, jede innere Leere
ausfüllen kann. Ich bin beeindruckt von ihrem Wunsch, Vickys
Leben zu verändern. Ich selbst möchte das gleiche erreichen.

Endlich bietet sich eine Gelegenheit. Vicky hat sich bereit erklärt, mit uns zum Essen in ein Restaurant zu gehen. Wenn ich
in Ruhe ein Gespräch mit ihr führen kann, wird sich vielleicht
das Rätsel um sie ein wenig lüften.

Wir werden uns miteinander anfreunden, beschließe ich. Wir
können etwas voneinander lernen, wie es unter Freundinnen
üblich ist.

Der Abend, für den wir uns zum Essen verabredet haben, ist gekommen, und wir treffen uns in dem bekannten Asien-Restaurant. Bei Cocktails aus Fruchtsäften warten wir darauf, an unseren Tisch geführt zu werden. In einer Ecke improvisiert ein Mann sanfte Hintergrundmusik auf einem Klavier. Nach ein paar Melodien werden wir an einen hufeisenförmigen Tisch geführt, in dessen Mitte eine Kochplatte eingelassen ist. Vicky und ich müssen uns die Fußstützen von unseren Rollstühlen abnehmen lassen, damit unsere Beine unter dem Tisch Platz finden.

Vicky sitzt mir direkt gegenüber. Über die Speisekarte hinweg werfe ich ihr einen verstohlenen Blick zu. Kerzengerade und steif dasitzend, überragt sie die anderen neben ihr. Ihre Hände ruhen wie immer auf dem kleinen Blumenkissen. Sie trägt eine zarte Bluse mit tiefem Ausschnitt und einen schicken Gürtel dazu. Wie schafft sie es nur, ihrem Haar ein solch dichtes und volles Aussehen zu verleihen? Heute hat ihr jemand einen perlmutternen Kamm und eine Seidenblüte seitlich ins Haar gesteckt.

Die Bedienung, eine Japanerin in einem bunten Kimono, begrüßt uns höflich mit einer leichten Verbeugung und legt dann Teller und Stäbchen vor uns auf den Tisch. Ich sehe von den Stäbchen zu Vicky auf, zucke mit den Achseln und muß einfach lachen. Ein junger Kellner mit einem Tablett voller Wassergläser stolpert versehentlich an Vickys Rollstuhl und murmelt eine Entschuldigung. Welch ein unglücklicher Anfang!

„Beinahe hätten wir's gar nicht mehr geschafft hierherzukommen", beginnt Rana das Gespräch, während sie sich ihre Serviette auf den Knien ausbreitet. „Ich habe einen Anruf bekommen, und zwar von Arturo. Er wollte wissen, wo seine Mama ist." Sie lächelt Vicky an und breitet eine Serviette auf deren Schoß aus.

„Ein Anruf? Von Arturo? Aber der ist doch erst ganze fünf Jahre alt!" wundert sich Judy.

„Allerdings. Fragt mich nicht, wie er an meine Telefonnummer gekommen ist!" Rana schüttelt den Kopf und nippt an ihrem Tee. „Er hat gewußt, daß ich jemand von Sams Zentrum bin. Er war ganz verzweifelt – nicht so sehr wegen sich selbst, sondern wegen seiner Mutter. Er meinte, daß sie eigentlich schon seit ein paar Stunden vom Zentrum zurück sein müßte."

Vicky sieht Rana von der Seite an, als warte sie auf den Rest der Geschichte. Auch ich bin neugierig.

„Und was hast du dann getan?" frage ich.

„Ich hab' ihm gesagt, er soll ruhig Blut bewahren, und ich würde seine Mama schon finden. Aber um ehrlich zu sein –" sie schlägt die Speisekarte auf und fährt mit dem Bericht fort – „ich hatte ja keine Ahnung, wo ich nach ihr suchen sollte. Vielleicht hat sie den Sonderbus verpaßt, habe ich dann überlegt und habe an der Uni nachgeschaut. Genau so war es auch. Vor Sams Zentrum saß sie still und geduldig und wartete nur darauf, daß jemand sie holte!"

„Da schau her! Vicky, du hast aber einen prima Kerl von einem Sohn!"

„Das stimmt", nickt Vicky. Rana hebt die kleine Porzellantasse an ihre Lippen. Nach einem Schluck von der heißen Flüssigkeit fährt Vicky fort: „Ja, er paßt gut auf seine Mamita auf." Sie errötet leicht. Ist es der Mutterstolz, der ihr die Röte in die Wangen treibt, oder schämt sie sich wegen der Sache mit dem verpaßten Bus? Vielleicht wünscht sie sich nichts sehnlicher, als ihren Sohn besser umsorgen zu können.

Unser Gespräch ebbt ab, während wir uns alle in die Speisekarte vertiefen.

„Mamita. Ist das ein besonderer Name?" erkundigt sich Judy dann.

„Ja." Mehr mag sie offensichtlich nicht sagen, doch als niemand das Thema wechselt, fährt Vicky schließlich doch fort. „Arturo und ich können nicht ohneeinander leben. Wir haben sonst niemanden." Ihre Stimme klingt nüchtern. „Das heißt, außer den Pflegerinnen, von denen bis jetzt keine lange bei uns geblieben ist. Ständig lerne ich ein neues Mädchen an, das uns helfen soll."

Ich senke beschämt den Kopf. Mir fehlt es nie an jemandem, der mir hilft. Ich wohne in einem nagelneuen Haus mit neuen Möbeln. Ich kann malen, ich reise viel. Mein Kleinbus – ein teures Geschenk – steht draußen auf dem Parkplatz des Restaurants. Wenn ich an Vicky und ihren fünfjährigen Sohn denke, die sich ganz allein durchs Leben kämpfen müssen, wird mir ganz anders zumute.

„Neulich noch, spät in der Nacht, da war ich plötzlich so … so traurig." Vicky sieht zu uns auf. Wir hören ihr aufmerksam zu. „Ich lag im Bett und dachte darüber nach, daß eigentlich überhaupt nichts richtig klappt. Dr. Brittens Training hat nicht geholfen ... ich meine, mir geht es noch kein bißchen besser. Ich mußte einfach weinen." Jetzt lacht sie, um die Situation in einem belangloseren Licht erscheinen zu lassen. „Und neben mir, auf einer Matratze auf dem Fußboden, schlief Arturo. Er schläft immer auf dem Boden, wenn er krank ist. Er war erkältet und bekam nur schlecht Luft. Das hat alles nur noch schlimmer gemacht. Ich konnte noch nicht einmal aufstehen und sein Fieber messen oder ihm eine Tablette geben, ihm die Nase putzen oder ihn einfach nur in meinen Armen halten und ihn fester zudecken.

Mein Weinen hat ihn aufgeweckt. Ohne ein Wort zu sagen, ist er aufgestanden, hat mir ein Taschentuch geholt und mir die Tränen abgewischt. Dann ist er losgegangen, hat eine große Decke aus dem Schrank geholt – er ist ja noch ein kleines Kerlchen, wißt ihr – und ist auf mein Bett geklettert, damit er sie über mich breiten konnte." Sie lächelt stolz. „War das nicht großartig von ihm? Er ist solch ein lieber Junge!" Vicky nickt Rana zu, das Signal für einen zweiten Schluck Tee.

Nun kommt der japanische Koch mit einem Tablett voller Krabben, Hühnerfleisch und Rindfleisch zu uns an den Tisch und baut sich vor der Kochplatte auf. Er lächelt, verbeugt das würdige Haupt kurz und schiebt das Fleisch und das rohe Gemüse mit seinem scharfen Messer auf die heiße Platte. Ein Zischen, und Dampf steigt von dem Herd auf, um von dem kupferverkleideten Dampfabzug über uns verschlungen zu werden. Rana, Judy und Kerbe klatschen Beifall, als er jetzt mit zirkusreifer Geschwindigkeit beginnt, die weiteren Zutaten mit dem Messer zu zerkleinern.

Ich betrachte geistesabwesend das Schauspiel der fliegenden Stahlschneide. In Gedanken bin ich mit der hübschen jungen Frau beschäftigt, die mir gegenübersitzt. Es erstaunt mich, daß sie so offen von sich selbst erzählt hat. Ich bin sicher, daß sie es nicht getan hat, um unser Mitleid zu wecken, sondern um uns stolz von ihrem kleinen Sohn zu berichten, der mit seinen fünf Jahren schon so verantwortungsbewußt ist.

„Dann wohnt ihr also nicht bei deinen Eltern?" fragt Judy und nimmt eine Gabel anstelle der Stäbchen zur Hand.

„Nein. Wißt ihr ...“ Sie zögert. „Meine Eltern wohnen nicht sehr weit von uns entfernt, aber ich möchte meinem Sohn die Mamita sein. Ich möchte, daß er bei mir aufwächst.“

Niemand drängt weiter in sie. Es ist offensichtlich, daß sie eine sehr stille, zurückhaltende Frau ist. Vielleicht befürchtet sie, schon zuviel über sich gesagt zu haben. Der Rest des Abends vergeht mit allerhand Plaudern über das Essen; Judy gibt ein paar Denkwürdigkeiten aus ihren Jahren als Hebamme in England zum besten, Kerbe berichtet von der Gruppe junger Erwachsener in unserer Gemeinde, und Rana erzählt einige Erlebnisse ihrer Tochter von deren Europareise vor kurzem. Wie das Leben selbst ist unsere Unterhaltung, bunt und abwechslungsreich.

Rana füttert Vicky. Sie hält ein Stück gegartes Hühnerfleisch über die Schälchen mit verschiedenen Soßen. Mit einem Kopfnicken wählt Vicky die Senfsoße. Rana hält eine Hand unter Vikkys Kinn, während sie ihr mit der anderen den Bissen an den Mund führt. Vicky lehnt sich nach vorn und nimmt ihn. Sonderbar – meine Art zu essen ist ganz anders! Aus der Schulter heraus hebe ich meinen Arm mit dem Speziallöffel, der in meinem Handgurt steckt, und schiebe mir den Bissen mit einer geübten, wenn auch ein wenig ungelenken Bewegung in den Mund. Nun kaue ich den Bissen und schlucke. Ich kämpfe gegen Schuldgefühle an, weil ich selbständig essen kann, während Vicky gefüttert werden muß. Ob sie es je lernen wird, allein zu essen?

Ich muß es einfach sagen: „Vicky, die Ausmaße deiner Lähmung sind ungefähr gleich wie bei mir. Ich wette, du kannst bald auch deine Arme bewegen, so wie ich.“ Im Gedanken an ihre geringe Meinung über Gott und das Trainingsprogramm füge ich noch hinzu: „Ich bin mir ganz sicher, daß Gott etwas Wunderbares mit deinem Leben vorhat. Mit Gebet und harter Arbeit habe ich schon die tollsten Dinge passieren sehen.“

Nach unserem Nachtisch, einem Sorbet aus grünem Tee, kommt die Bedienung mit der Rechnung auf einem Porzellanteller. Ich werfe Rana einen fragenden Blick zu; mir ist im Moment nicht mehr klar, was wir vereinbart hatten. Nach einem kurzen Zögern verkünde ich allseits, daß die Rechnung auf meine Kosten geht, und bitte Judy, mein Portemonnaie hervorzuholen. Bevor überhaupt jemand widersprechen kann, wende ich mich wieder an Vicky.

„Ich kann zwar nicht behaupten, daß ich deine Probleme bis ins letzte kenne, aber ich weiß ganz sicher, daß Gott sie lösen kann. Vielleicht können wir uns einmal ausführlicher darüber unterhalten." Ich warte auf eine Reaktion. „Und ... ich kann es kaum erwarten, Arturo kennenzulernen." Das habe ich dazugefügt, um ihr Interesse an einem Treffen zu verstärken.

Vicky antwortet nicht. Während Rana ihren Rollstuhl von dem Tisch abrückt, wirft sie statt dessen das dichte Haar mit der Geste einer Aristokratin zurück und deutet mit dem Kopf in die Richtung, in die sie geschoben werden möchte – zur Tür hinaus. Rana legt ihr die Hände wieder auf dem Blumenkissen zurecht und schiebt sie auf den Ausgang zu. Ich steuere meinen elektrischen Rollstuhl in den Gang und folge ihnen. Jegliche Vertrautheit, die wir entwickelt hatten, scheint sich plötzlich verflüchtigt zu haben.

Judy und Rana heben Vicky in das Auto, während ich auf eine Gelegenheit zum Verabschieden warte. Der Parkplatzwächter des Restaurants schließt die Tür. Vicky sitzt ein wenig schief und unbeholfen da; der Kamm hat sich aus ihren Haaren gelöst. Ich möchte nicht, daß sie sich befangen fühlt. Wenn ich ihr den Kamm doch nur geschwind zurechtstecken könnte! Sie wendet den Kopf seitwärts, lächelt ein steifes Lächeln und formt mit den Lippen hinter dem geschlossenen Fenster ein gehauchtes Dankeschön.

Ich lasse meinen Rollstuhl zu dem hinteren Wagenende surren, wo Rana gerade Vickys Rollstuhl im Kofferraum verstaut.

„Nun?" frage ich.

Rana gibt dem Ersatzreifen einen Schubs nach hinten, bevor sie sich aufrichtet.

„Hm, alles war gut und schön soweit – bis auf den Abschluß." Sie reibt sich die Hände sauber. „Schau mal, ich bin zwar erst ganz jung im Glauben, aber ... Wie soll ich mich ausdrücken? Also, du ... du kannst nicht einfach mit ein paar frommen Phrasen in ihr Leben marschiert kommen, selbst wenn wir ihr noch so gerne helfen wollen. Daß du dich selbst als Beispiel für andere hinstellst, ist nicht fair. Andere haben's in vieler Hinsicht nicht so gut wie du." Damit wirft sie den Kofferraum zu.

Ich fühle mich wie vor den Kopf geschlagen, gedemütigt und beschämt. Gott hat diese Anfängerin im Glauben dazu benutzt, um mich zu maßregeln. Ich wollte nur Vickys Bestes; ich wollte das Richtige sagen und tun, um ihr und ihrem kleinen Sohn zu helfen, doch nun sehe ich ein, daß ich sie zu einem Objekt in Sachen „Helfen um jeden Preis" degradiert habe. „Wir werden uns miteinander anfreunden", hatte ich geplant, aber meine Motive waren nicht ganz aufrichtig gewesen.

Ich muß an all die Handbücher, Programme und Organisationen für Behinderte denken. Habe ich eher an solcherlei vorgezeichnete Strategien gedacht, als einfach Gottes Liebe an eine arme gelähmte Frau weiterzugeben?

Und dann frage ich mich, was Jesus wohl getan hätte.

Nun habe ich Sam Britten schon ein paar Monate lang bei der Arbeit zugeschaut. Mit seinen Händen teilt er Liebe aus, wenn er zum Beispiel einen Jungen behutsam aus dem Rollstuhl hebt oder die schmerzenden, spastisch verkrampften Muskeln einer älteren Frau nach jahrelangem Bewegungsmangel zum ersten Mal streckt und beugt. Selbst in seiner Stimme liegt Liebe und Fürsorge. Ich lerne viel von Sams Art, mit anderen umzugehen.

„Wie ... was ... wo fängt man denn nur an?" frage ich ihn, während er meine Hände aus den Trainingshandschuhen befreit. „So viele Menschen – und jeder einzelne braucht unendlich viel Hilfe."

Mehrere Jugendliche warten in ihren Rollstühlen vor dem Trainingsraum auf ihre Behandlung. Es fehlt an Helfern. An Geräten. An Platz. Und ständig wächst die Warteliste.

„Immer schön einen nach dem anderen, Joni", gibt Sam zurück und winkt einem Helfer zu, die jungen Burschen von der Tür hereinzuholen. Dann widmet er sich wieder mir und den Klettverschlüssen an meinen Handschuhen. „Du mußt halt dein Bestes versuchen, einem nach dem anderen zu helfen, so gut es geht."

Er hakt die Verschlüsse peinlich genau wieder ein und streicht sie mit den Händen glatt. Ich spüre ihm ab, wie frustriert er über seine eigenen Grenzen ist. Mit geöffneten Handflächen warte ich darauf, daß er fortfährt.

„Ich habe Tante Corrie ten Boom letztes Wochenende besucht", sagt er und läßt sich müde in einen unbesetzten Rollstuhl fallen.

Sam und ich haben uns schon mehrmals über Corrie unterhalten. Diese treue Dienerin Gottes, die eine grauenvolle Zeit im Konzentrationslager überlebt hat und später in der ganzen Welt ihren Glauben an Jesus bezeugt hat, hat kürzlich – sie ist inzwischen weit über achtzig Jahre alt – einen weiteren Schlaganfall erlitten. Wegen der schweren Folgen kann sie nun nicht mehr reisen und vom Podium aus Menschen für Gott erreichen. Sie führt ein stilles, zurückgezogenes Leben in einem sonnigen Häuschen südlich von Los Angeles. Körperliche Gebrechen sind nun einmal der Faktor, der alle Menschen auf dieselbe Ebene herabzieht, und Tante Corrie muß sich nun – wie Millionen anderer Kranker – in der Welt der Rollstühle, Liegewunden, Schläuche und Katheter zurechtfinden.

Sams müde Stimme lebt auf.

„Joni, es war einfach unbeschreiblich. Du betrittst das Zimmer dieser Frau und kommst dir vor wie in einem Heiligtum. Wir haben uns unterhalten, wenn sie auch nur mit Lächeln und Kopfnicken antworten konnte." Seine Augen schauen träumend in die Ferne. „Als ich ihr die Füße massierte, mußte ich an die Tausende von Meilen denken, die diese Frau zurückgelegt hat. Ich dachte an ihre nackten Fußsohlen auf der harten, festgestampften Erde damals in dem Konzentrationslager."

Ich höre schweigend zu.

„Ich habe ihr einen Flaschenzug gebastelt, an dem sie Übungen für ihre schwachen Arme machen kann. Und ihren Helferinnen habe ich gezeigt, wie sie sie in ihr Bett heben und in ihren Rollstuhl setzen sollen, weißt du, ein paar alltägliche Handgriffe. Es ist kaum zu glauben, daß eine fromme Frau von fast neunzig Jahren wieder ganz von vorn anfangen und eine ganz neue Art von Dienst beginnen soll."

Ich sehe ihn fragend an.

„Ein Dienst des Wartens ... des Stilleseins vor Gott. Und des Betens." Auch in Sams Gesicht spiegelt sich die Verwunderung. „Sie war doch immer so aktiv ..."

„Ja, und jetzt ist sie diejenige, die Hilfe braucht."

„Aber weißt du, was so sonderbar war?" Sam lächelt. „Diese paar Kleinigkeiten, die ich für sie tun konnte, haben mir selbst am meisten wohlgetan. Sie hat mir mehr mitgegeben, als ich ihr geben konnte. Sie ist mir richtig zum Segen geworden!"

Wir werden unterbrochen. Eine der Helferinnen braucht Sam, um ein junges Mädchen in den Rollstuhl zurückzuheben. Er klopft mir freundlich auf die Schulter und hastet an das andere Ende des Raumes.

Ich schaue zu, wie er sich nun voll und ganz auf das Mädchen dort auf der Turnmatte konzentriert. Seine Aufmerksamkeit gehört ausschließlich ihr. Wie hat er doch eben so treffend gesagt? „... einem nach dem anderen helfen." Er widmet sich diesem jungen Mädchen dort mit der gleichen Hingabe, die er Tante Corrie entgegenbringen würde. Oder jedem anderen Patienten.

Jeder Mensch ist ihm wichtig.

Und wieder habe ich eine neue Lektion gelernt.

Mit dem Wochenende beginnt ein neuer, kühlerer Monat. Sosehr ich auch den Wetterumschwung begrüße, so wünsche ich
mir im Grunde nichts sehnlicher als einen „richtigen" Novem-
ber, der das trockene Laub im Herbstwind rascheln läßt. Ich
sehne mich nach dem Duft brennenden Kirschholzes aus Nach-
bars Kaminen. Ich vermisse die weißen Nebelschwaden, die ich
mit jedem Atemzug in die Luft hauche. Mir ist nach Wollschal
und Handschuhen zumute. Statt dessen steht die kalifornische
Sonne hoch am Himmel und hüllt die Welt der Palmen und
Schwimmbecken in milde Wärme ein.

Am Samstag rufe ich daheim an. Ich erzähle Mutter und Vater
von den Fortschritten, die unser Werk macht. Ich erkundige
mich nach Jay und Rob. Wie geht es Charlie, dem Kater? Und
was macht Kathys neues Fohlen? Werde ich auch allseits gebüh-
rend vermißt?

„Und wie geht's deiner Freundin Vicky?" Dreitausend Meilen
Telefonkabel können die Wärme nicht aus Mutters Stimme her-
ausfiltern.

„Oh, Vicky? Wir sind letzte Woche zusammen zum Essen ausgegangen. Es war ein netter Abend. Sie tut mir furchtbar leid,
Mutti. Du machst dir ja keine Vorstellungen davon, was sie hinter sich hat."

„Grüß sie doch bitte ganz lieb von uns, ja?" Ich kann das Lächeln förmlich hören.

„Aber klar!" sage ich. Wie gern möchte ich Vicky alle Liebe
der Welt zuteil werden lassen!

Nach dem Gespräch denke ich über meine letzten Worte nach.
Ich möchte es Sam Britten gleichtun und allen Menschen als
Gottes Geschöpfen Hilfe und Liebe entgegenbringen, jeden ein-
zelnen von ihnen in seiner Besonderheit sehen.

Doch irgendwie stecke ich diese Woche bis über die Ohren in

der Arbeit bei „Joni and Friends". Jeden Tag hatten wir Berge von Zuschriften zu beantworten. Am Dienstag traf ich mich mit Sam und Greg Barshaw, einem weiteren Gemeindeältesten, der in der Behindertenarbeit aktiv ist, zu einem Planungsgespräch. Am Mittwoch rief ich Debbie Stone in der Rancho-Klinik an und erfuhr dabei, daß sie in Kürze in das kleine Stuckhaus in der Nähe unserer Kirche ziehen wird, um vollzeitlich für die Gemeinde zu arbeiten. Außerdem unterhielten wir uns über die neuen Projekte innerhalb der Gemeinde. Am Donnerstag und Freitag vergrub ich mich in Büchern: Handbücher mit Tips für größere Selbständigkeit, Handbücher für Behindertenpflege, Quellennachweise, Bauvorschriften für öffentliche Gebäude im Hinblick auf Behinderte – kurz, alles über Behindertenfragen, was ich nur auftreiben konnte.

Es ist nicht einfach, Menschen als individuelle Persönlichkeiten zu sehen, wenn man Statistiken und verallgemeinernde Handbücher vor sich hat.

Am Sonntagmorgen fahre ich allein zur Kirche. Auf dem Parkplatz sind Dutzende von Parkflächen für Behinderte markiert, doch die sind schon nahezu ausnahmslos vergeben. Im Schrittempo fahre ich weiter. Vereinzelt winken mir Bekannte zu, die der Kirche zusteuern.

Der Frühgottesdienst ist gerade vorbei. Ich surre mit meinem Rollstuhl die Rampe hinauf und lächele die Gottesdienstbesucher an, die mir nun im Eingang begegnen und die sich seitwärts an die Wände drängen müssen, um mich an sich vorüber zu lassen. Der Gemeindesaal ist schon recht voll, und ich bin froh, früh genug gekommen zu sein, um noch einen guten Platz zu erwischen – oder besser gesagt: ein freies Eckchen in einem Gang.

Rollstuhlfahrer sitzen in Reihen neben jeder Kirchenbank im Gang. Ich bleibe hier und da stehen, um Bekannten einen guten Morgen zu wünschen, sofern sie nicht mit dem Programmzettel oder ihren Sitznachbarn beschäftigt sind. Endlich steuere ich auf Kerbe zu, die am Ende der sechsten Bank sitzt, und richte mich im Gang neben ihr ein.

Der Chor singt. Das Eingangsgebet folgt. Die versammelte Gemeinde erhebt sich zur Lesung des Bibeltextes und zum gemeinsamen Gesang; nur die Gottesdienstbesucher am Ende einer jeden Bank bleiben sitzen, um den Rollstuhlfahrern das Gesangbuch zu halten oder Bibelseiten umzublättern.

Nun beginnt die Predigt. Die Zuhörer holen Bibeln, Notizpapier und Stifte hervor. John MacArthur stellt sich hinter die Kanzel. Ich muß lächeln. Erst vor wenigen Monaten saß ich hier und hätte seine Worte am liebsten in der Luft zerrissen. Heute bin ich mit einer völlig anderen Grundeinstellung hier, soviel steht fest!

Gleich zu Beginn seiner Predigt schlägt Pastor MacArthur einen Vers aus dem Johannesevangelium auf. Klar und deutlich ertönt seine Stimme vor der dreitausendköpfigen Zuhörerschaft, während er den Abschnitt liest, in dem der sterbende Jesus vom Kreuz herab rief: „Mich dürstet!" (Joh. 19,28).

Er stellt einen wichtigen Punkt heraus und fährt mit der Predigt fort. Meine Gedanken sind dagegen noch immer mit dem Vers aus dem Johannesevangelium beschäftigt. Ich schließe die Augen und stelle mir das Kreuz vor. Die verstreute Menschenmenge. Der verdunkelte Himmel und die Soldaten. Ich male mir aus, wie Jesus vor Durst aufgeschrien hat.

Wie hätte ich damals gehandelt? Die Stimme des Pastors versinkt im Hintergrund meiner Gedanken. Ich stelle mir vor, inmitten der anderen Schaulustigen unter dem Kreuz zu stehen. Hätte ich Jesus über Durst klagen hören, was hätte ich wohl unternommen?

Eins steht fest: ich wäre nicht wie angewurzelt stehengeblieben. Ich glaube ... ich hoffe, daß ich auf der Stelle losgegangen – ach, was sag ich? – losgerannt wäre, und zwar zum nächsten Brunnen. Schwamm und Essig? Unsinn! Ich hätte ihm gebracht, wonach ihn verlangte: ein voller Becher kühlen, klaren Wassers.

Plötzlich fällt mir etwas ein. Ich rücke mit meinem Stuhl etwas näher an Kerbe heran, die der Predigt aufmerksam folgt, und bitte sie flüsternd: „Kannst du mir eben Matthäus 25 aufschlagen?"

Sie blättert und legt dann die aufgeschlagene Bibel auf meine Knie. Ich überfliege die Seite auf der Suche nach einem bestimmten Vers. Hier ist der Abschnitt, wo Jesus mit seinen Jüngern über die Endzeit spricht. Aha, und hier ist auch der gesuchte Vers. „Ich bin durstig gewesen, und ihr habt mich getränkt" ... „Was ihr getan habt einem unter diesen meinen geringsten Brüdern, das habt ihr mir getan" (Matth. 25,35.40).

Ich hebe den Kopf wieder und straffe meine Schultern. Meine Augen schauen in die Ferne. Mir ist etwas von elementarer Wichtigkeit klargeworden: Genau das ist es, was Jesus von mir möchte. Ich soll anderen mit derselben Besorgnis, derselben Dringlichkeit zur Seite stehen, als würde ich ihm selbst einen Dienst erweisen. Mit Reden ist es nicht getan. Auch nicht mit frommen Ratschlägen. Jesus möchte, daß ich etwas tue. Für andere Hilfsbedürftige. Für ihn.

Dann überlege ich weiter. Ich stelle mir vor, wie Jesus von Mitleid ergriffen wurde, als er dem Blinden oder dem Hungrigen oder der Witwe, die ihren Sohn verloren hatte, begegnete. Es war nicht so sehr die Menschenmenge, die ihm zu Herzen ging. Statt dessen rollte er sich die Hemdsärmel hoch und half dem einzelnen. Genau das tut auch Sam Britten Tag für Tag in seinem Zentrum. Er sieht die Nöte. Er unternimmt etwas dagegen – und das mit einer überwältigenden Dosis von Liebe und Mitgefühl.

Und ich selbst? Mit großem Unbehagen muß ich mir eingestehen, daß mein Mitgefühl oft an bloßes Bedauern grenzt. „Sie tut mir ja so leid!" war meine Antwort auf Mutters Frage nach Vicky. Bedauern, so überlege ich, sieht eine Not auf Distanz. Wahres Mitgefühl, wahre Barmherzigkeit setzt sich über die Distanz hinweg und legt Hand an. Bedauern ist nur ein Gefühl. Barmherzigkeit treibt zur Handlung.

Ich sehe mich unter den Rollstuhlfahrern vor und neben mir um. Ein spastisch gelähmter Mann hat Mühe, der Choralmelodie zu folgen. Eine Frau klopft den Takt zur Orgelmusik mit ihrem Krückstock. Jeder von uns, auch ich, hat seine Nöte und Bedürfnisse.

Vicky Olivas auch. Ich stelle sie mir hier inmitten der Kirchgänger vor, wie sie dort im Gang sitzt, in das Lied mit einstimmt, lächelnd, von Freunden umgeben. Weder sie noch irgend jemand anders in diesem Raum ist eine bloße Nummer oder ein Fall aus einem Soziologie-Lehrbuch.

Und ich kann etwas für sie tun. Ich kann ihr wirklich helfen! Allerdings nicht durch bloßes Bedauern.

Jesus möchte, daß ich in Liebe und Barmherzigkeit handle.

„Und dieses ‚Folterinstrument' ist mein Korsett", erkläre ich,
während Judy meine Bluse anhebt, um den Blick auf die steife,
weiße Leibbinde um meine Taille freizugeben. „Es hilft mir
enorm beim Atmen und hält mich aufrecht. Genau gesagt",
füge ich hinzu, als Judy meine Bluse wieder in meinen Hosenbund gesteckt hat, „könnte ich ohne das Korsett gar nicht laut
sprechen oder gar singen."

„Hmm ... Interessant", murmelt Vicky und betrachtet mich
aufmerksam.

„Ich hab' eins davon übrig." Ich deute auf meine Kommode.
„Möchtest du's nicht auch mal ausprobieren?" Ich möchte nicht
aufdringlich wirken; deshalb sage ich noch: „Ist gar keine große
Sache. Du kannst es gern mit nach Hause nehmen und in Ruhe
anprobieren, wenn dir das lieber ist."

„Nein, ich versuche es gleich hier. Ich bin gespannt, was so
ein Korsett ausmacht."

Judy und Rana heben Vicky auf mein Bett und rollen sie liegend hin und her, bis sie das Korsett an der richtigen Stelle haben. Vicky keucht und pustet, während die beiden nun die Gurte
festzurren und die Schnallen schließen.

„Man kommt sich vor wie ein Lastesel, nicht wahr? Mir
geht's jedenfalls immer so!" lache ich.

Wieder in ihrem Rollstuhl kämpft Vicky nun um ihr Gleichgewicht von ihrem neuen „Stützpunkt" aus.

„Das ist ja gar nicht so einfach", meint sie stirnrunzelnd. Und
dann: „Ach, du liebe Güte! Wie erstaunlich! Hört nur, meine
Stimme!" Sie ist selbst von dem plötzlichen Volumen ihrer
Stimme überrascht. Rana zupft ihr die Bluse zurecht, während
Judy die Bügelfalten ihrer Cordhose wieder geradezieht. Dann
treten sie einen Schritt zurück, um ihr Werk zu mustern.

Ich bin von Herzen froh, daß sie auf unser Angebot eingegangen ist, aber ich möchte ihr versichern, daß die Entscheidung ausschließlich bei ihr liegt.

„Schau, Vicky, ich mache hier keine Werbeveranstaltung für Korsetts. Eine Menge Leute tragen keins und fahren auch ganz gut ohne. Bei manchen von uns macht es sich aber wirklich blendend bezahlt."

Vicky sieht mich zum ersten Mal, seitdem ich sie kenne, mit einem offenen Lächeln an.

„Du mußt nur aufpassen, daß du dir keine Druckwunden holst. Ich habe noch immer Last mit einer, die ein Souvenir an meine Filmzeit ist."

Den Rest des Nachmittags verbringen wir mit lebhaften Gesprächen und praktischen Tips. Ich gebe ihr manchen bewährten Ratschlag aus meiner langjährigen Erfahrung mit dem Rollstuhl weiter: Stützstrümpfe für bessere Durchblutung der Beine, Festigungsgurte aus Leder für Hände und Handgelenke, ein tragbares Schreibgestell, auf dem man Mundmalen üben kann. Sie erkundigt sich, welche Art von Katheter ich benutze. Wir unterhalten uns über allerhand Bewegungsübungen und die Notwendigkeit, dem Körper viel Wasser zuzuführen; die richtige Art, vom Rollstuhl aus ins Bett gehoben zu werden; Vitaminpräparate. Gesunde Ernährung.

Und Bettbäder.

„O ja, die kenne ich nur zu gut", sagt Vicky errötend. „Es gibt Dinge, an die ich mich nie gewöhnen werde – wie zum Beispiel, einer fremden Frau zu erklären, wie sie mich waschen soll."

Auch ich bin in dieser Hinsicht nicht unempfindlich.

„Mir geht's genauso." Dann versuche ich, das Thema durch ein wenig Humor aufzuheitern. „Aber weißt du, selbst die Jünger haben damals Einspruch erhoben, als der Herr Jesus höchstpersönlich ihnen die schmutzigen Füße waschen wollte. Denen war's bestimmt genauso unangenehm wie dir und mir, sich von jemand anders waschen zu lassen – selbst wenn es Gott in Person war, der den Waschlappen geschwungen hat!" Erst, nachdem ich es gesagt habe, fällt mir auf, daß ich gerade eine biblische Geschichte völlig beiläufig und wirklichkeitsnah erzählt habe.

Wieder lächelt Vicky.

„Urinbeutel. Korsetts. Ach, es gibt ja tausend Dinge, die ich noch zu lernen habe!" Sie wirft einen Blick über Ranas Schulter, die ihre Notizblockseite mit allerhand Vorschlägen gefüllt hat.

„Das Korsett überlasse ich dir gern, Vicky, aber ..." Ich hoffe, ich sage nicht zuviel. „Du solltest wirklich einmal mit deinem Arzt darüber sprechen und dir irgendwann ein eigenes nach Maß arbeiten lassen. Die kleine Staffelei gehört dir, wenn du magst. Ich habe noch eine zweite davon."

Vicky hat die klassischen Eigenschaften einer Hochadligen: Stolz, Mißtrauen, Skepsis. Selten ein Lächeln. Aber meine Gaben nimmt sie nun dankbar an.

„Wir könnten uns auch mal mit deiner Helferin treffen und ihr erklären, wie sie dir das Korsett anlegen soll und ..."

„Zu gern – wenn ich nur eine hätte!" seufzt sie. „Die letzte ist gerade gegangen. Zum Glück!"

„Wie meinst du das?"

Sie zögert, als überlege sie, ob sie uns mit ihren privaten Problemen über den Weg trauen kann. „Wir hatten eine Meinungsverschiedenheit. Ich weiß nicht einmal mehr, um was es ging. Sie ist wütend geworden, hat ein Kissen genommen und ... und ..." sie sieht auf, ihre Augen werden feucht ... „hat mir's ins Gesicht geworfen. Sie war so zornig, daß sie mich ... daß sie mich töten wollte." Es klingt, als könne sie es selbst noch kaum fassen.

Im Zimmer herrscht absolute Stille. Vom fernen Gartenzaun her bellt Scruffy. Der Rasensprenger zeichnet einen dunklen Kreis auf die Betonrampe vor der Glastür zur Veranda. Diese Frau, muß ich denken, lebt in einer Welt, die mir völlig fremd ist.

„Zum Glück war mein Bruder gerade oben im Haus. Die Helferin hat das nicht gewußt, und ich hatte auch gedacht, das Haus sei leer. Als er mich schreien hörte, kam er gleich die Treppe heruntergerannt. Er hat sie bei den Haaren gepackt und zur Tür hinausgeworfen. Dann ist er wieder nach oben gelaufen, hat ihre Siebensachen aus ihrem Zimmer geholt und alles vom Balkon auf die Straße geworfen. ‚Lassen Sie sich bloß nie wieder hier blicken!' hat er ihr nachgerufen."

Ich lehne mich auf meine Armstütze. Judy sitzt zusammengesackt auf der Bettkante mit dem Korsett in der Hand. Rana rollt ein Stück Notizpapier zwischen den Fingern hin und her. Wie neulich in dem Asien-Restaurant, bin ich auch jetzt davon überzeugt, daß Vicky mit dieser Geschichte nicht um Mitleid betteln will. Sie hat uns einfach die Tatsachen berichtet.

Schließlich unterbeche ich die Stille. „Wir müssen einfach etwas unternehmen." Ich sehe Judy und Rana an. „Wenn ich nur wüßte, was!" Und dann, mit einem Blick auf Vicky: „Wir werden schon einen Weg finden."

Vicky wirft ihre Haarpracht in den Nacken und räuspert sich.

„Ich brauche jemanden ... egal, wen. Arturo und ich schaffen es nicht allein."

„Laßt uns doch mit Beten anfangen", schlägt Rana leise vor. Einen Augenblick bin ich von ihren Worten überrascht. Dann lächele ich unmerklich. Dort sitzt sie, seelenruhig, die Hände auf dem Notizblock auf ihren Knien still gefaltet. Ein leiser Windhauch läßt den Bastvorhang an der Glastür leicht rascheln. Sie wartet darauf, daß wir ihrem Vorschlag zustimmen und Folge leisten.

„Jesus kann mir auch nicht helfen." Wir richten unsere erschrockenen Blicke auf Vicky, die mit einem beinahe fragenden Ton in der Stimme fortfährt: „Jesus kann mich abends nicht zu Bett bringen oder mich morgens ankleiden. Er kann mir kein Glas Wasser reichen. Schön, daß ihr alle an Gott glaubt, aber ich brauche jemanden, der ein bißchen ... ein bißchen praktischer helfen kann als Gott. Ich brauche Menschen."

„Ich brauche auch Menschen", sage ich wie aus weiter Ferne. „Nur, daß für mich die Hände von Judy und Kerbe die Hände Gottes sind. Man kann also durchaus sagen, daß Gott mich abends zu Bett bringt und mir morgens beim Aufstehen hilft." Ich halte inne, um dann einen Bibelvers in meinen eigenen Worten wiederzugeben: „Solche Sachen passieren, damit wir uns nicht auf uns selbst verlassen, sondern auf Ihn" (2. Korinther 1,9).

„Und hat vielleicht eine von deinen Helferinnen schon einmal versucht, dich umzubringen?"

Ich bleibe ihr die Antwort schuldig.

Beschämt über den Sarkasmus in ihrer Stimme, senkt Vicky den Kopf. Ich schlucke und versuche, das Gespräch auf etwas Positiveres zu lenken.

„Wie gesagt, wir wollen alle helfen. Das Korsett und die Staffelei sind erst der Anfang. Ich weiß nicht, was wir als nächstes tun werden, aber wir stehen zu dir."

Ich denke an Jesus und das Glas Wasser.

Der Anfang ist gemacht!

Heute sitze ich vor meiner Staffelei in dem ruhigen Zimmer neben dem „Joni and Friends"-Büro. Der Steinfußboden ist angenehm kühl. Die leuchtendbunte Farbtafel ist eine wahre Augenweide. Meine Kunstbücher und Stoffmuster sind auf einem Zeichenordner aufgestapelt. Einmachgläser mit Pinseln und Acrylfarbentuben stehen fein säuberlich aufgereiht in Regalen aus Holz. Selbst das Durcheinander von Papier und Farbklecksen an der Korkwand bietet eine willkommene Abwechslung von der nüchternen Bürowelt der Telefone und Schreibmaschinen im Nebenraum.

Wenn ich male, soll ich eigentlich an nichts anderes als an meine Pinsel, Farben und Leinwand denken. Aber das ist heute zuviel verlangt.

Immer wieder kommen mir Vicky und ihre kleine Staffelei in den Sinn. Wie findet sie sich wohl mit dem Stift zwischen ihren Zähnen zurecht? Ich erinnere mich nur zu gut an meine ersten zaghaften Versuche. Ich schaue mich suchend um ...

„Joni, Telefon für dich!" Judy schaut zur Tür herein. „Möchtest du das Gespräch annehmen, oder malst du noch?"

Ich rolle zu meinem Schreibtischtelefon und halte meinen Kopf an den Hörer, der an einer Spezialhalterung angebracht ist.

„Ja, hallo, wer ist dort?"

„Hier ist ... Bee. Wir haben uns neulich nach einem Konzert kurz miteinander unterhalten. Erinnern Sie sich? Ich hatte ein gestreiftes Hemd an. Mein Freund Jack Fischer war bei mir." Er spricht schnell. „Ich rufe an, weil etwas Schlimmes passiert ist. Jack hat sich bei einer Barrenübung das Genick gebrochen ..."

Jetzt sehe ich die Szene wieder vor mir. Vorige Woche habe ich ein Abendkonzert besucht. Dabei bin ich zwei jungen Männern begegnet, beides Kunstturner auf Landesebene. Ja, richtig, der eine hat Jack geheißen, ein gutaussehender, fröhlicher Bursche. Er wollte mich persönlich kennenlernen, nachdem er gerade mein erstes Buch gelesen hatte. Er erwähnte auch, daß er das Kunstturnen als Brücke zu anderen benutzen wollte, um ihnen von seinem Glauben an Gott zu erzählen. Und nun ...

„Ein Unfall. Aber ... aber ... ich habe ihn doch gerade neulich noch gesehen ..." Ich verstumme.

„Ja, also, ich soll Ihnen von ihm ausrichten, daß Ihr Buch ... und alles, was Sie ihm letzte Woche gesagt haben ... also, Sie sind ihm eine große Hilfe gewesen."

Ich lasse mir Jacks Adresse geben und verspreche Bee, daß ich Jack bald schreiben werde.

„Und bitte", dränge ich ihn, „sagen Sie Jack, daß wir für ihn beten werden!"

Ich hänge auf. Wenn meine Abschiedsworte nur nicht so leer und nichtssagend geklungen hätten! „ ... daß wir für ihn beten werden" wirkt wie eine dahingesagte fromme Redensart angesichts einer solchen Tragödie. Ich folge dem inneren Anstoß und neige den Kopf, um für Jack Fischer zu beten.

Später, beim Abendessen, erzähle ich Judy und Rana die Sache mit Jack. Wir sprechen auch über Vicky. Keiner von beiden ist eine Zahl, ein Beispiel aus einer Pflegeanleitung. Hier geht es um Menschen mit echten Nöten.

„Wie kann man ihnen nur effektiv helfen?"

Doch unsere Diskussion ist kraftlos. Unsere Ideen wirken abgestanden. Müßig stochern wir auf unserem Käsekuchen herum.

Während der Kellner unseren Tisch abräumt, denke ich über menschliche Nöte und Bedürfnisse nach. „Wenn aber ein Bruder oder eine Schwester bloß wäre und Mangel hätte an der täglichen Nahrung und jemand unter euch spräche zu ihnen: Gehet hin in Frieden! Wärmet euch und sättigt euch! ihr gäbet ihnen aber nicht, was dem Leibe not ist: was hülfe ihnen das?" (Jakobus 2,15.16).

„Was hat dir denn eigentlich am meisten geholfen, Joni?"

Judys Frage kommt mir ein wenig naiv vor.

„Meine Situation war ganz anders", wehre ich ab. „Meine Familie ist ungewöhnlich fürsorglich, und ich habe treue Freunde."

Sie starrt mich an.

„Aha!"

„Was heißt hier ,aha'? Soll ich euch beide vielleicht durch den Fotokopierer schicken und Duplikate von euch machen?"

„Warum nicht? Ich meine, wäre es nicht eine gute Sache, mehr Helfer und Pfleger so wie uns auszubilden?"

„Aber wen denn?" frage ich bestürzt.

Rana neigt den Kopf zur Seite.

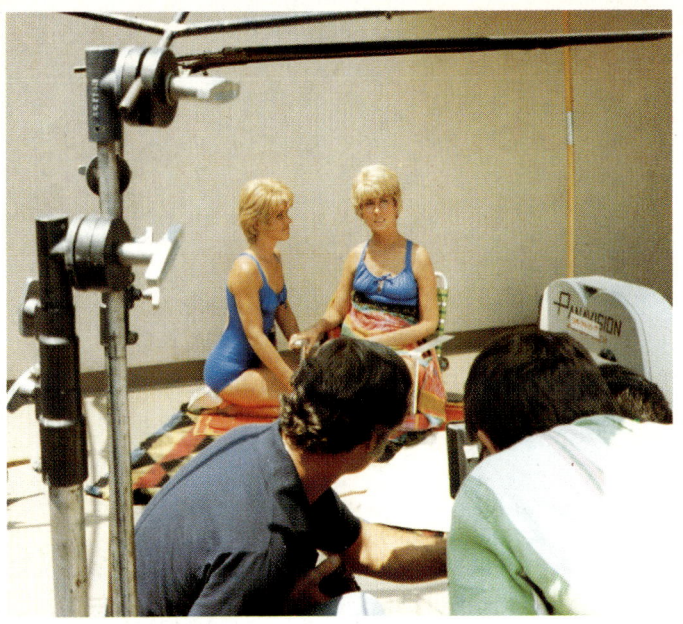

Bei der Farb-
prüfung für
den Film.
Meine Doppel-
gängerin soll
möglichst ge-
nauso aussehen
wie ich.

Bill Tuttle schminkt
mich.

Im Gespräch mit dem
„Mädchen in dem
blauen Badeanzug".

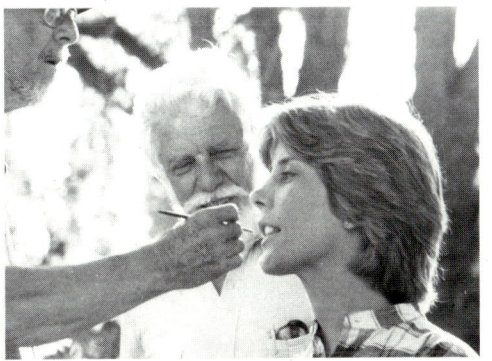

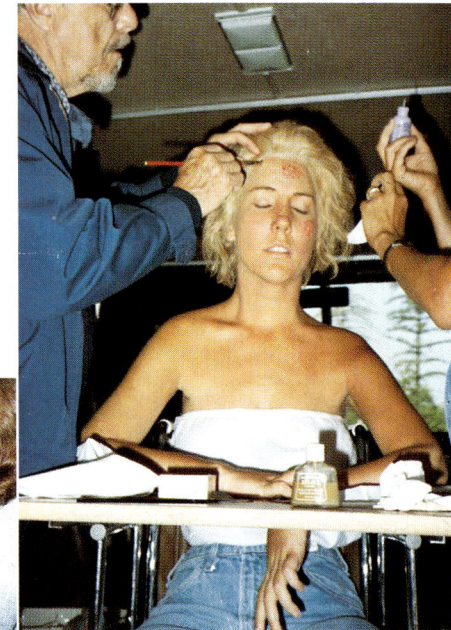

Bill und Kaye Pownall kleben
meine Perücke fest.

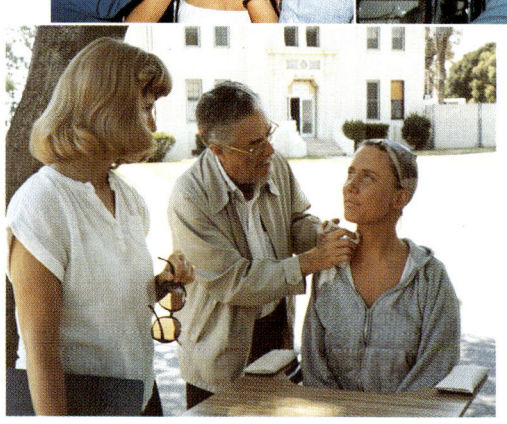

Meine Freundin Betsy Sandbower probiert meine
Perücke auf, während Bill meine Haare unter einem
Netz feststeckt.

Rob Tregenza, der Regie-
assistent, hilft bei den Dreharbeiten von einem Kran aus.

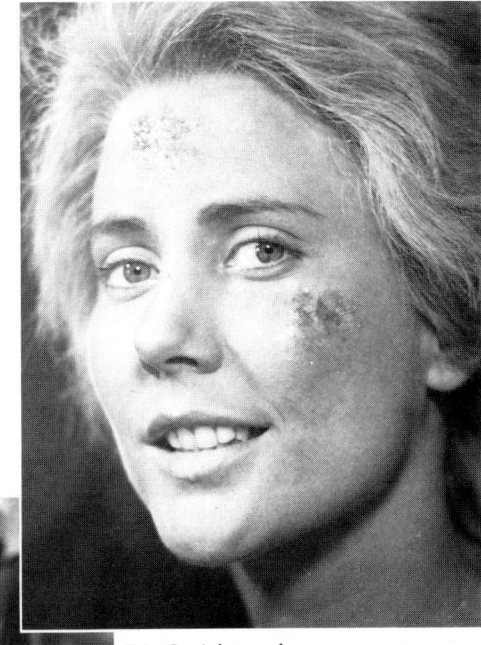

Die Gesichtsverletzungen von
meinem Tauchunfall werden durch
Schminken rekonstruiert.

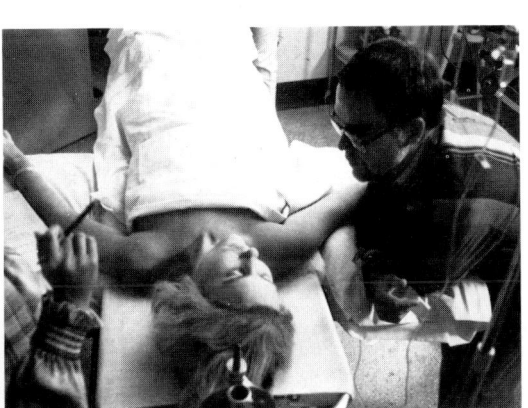

Jim Collier, Drehbuch-
autor und Regisseur,
gibt mir Anweisungen
für die Szenen auf dem
Spezialbett für Rücken-
verletzte.

Dr. Sam Britten und Chris Ige

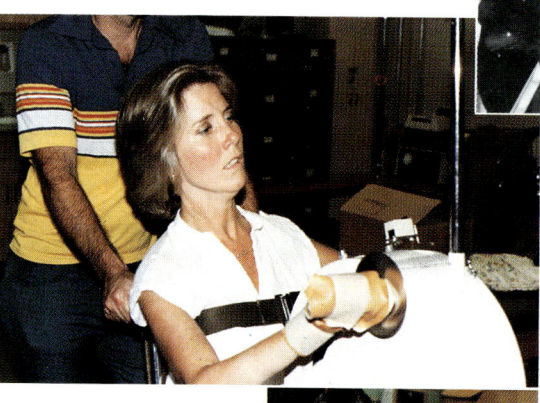

Übungen am Trainingsrad
sollen meine Schultern,
Armmuskeln und Herz-
kranzgefäße stärken.

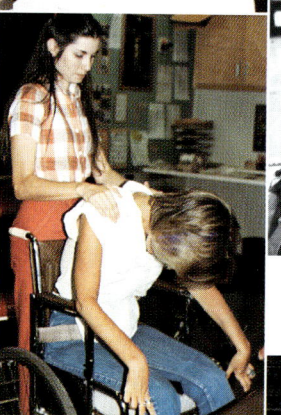

Hier hilft mir Margie,
meine Körperbalance zu
entwickeln.

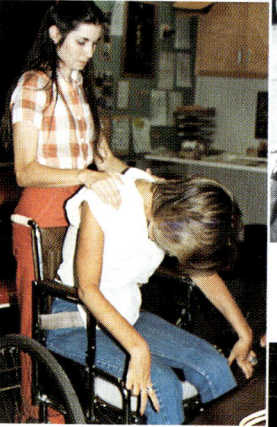

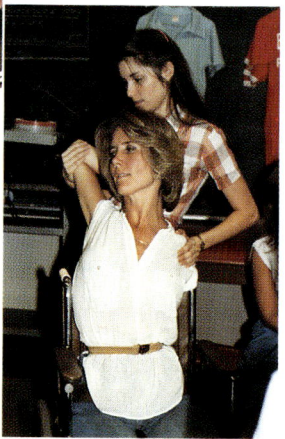

Margie Corbett, Dr. Brittens
Assistentin, streckt meine Schul-
termuskeln, um ihre Beweglichkeit zu erhöhen.

Dr. Sam Britten führt mir den Kleinbus vor, den die Grace Community
Gemeinde mir geschenkt hat. Diese
Schnappschüsse spiegeln meine Überraschung wider.

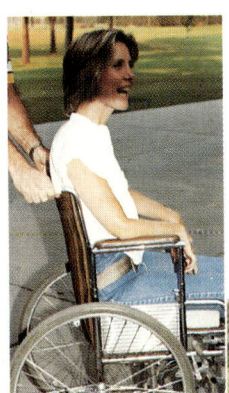

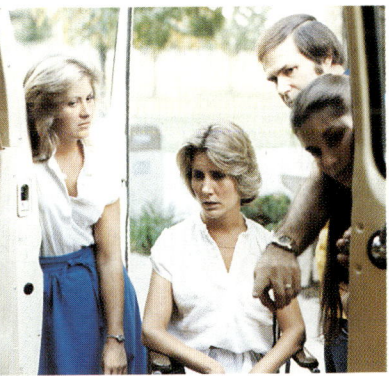

Links meine Kusine Kerbe

Ein mechanischer Lift macht es möglich, daß ich selbständig ein- und aussteigen kann.

Hinter dem „Steuerrad". Mein rechter Arm wird in einem Handgurt an einem Hebel befestigt. Dadurch kann ich das Fahrzeug lenken, beschleunigen und bremsen.

Besuch in einem
Rehabilitations-
zentrum

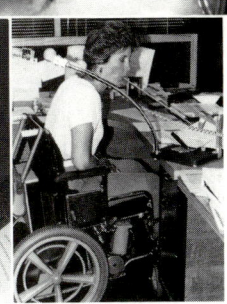

In meinem Büro.
Ich wähle gerade eine
Nummer mit einem
Mundstab.

Unsere Radioprogramme
sind ein wesentlicher Teil
unseres Hilfswerks
"Joni and Friends".

Die Mitarbeiter und
freiwilligen Helfer
von „Joni and
Friends" bei einem
Picknick.

Das erste Seminar von
„Joni and Friends" in Südkalifornien

Steve Estes „im Gespräch" mit
einer Seminarteilnehmerin, die
ein Wortbrett benutzt.

Durchschnittliche Tages-
post

Einige Mitarbeiter und
freiwillige Helfer von
„Joni and Friends"

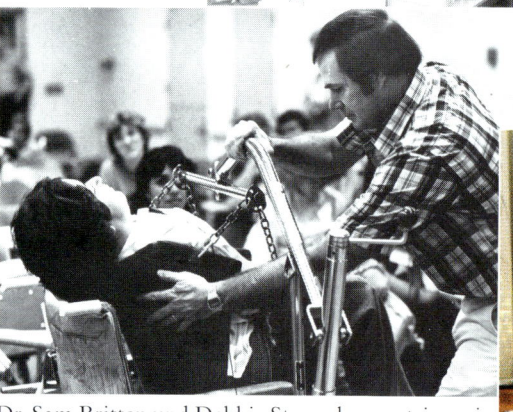

Dr. Sam Britten und Debbie Stone demonstrieren in
einem Seminar, wie Behinderte vom Bett in den
Rollstuhl gehoben werden.

Vorbereitung
des Postversands

Rana und ich unterrichten in einem
„People-Plus"-Seminar

Durch meine Armschiene und
einen Spezíallöffel ist es mir
möglich, selbständig zu essen.

Spaß und Spiel mit meiner Nichte Earecka Tregenza
und Ryan und Adrienne Estes (die Kinder von Steve
und Verna).

Earecka „füttert" Tante Joni mit
einem Eis.

Ich borge mir oft die Hände
anderer Leute. Hier helfen mir
Earecka, Ryan und Adrienne
beim Einkaufen, Kochen und bei
der Reinigung meines Rollstuhls.

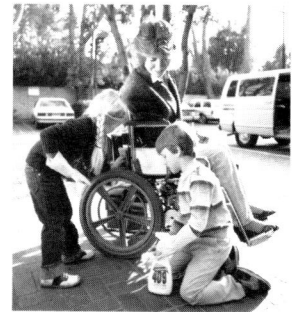

Es gibt viele Menschen, die in meinem Leben eine besondere Rolle spielen. Hier sehen Sie einige, die mir besonders lieb sind und die auch in diesem Buch erwähnt werden.

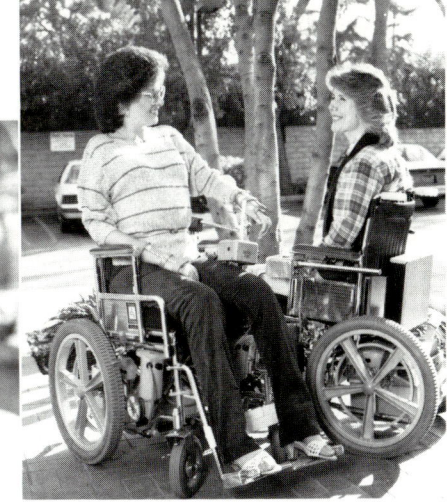

Vicky Olivas

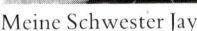

Meine Schwester Jay

Scruffy ist zwar kein Mensch, aber doch jemand Besonderes!

Vicky und ihr Sohn Arturo

Judy Butler, nachdenklich wie
gewöhnlich. Wahrscheinlich
ist sie wieder mit irgendeinem
Projekt beschäftigt.

Rob und Jay

Rana Leavell

Eines meiner Lieblings-
photos von Ken. Es wurde
aufgenommen, als er gerade
zu einem Tennismatch
gehen wollte.

Mein Hochzeitsgeschenk für
Ken war diese Angel – stabil
genug, um einen Hecht damit
zu fangen!

Mutter und ich warten
auf den Beginn der
Trauung.

von links nach rechts:
Kens Eltern, Takeo und
Kay Tada; Ken und ich;
Großmutter und Groß-
vater Minoru Hori, Kens
Großeltern; und seine
Schwester Carol.

von links nach rechts:
meine Mutter, Rob und Jay
Tregenza, Ken und ich, meine
Schwester Kathy Eareckson,
mein Vater und meine Nichten
Kay Trombero und Earecka
Tregenza.

Unsere Hochzeitsgäste. Hintere Reihe, von links nach rechts:
Ed Hill, Larry Bonney, Ken, Dr. Sam Britten, Peter Lubisich
und Jan Janura. Vordere Reihe: Betsy Sandbower, Carol Tada,
Kay Trombero, Earecka Tregenza, Jay Tregenza und Kathy
Eareckson.

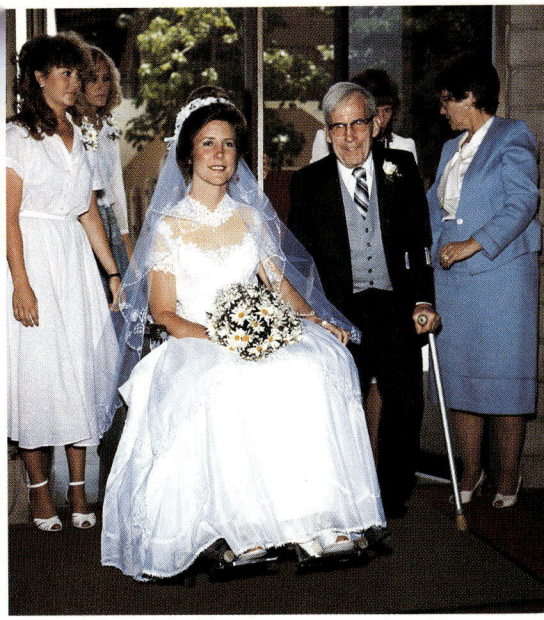

Mein Vater und ich auf dem Weg zum Altar

Mein Bräutigam –
entspannt

Herr und Frau Tada

Behinderte Freunde sind bereit, meinen
Brautstrauß aufzufangen.

Bei der Ankunft in Hawaii

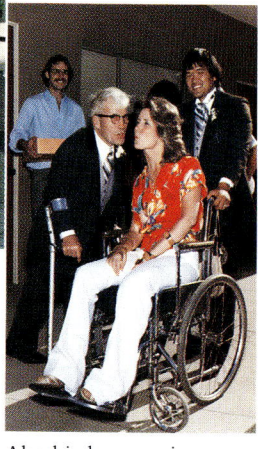

Abschied von meinem
Vater vor dem Abflug zu
unserer Hochzeitsreise
nach Hawaii.

Manche schöne
Stunde verbringen wir
in unserem Garten.

In den langen Wo-
chen, die ich wegen
meines Druck-
geschwürs im Bett
verbringen mußte,
baute Ken eine
besondere Staffelei
für mich auf.

Ken schneidet unse-
ren ersten Truthahn
zum Erntedankfest

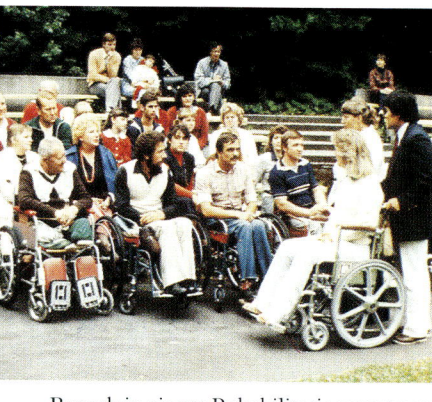

Besuch in einem Rehabilitationszentrum
in Polen

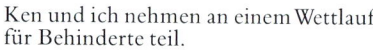

Ken und ich nehmen an einem Wettlauf
für Behinderte teil.

„Denk doch nur an all die Leute, die sonntags zur Kirche geströmt kommen. Unter ihnen muß es doch welche geben, die Zeit für so was haben."

„Hm. Denkst du da an einen Kursus oder so? Ich meine, wo man Leuten beibringt, wie man einen Rollstuhl schiebt, und dergleichen?"

„Ja", sagt Rana. „Und vielleicht können sie sogar lernen, wie man einen Urinbeutel leert. Warum sollten wir darauf warten, daß irgendein Sozialamt solche Kurse einführt? Ich habe jedenfalls immer zu hören gekriegt, daß Christen ein Vorbild in der Krankenpflege abgeben sollten. Stimmt's?"

Judy greift in ihre Handtasche.

„Rana, hast du einen Kugelschreiber? ... Danke. Reichst du mir die Papierserviette dort? Also, was haben wir denn da ... Wie man jemanden mit gelähmten Händen begrüßt. Wie man ein Gespräch mit einem geistig Behinderten führt. Wie man einen Gelähmten aus einem Auto in den Rollstuhl hebt."

Judy holt einen Taschenkalender hervor, während die Ideen immer schneller kommen. Sie schreibt nun schon die zweite Papierserviette voll.

„Vielleicht könnten wir Dr. Brittens Zentrum benutzen."

„Oder einen Raum in der Grace-Kirche."

„Wir brauchen Leute mit echtem Mitgefühl – sowohl als Lehrer als auch für die Pflege."

Judy unterbricht sich und gestikuliert aufgeregt mit dem Kugelschreiber.

„Gene Newman von der Kirche ist großartig im Aufstellen von Lehrplänen. Und Greg Barshaw kann die Kurse leiten." Sie schreibt sich eine Reihe weiterer Namen auf.

„Und die Mädchen vom Büro können mit den Anmeldungen helfen. Wir laden die Gemeinden aus dem ganzen Tal ein!"

Von den Papierservietten wandern die Ideen auf Planungsbögen, von Kursplänen zu Arbeitsheften, von Broschüren zu einem Workshop für Fachleute und solche, die es werden wollen. Mit der Flut von Anmeldungen, die für unser erstes „People Plus"-Seminar (etwa: „Mehr für den Menschen") eingeht, wird mir eins in aller Deutlichkeit klar: Nicht einmal ein Programm, das optimal geplant ist und im Gebet getragen wird, kann eine vollständige Lösung darstellen.

Am Vorabend unseres ersten Wochenend-Workshops lese ich eine Geschichte über Jesus im Markusevangelium.

„Und es kamen etliche zu ihm, die brachten einen Gichtbrüchigen, von vieren getragen. Und da sie ihn nicht konnten zu ihm bringen vor dem Volk, deckten sie das Dach auf, da er war, und machten eine Öffnung und ließen das Bett hernieder, darin der Gichtbrüchige lag. Da nun Jesus ihren Glauben sah, sprach er zu dem Gichtbrüchigen: Mein Sohn, deine Sünden sind dir vergeben" (Markus 2,3-5).

Auf die Mitmenschen kommt es an, denke ich im stillen, nicht auf irgendwelche Ausbildungsprogramme. Es fehlt an Menschen, die zu solchen Mühen bereit sind wie die vier Freunde hier in dieser Geschichte.

Wir brauchen Christen, die sich nicht scheuen, sich einen Weg durch die Massen zu bahnen, die Wände hinaufzuklettern und Dächer abzudecken – und das alles aus dem ernsthaften Wunsch heraus, jemandem in seiner Not zu helfen.

Unser erstes „People Plus"-Seminar findet statt. Laufgestelle und Trainingsräder sind beiseite geräumt worden, um in Sams Zentrum über hundert Teilnehmern Platz zu machen. Die Zuhörerschaft ist gemischt: Studenten, Krankenschwestern, Lehrer, Mütter, mehrere Geschäftsleute. Mit einer Handvoll anderer Rollstuhlfahrer sitze ich am Rand und beobachte das Geschehen. Ein großer, knochiger Mann mit einem blonden, lokkigen Schopf stützt sein Kinn auf den Mundhebel, der seinen elektrischen Rollstuhl steuert. Das keuchende Geräusch eines Atemgeräts ist im ganzen Raum hörbar. Die Frau, an die es angeschlossen ist, hat wohl, wie ich vermute, an Polio gelitten. Ihre Pflegerin stellt die Maschine hin und wieder neu ein.

Vor der Gruppe steht Greg Barshaw, ein Mann vom Vorstand der Grace-Kirche, der sich aus langjähriger Erfahrung mit Behindertenfragen auskennt. Er ordnet seine Unterlagen, schraubt sich das Mikrophon in passender Höhe fest und zieht uns alle mit einer Begebenheit aus seiner Praxis in seinen Bann. In seiner Sonntagsschulklasse für geistig behinderte Jugendliche war ein Mädchen, das mit erstaunlicher Geschwindigkeit begriff ...

„Ihre Mutter rief mich neulich an", erzählt Greg. „Sie war vollkommen überrascht, daß das Mädchen trotz der Behinderung so viel gelernt hatte und Dinge begriffen hatte, die eigentlich weit über ihrem normalen Fassungsvermögen liegen. In der Schule kam sie bei weitem nicht so gut mit. Die Frau war einfach perplex. ,Wie machen Sie das bloß?' wollte sie von mir wissen."

Greg schiebt die Hände in die Hosentaschen und verläßt das Podium, um vor der Gruppe auf und ab zu gehen.

„Die Mutter war geradezu schockiert. Hätte sie aber nicht sein sollen. Die Dinge der Bibel begreifen wir nicht mit unseren grauen Zellen allein – und geistig Behinderten geht es da nicht anders." Er schlägt seine Bibel auf dem Pult auf. „In 1. Korinther 2,12 und 13 steht: ‚Wir haben aber nicht empfangen den Geist der Welt, sondern den Geist aus Gott, daß wir wissen können, was uns von Gott geschenkt ist. Und davon reden wir auch nicht mit Worten, welche menschliche Weisheit lehren kann, sondern mit Worten, die der Geist lehrt, und deuten geistliche Sachen für geistliche Menschen.'" Er sieht auf und lächelt. „Ich habe den Heiligen Geist schon unzählige Male bei der Arbeit beobachtet, wie er auf anderen Wegen als über den Intellekt den Betreffenden etwas beibringt, was weit außerhalb deren Reichweite liegt."

Vicky Olivas, Rana und ich tauschen einen vielsagenden Blick aus: „Das war mir ja vollkommen neu!" Nicht nur die angemeldeten Teilnehmer des Seminars scheinen von dem Vortrag zu profitieren!

„Denken Sie doch einmal an das Bekenntnis des Petrus, daß Jesus der Christus sei", fährt Greg fort. „Unser Herr hat ihm auf den Kopf zu gesagt: ‚Fleisch und Blut hat dir das nicht offenbart, sondern mein Vater im Himmel' (Matthäus 16,17). Damit wollte er Petrus erklären, daß niemand einen phänomenalen Intelligenzquotienten braucht, um Gottes Wort zu erfassen. Der Heilige Geist besorgt das nämlich für uns."

Er schaut die Zuhörerschaft herausfordernd an und fragt: „Wer ist es demzufolge, der geistig behindert ist?"

Ein Student hebt die Hand und antwortet leise: „Wir alle."

„Genau! Jeder von uns, der meint, er könnte mit dem Verstand zu Gott durchdringen, ist behindert. Gott ist nicht auf unsere Gehirnkapazität angewiesen, um sich uns zu offenbaren. Ganz im Gegenteil: manchmal kann sich ein allzu kluger Kopf als hinderlich erweisen."

Allgemeines Lachen.

„Worauf es einzig und allein ankommt, ist der Glaube. Und davon haben geistig Behinderte jede Menge. Sie erinnern sich: ‚... was töricht ist vor der Welt, das hat Gott erwählt, damit er die Weisen zuschanden mache' (1. Korinther 1,27). Und Sie haben immer gedacht, von solchen Leuten könnte man nichts lernen, oder?" Mit einem breiten Grinsen zeigt Greg mit dem Finger auf die Zuhörer.

Wieder werfe ich einen Blick auf Vicky und Rana. Das Arbeitsheft, das sie gemeinsam benutzen, ist übersät von Randnotizen, Unterstreichungen, markierten Bibelversen, Sternchen und Kreisen. Greg versteht es, seine Zuhörer zu faszinieren.

Mit der Ankündigung der Kaffeepause klappen die Teilnehmer ihre Arbeitshefte zu, und mehrere von ihnen gehen auf Greg zu, um ihm in Einzelgesprächen Fragen zu stellen. Ich bin neugierig, was Vicky und Rana von dem bisher Gesagten halten.

„Nun, was meint ihr: Lernen die Teilnehmer hier etwas Neues dazu?" frage ich und schaue zu, wie Arturo sich auf die Zehenspitzen stellt, um seiner Mutter einen Schluck Kaffee zu reichen.

„Aber ja! Du kannst ihnen ansehen, wie sie alles förmlich in sich aufsaugen!" Arturo streckt seine kleinen Hände aus, um seine Mamita an sich zu ziehen und sie fest in seine Arme zu schließen. Dann schiebt er sie wieder, als sei es das Natürlichste von der Welt, sorgfältig in eine senkrechte Position zurück. Vicky wirkt gelöst und guter Dinge – ein beachtlicher Gegensatz zu der distanzierten, arrogant erscheinenden Frau, die ich vor wenigen Monaten kennengelernt habe.

„Wißt ihr", sagt Rana, wobei sie auf ihr Arbeitsheft klopft, „ich verstehe nur zu gut, was Greg meint, wenn er davon redet, daß man von Behinderten etwas lernen kann. Ich habe einmal einen jungen Kerl mit spastischer Lähmung in Dr. Brittens Zentrum als Patienten gehabt. Immer, wenn ich seine Beine massiert habe, hat er in einer Tour von Gott geredet und daß ich ihn doch auch selbst kennenlernen sollte. Damals habe ich gedacht: Nein, was für ein lieber Junge!" Ihre Stimme klingt betont affektiert. „Ich meine, ich fand es wirklich rührend von ihm, so um mein Seelenheil besorgt zu sein." Sie rutscht auf ihre Stuhlkante vor. „Und dabei war ich immer felsenfest entschlossen, mir von niemandem irgendwelche Frömmigkeiten aufschwatzen zu lassen. Ich machte mir nichts aus Gott. Und jetzt mußte ich mir regelmäßig diese ‚Predigten' anhören, ob ich wollte oder nicht!" Sie lacht. „Ehrlich gesagt, habe ich's mir nur gefallen lassen, weil er behindert war." Eine sanfte Wärme schwingt nun in ihrer Stimme mit. Ob sie sich dessen auch so bewußt ist wie ich? Auch aus Rana, die einst so schroff und unnahbar gewirkt hatte, ist inzwischen eine völlig andere Frau geworden.

„Es muß einfach ein Wunder des Heiligen Geistes gewesen sein, das mich schließlich doch zum Zuhören bewegt hat. Also, ehrlich", sagt sie, selbst überrascht von der Wendung der Dinge, „ich war damals ein ärgerer Krüppel als der Junge mit der spastischen Lähmung!"

Vicky hört dem Gespräch aufmerksam zu. Arturo lehnt sich an ihre Schulter.

„Ich lerne auch sehr viel", gesteht sie uns. „Ich hatte tausend Fragen und keine einzige Antwort." Sie holt tief Luft. „Ich habe noch immer nicht alle Antworten, aber jetzt begreife ich, daß meine Fragen gar nicht so ... so ..."

„Nicht so drängen wie früher?" versuche ich ihr weiterzuhelfen.

Sie denkt einen Moment nach.

„Ja, vielleicht kann man es so ausdrücken."

„Da verstehe ich dich gut", sage ich und muß an eine Phase in meinem eigenen Leben denken. „Greg hat schon recht: Manchmal kann uns unser Oberstübchen im Weg stehen, wenn wir meinen, wir könnten Gott durch die Gesetze der Logik entdecken." Nach einer kleinen Pause füge ich hinzu: „Das soll aber nicht heißen, daß es keine Antworten für uns gibt. Man bekommt sie nur nicht alle auf einmal."

„Ob Vicky inzwischen eine neue Helferin gefunden hat?" frage ich mich im stillen, während ich Kerbe bei der Arbeit zuschaue. Sie und Judy wechseln sich ab, mich zu waschen, jeden Morgen meine Gymnastik mit mir zu machen, meine Kissen zu schütteln und das Frühstück zu richten.

Die beiden arbeiten einfühlsam, aber effektiv, was zur Zeit allerdings auch unerläßlich ist. Mein randvoller Terminkalender – Vorträge, Reisen, mein Kleinbus, Seminare, meine Malerei – hat wieder einmal seinen Zoll gefordert. Ich habe Tag für Tag zu viele Stunden im Sitzen zugebracht, und nun liege ich mit einer unerbittlichen Druckwunde im Bett. Das einstige Überbleibsel von meiner Zeit in Hollywood hat sich zu einer bösen, offenen, eiternden Wunde entzündet.

Eine Woche ist vergangen. Mir kommt es wie die doppelte Zeit vor. Mein Arzt meint, ich habe noch zwei Monate Bettruhe vor mir. Zwei ganze Monate im Bett! Irgendwie hat Gott mir früher die Kraft geschenkt, mehrere Jahre in Rehabilitationszentren zuzubringen. Aber das ist schon so lange her! Nun vergeht die Zeit quälend langsam.

Ich lese in der Bibel. Das ist allerdings kein einfaches Unterfangen. Das Buch muß schräg auf einem Kissen neben mir liegen, damit ich lesen kann. Es ist anstrengend, die Buchstaben seitwärts zu entziffern. Ständig verrutscht das Buch, und obendrein kann ich die Seiten nicht umblättern.

Im Epheserbrief lese ich etwas über den „bösen Tag", für den wir uns rüsten sollen. (Epheser 6,13). Mein gegenwärtiger Zustand scheint auf die Beschreibung zu passen. Die wenigen Empfindungen, die ich habe, spiegeln schmerzhaft den Bewegungsmangel der letzten Zeit wieder. Meine Haare sind fettig und kleben mir am Hinterkopf, wo das Kissen sie mir platt drückt. Was mich daran erinnert, daß ich mir schon längst ein

flacheres, härteres Kissen besorgt haben sollte. Dieses federge-
füllte, viel zu weiche Ding von einem Kissen verursacht mir geradezu Erstickungsängste. Kleinigkeiten wie ein verrutschtes
Bettlaken, Krümel unter meinem Hals oder eine verstopfte
Nase machen mich manchmal ausgesprochen gereizt.

„Um deswillen ergreifet die Waffenrüstung Gottes, auf daß
ihr an dem bösen Tage Widerstand tun und alles wohl ausrichten
und das Feld behalten möget. ... Ergreifet den Schild des Glaubens, mit welchem ihr auslöschen könnt alle feurigen Pfeile des
Bösen" (Epheser 6,13.16). Ich denke über Verse wie diese ernsthaft nach, aber in den endlosen Stunden läuft mir meine Phantasie manchmal davon.

Ich male mir Pfeile mit glutroten Spitzen aus, die gnadenlos
auf mich zufliegen, und ich halte mit meinen schwachen Kräften einen Schild zum Schutz in die Höhe. Ha! Vorbei gezielt! In
meiner Vorstellung stehe ich im Nahkampf gegen die „Mächti-
gen und Gewaltigen", die „Herren der Welt, die in dieser Finster-
nis herrschen", die „bösen Geister unter dem Himmel" (Epheser 6,12).

Wenn ich dagegen ganz ehrlich sein soll, so habe ich zur Zeit
eher das Empfinden, als prallten meine Gebete an der Zimmerdecke ungehört ab. Ich sehe mich mit einem zentnerschweren Anliegen auf den Schultern. Mühsam schiebe ich die Last über den
Dachfirst in den Himmel hinein. Der Hintergarten unseres Hauses ist meine Gefängnismauer. Mein Leben kann nicht über die
Eiben am Rand unseres Grundstücks hinaus. In den Unebenheiten der Zimmerdecke sehe ich immer neue Grimassen und ge-
genständliche Formen. Ich drehe meinen Kopf auf dem Kissen
und ordne das Tapetenmuster zu ganzen Landschaften an.

Warum gebe ich mich mit einem solchen Unsinn ab?

Depressionen verursachen solche Gedanken. Ich kenne das
von meinen ersten Wochen und Monaten im Krankenhaus. Deshalb bitte ich Judy, mich am Nachmittag vom Büro aus zu besuchen. Sie setzt sich auf meine Bettkante und sortiert die Post.
Durch sie komme ich endlich ein wenig „raus" aus meinem
Zimmer. In Gedanken bin ich nun bei anderen Menschen und
deren Belangen. Dennoch mutet es seltsam an, Ratschläge an
andere zu diktieren, wenn ich meine eigene Medizin kaum
schlucken kann.

Judy erzählt mir die jüngsten Geschehnisse aus dem Büro. Ich komme mir übersehen vor, wie ein fünftes Rad am Wagen. Vermißt mich überhaupt jemand dort?

„Aber natürlich!" Judy streicht mir eine fettige Haarsträhne aus der Stirn und schenkt mir ein aufrichtiges, warmes Lächeln. Über die letzten Jahre hinweg habe ich entdeckt, daß Judy, so britisch und kühl, wie sie auch nach außen hin wirken mag, echtes Mitgefühl für andere besitzt. Sie schlägt meine Decke zurück und schaut sich meine Wunde an, um sie dann mit Heilsalbe zu bestreichen.

„Wir müssen hier unbedingt für bessere Durchblutung sorgen", murmelt sie, während sie mir hingebungsvoll die Haut in der Wundumgebung massiert.

Trotz aller Fürsorge und Freundlichkeit, die mir entgegengebracht wird, greifen in dunklen Stunden immer wieder drepressive Gedanken nach mir.

Ich schaue mir eine Videokassette des Films „Vom Winde verweht" an. Der Name des Requisitenmeisters von meinem Film taucht darin auf. „Ach ja, richtig", erinnere ich mich. „Er hat doch gesagt, daß er vor Jahren einmal bei diesem Film mitgearbeitet hat." Der Gedanke an den Joni-Film – die Besetzung, Solvang, all die neuen Eindrücke, die Hollywood einem Anfänger bietet – macht mich nur noch unruhiger mitten in dieser Geduldsprüfung.

Auf der Seite liegend, spiele ich Halma; das Brett ist auf einem aufrecht stehenden Koffer neben meinem Bett befestigt. Es ist frustrierend, nach den richtigen Worten zu suchen, um meine Steinchen auf dem Brett umherschieben zu lassen. Ich höre viel Radio, schalte den Fernsehapparat ein. Warum finde ich Sportsendungen nur so niederdrückend? Wenigstens habe ich genug Einsicht, um alte Horrorfilme abzuschalten.

Erwartungsvoll sehe ich den Mahlzeiten entgegen. Ich esse eine Menge. Die übrige Zeit verbringe ich damit, einfach dazuliegen.

Von meinem Bett aus höre ich Vickys Rollstuhl über den Flur rollen. Rana und sie sind gekommen, um mich zu besuchen. Einerseits freue ich mich, die beiden zu sehen; andererseits wiederum auch nicht.

Judy hat meine verfettete Frisur ein wenig aufgefrischt und mein Bettlaken geradegezogen. Am liebsten säße ich nun aufrecht im Bett, aber das wäre dem Abheilen meiner Sitzwunde alles andere als zuträglich.

Rana schiebt Vickys Rollstuhl an mein Bett heran. Vickys bronzefarbene Haut ist von der Sommersonne noch dunkler geworden. Wegen der Hitze trägt sie eine schicke Kurzhaarfrisur. Ihr Make-up ist perfekt. Sie sitzt auffallend gerade in ihrem Stuhl. Gewiß trägt das Korsett dazu bei. Ihre neuen Handgurte scheinen ihr zu besserer Bewegungsfreiheit zu verhelfen. Wie immer ist ihre Cordhose tadellos gebügelt. Sie trägt ein Paar neue Sandalen.

„Nun, was macht die Wunde?" erkundigt sich Vicky, während Rana uns gerade etwas Kühles zu trinken besorgt.

„Oh, sie macht sich", sage ich und deute mit dem Kopf auf meine Hüfte. „Und du? Wie geht's dir?"

„Prima. Ich habe eine neue Helferin."

„Wirklich? Das ist ja eine gute Nachricht!"

„Ja, alles läuft jetzt viel besser." Es ist wundervoll, sie so fröhlich lächeln zu sehen. Ob ihr Lächeln wohl etwas ebenso Wundervolles in ihrem Inneren wiederspiegelt?

Sie erzählt mir von ihrer neuen Helferin, von ihren Gesprächen über die Bibel mit Rana, von Arturo und dem Kleinbus, der ihr in Kürze gehören soll. Ich spreche von der quälenden Langeweile des Daseins im Bett, von den Bildern, die ich nun nicht malen kann, und all den Vorträgen, die ich absagen mußte.

Dann halte ich plötzlich inne.

Ich quengele ja wie ein Kleinkind! Das macht mich nur noch ärgerlicher. Allmählich komme ich mir wie in einer Zwickmühle vor.

„Wie du siehst, bin ich heute nicht bei allerbester Laune", entschuldige ich mich. „Es … es herrscht eben nicht immer nur eitel Sonnenschein bei mir." Ich lache gezwungen.

„Laß nur, ich verstehe. Wir haben also die Rollen vertauscht, du und ich."

Ich schaue sie verwundert an.

„Es ist gar nicht so lange her, daß du dasselbe von mir zu hören bekommen hast." Sie sagt es ohne die leiseste Spur eines Vorwurfs in ihrer Stimme.

„Und nun? Bitte, sprich doch weiter!" dränge ich sie.

Sie sieht sich fragend zu Rana um, die gerade an ihrer Cola trinkt. „Mmm", nickt diese mit dem Strohhalm im Mund ihre Zustimmung.

„Also, manchmal, wenn Rana meine Gymnastik mit mir machte, war ich sehr unfreundlich zu ihr. ‚Du willst ja nur erreichen, daß ich alles genau wie Joni mache, nicht wahr?' habe ich sie angefahren. Und manchmal habe ich dich gründlich angeschaut und mir dabei gedacht: ‚Joni kann gar nicht so zufrieden sein, wie es aussieht. Unmöglich kann sie so glücklich sein.'"

Vicky sieht sich in meinem Zimmer um.

„Und dann dieses Haus. Und dein Kleinbus. Ein richtiges Buch hast du geschrieben. Na schön, du bist gelähmt. Trotzdem sind deine Probleme kleine Fische im Vergleich zu meinen – oder denen anderer Leute. Ich habe immer gedacht, du schaffst das alles mit links!"

Sie schüttelt den Kopf.

„Ich hatte so eine niedrige Meinung von mir selbst! Ich dachte, wenn ich dir alles nachmache, dann werde ich vielleicht besser mit dem Leben fertig. Als du dich aber dann mit mir anfreunden wolltest, habe ich mich geschämt. Ich konnte überhaupt nicht verstehen, warum du mich zur Freundin haben wolltest." Sie deutet mit einer Kopfbewegung auf Rana. „Und auch nicht, warum Rana sich so um mich gekümmert hat."

Sie ist offen und ehrlich. Es ist, als wehe ein frischer Wind durch mein Zimmer.

„Ich glaube, es war der blanke Neid", gesteht Vicky.

„Das Gefühl kenne ich nur zu gut", erwidere ich. „Ab und zu sehe ich auch jemanden, der gelähmt ist, und denke: ‚Der – oder die – hat's gut! Er kann wenigstens seine Hände gebrauchen und ist nicht von früh bis spät auf andere angewiesen.'"

„Das denkst du wirklich?"

Ich nicke beschämt.

„Ich auch!" lacht Vicky. Sie ist sichtlich erfreut, eine Schwäche entdeckt zu haben, die wir gemeinsam haben. Auch ich muß lächeln.

„Aber weißt du, es ist enorm hilfreich, dich so kennenzulernen, wie du wirklich bist", sagt sie, und ihre Stimme klingt sanft. „Und daß du die gleichen Probleme wie wir alle hast."

Sie flüstert Rana etwas zu. Diese verläßt das Zimmer, um gleich darauf mit einem kleinen Topfkaktus mit einer bunten Schleife dran zurückzukehren.

„Rana hat mir einen Vers in ihrer Bibel gezeigt, wo es heißt, daß wir uns so für die Interessen anderer einsetzen sollen, als wären es unsere eigenen." Sie hält inne, während Rana den Kaktus auf mein Nachttischchen stellt. „Du hast mir sehr geholfen. Und wenn es auch nur ein kleiner Kaktus ist, den ich dir mitgebracht habe, so will ich dir damit sagen, daß ich dir auch helfen will. Du bist zäh, weißt du ... und gemeinsam können wir auch diese schwere Zeit hinter uns bringen."

Ihre Worte treiben mir die Tränen in die Augen. Plötzlich fällt mir ein, was Sam einmal über seinen Besuch bei Tante Corrie gesagt hat: „Ich war derjenige, der gesegnet wurde. Sie hat mir viel mehr gegeben, als ich ihr je hätte geben können."

In ihrer offenen, bescheidenen Art hat Vicky mir mehr als nur einen Kaktus geschenkt. Sie hat mir ihre Freundschaft angeboten. Endlich können wir aufrichtig, ohne falsche Vorgaben, miteinander umgehen! Und das reißt mir den Schleier meiner Depression von den Augen.

Später, als ich tief in der Nacht wieder mit den alten Gedankengespenstern ringe, suche ich Halt an dem Besuch meiner Freundin. Es tut weh, sich zu geben, wie man ist. Doch dieses Mal gehört der Sieg mir. In dem Dunkel meines Zimmers könnten die Umrisse der Blumenvase auf meinem Nachttisch zu einem furchterregenden Monstrum werden. Statt dessen fülle ich die Stunden mit freundlicheren Gedanken. Und in der dunklen

Stille, die nur von dem ständigen Gesang der Grillen im Garten unterbrochen wird, wird mir etwas Besonderes geschenkt: ein neues Lied:

Mein Lieblingsstück im ganzen Haus
war zart, aus Porzellan;
gefüllt mit einem Sommerstrauß
zog es die Blicke aller an.
Doch Zartes bricht so leicht entzwei,
wie jeder von uns weiß.
Ein Stoß – schon war die Pracht vorbei,
und Tränen flossen heiß.

Mein Leben war aus Porzellan,
so kostbar, zart und bunt.
Aus Porzellan war jeder Traum
von Zukunft, Glück und Ruhm.
Doch Zartes bricht so leicht entzwei,
wie jeder von uns weiß,
und als mein Traum in Scherben lag,
da flossen Tränen heiß.

Doch weinen wir nicht alle sehr,
wenn Zartes uns zerbricht?
Verzweifelt liegen wir nachts wach.
Doch Jesus uns verspricht,
daß er die Tränen trocknen will,
weil dort am Kreuz auf Golgatha
sein Leib für uns zerbrach.

Der Friedefürst hält sein Versprechen;
sein Wort ist nicht aus Porzellan.
Verheißungen wird er nie brechen,
und seine Liebe nicht täuschen kann.
Siehst du auch nur ein Meer von Scherben,
siehst Kummer, Ängste, Sünde, Schmerz?
Die Liebe Jesu hilft vom Sterben
und heilt auch dein zerbrochnes Herz.

Meine Augen folgen der sich windenden Linie der Autobahn 15 auf der Landkarte, die aufgeschlagen auf meinen Knien liegt. Rechts und links von der Autobahn wurden endlose Reihen von Eukalyptusbäumen gepflanzt, um den heißen, unbarmherzigen Wind vor einer neuen Wohnsiedlung am Rand der Wüste zu bremsen.

Welch ein Abenteuer, Los Angeles einmal hinter mir zu lassen! Meine Sitzwunde ist endlich abgeheilt, und ich kann mir diesen lang ersehnten Urlaub leisten. Rana sitzt am Steuer des Kleinbusses, während ich die Reiseroute im Auge behalte. Auch Judy und Vicky sind mit von der Partie. Jetzt, da ich nicht mehr an mein Bett gefesselt bin, genieße ich das Vagabundenleben von ganzem Herzen.

Wir fahren zur „Hohen Wüste" hinauf und steuern an Autobahnabfahrten vorüber direkt auf Barstow zu. Leuchtendrote Hinweisschilder nötigen uns, unbedingt noch ein letztes Mal in einem der Schnellrestaurants am Ort einzukehren, bevor wir die sonnenglühende Wüstenebene in Richtung Nevada durchkreuzen. Unsere Kühlbox haben wir jedoch in weiser Voraussicht mit Obst und Orangensaft gefüllt. Vielen Dank, aber wir sind bestens versorgt!

In einem trockenen, öden Vorort von Las Vegas finden wir Unterkunft in einem Motel. Vicky und ich warten am Schwimmbecken, während Rana und Judy die Anmeldung erledigen. Die untergehende Wüstensonne zeichnet die Umrisse von Dattelpalmen und fernen Hügeln gegen den Horizont. Zerrissene Flaggen knattern um das Schwimmbecken im Wind, und das metallene Schlagen der Flaggenleinen gegen die Masten erinnert an die Segelboote in der Chesapeake-Bucht. Auch meine Mutter würde dieses Abenteuer genießen!

Am nächsten Morgen, zünftig für die heiße Wüstensonne mit

Trägerhemd, Zöpfen, Sonnenbrille und reichlich Lippenschutz ausgerüstet, sitze ich am Steuer des Kleinbusses. Ich bin nämlich heute an der Reihe, uns zu chauffieren.

Langsam steuere ich durch Fernfahrer-Übernachtungsorte mit exotischen Namen wie Mesquite, Salinas und Beaver – verschlafene kleine Ortschaften mit verwinkelten Umwegen und geschäftigen kleinen Eckcafés. Während der nächsten hundert Meilen freunde ich mich mit zwei Fernlastern an: der eine von der Marke Peterbilt transportiert Baumstämme, der andere, ein Kenworth, hat Stahlstreben geladen.

Wir unterbrechen die Fahrt häufig an Rastplätzen und Aussichtspunkten. Vicky und ich sitzen im Schatten eines Baumes und lassen uns die Arme und Beine von Rana mit kühlem Wasser aus einer Spritzflasche benetzen. Weder bei Vicky noch bei mir funktioniert die Perspiration, was eine Folge unseres Wirbelsäulenschadens ist. Ohne sorgfältige Gegenmaßnahmen würde unsere Körpertemperatur bald der Wüstenhitze gleichen.

Wir fahren an windgeformten Hochflächen und ein paar aufgescheuchten Gürteltieren vorüber. Endlich, mehrere Stunden nach Sonnenuntergang, erreichen wir Green River in Utah. Erschöpft und von Straßenstaub verklebt, warten wir im Kleinbus, während Judy die Anmeldung beim Portier erledigt. Das Motel ist groß; dennoch sehen wir eine Reihe von Wohnwagen draußen auf dem Parkplatz, deren Zugfahrzeuge mit laufendem Motor dastehen, um die Klimaanlage mit Strom zu versorgen.

„Zum Mittagessen sind wir morgen bestimmt in Colorado, und zu Abend essen wir dann im Estes-Park, meint ihr nicht auch?" überlege ich.

„Ich bin noch nie in einem Freizeitlager gewesen", sagt Vicky.

Durch die Windschutzscheibe sehen wir Judy zurückkommen. Sie gibt sich alle Mühe, den wannengroßen lehmigen Schlaglöchern auf dem Parkplatz auszuweichen. Wir alle sind zum Umfallen müde. Kaum haben wir unsere Türen aufgeschlossen und die schweren Koffer in das Innere der Zimmer geschoben, als das Telefon klingelt. Wir tauschen verwunderte Blicke aus. Wer konnte nur gewußt haben, daß wir heute abend hier übernachten würden?

„Für dich", sagt Rana und reicht Vicky den Hörer. „Es ist deine Mutter." Judy läßt eine Kleidertasche auf das Bett fallen und streckt sich daneben aus. Eine völlig entgeisterte Vicky neigt das Ohr an den Hörer in Ranas Hand.

„Halo ... Mamie, que paso?"

Sekunden verstreichen. Ihr Ausdruck bleibt unverändert. Plötzlich weiten sich ihre Augen.

„Que? Estas segura?"

Auch ohne die paar Brocken Spanisch, die ich in der Schule gelernt habe, spüre ich, daß etwas Schlimmes geschehen sein muß.

„Quando paso?" Sie preßt den Kopf fester gegen das Telefon. „Todo?" Wieder Schweigen. „No puedo, es impossible. Mamie, yo te llamo mañana."

Rana legt den Hörer auf die Gabel zurück. Niemand von uns sagt etwas. Was auch geschehen sein mag, Vicky kann keine neue Katastrophe verkraften. Nicht jetzt. Nicht, wo sie auf dem besten Weg dazu war, ihre Probleme in den Griff zu bekommen.

„Meine Mutter sagt, der Peso hat an Wert verloren. Meine ganzen Ersparnisse in Mexiko ... alles ist jetzt nichts mehr wert." Endlich hebt sie den Kopf, um uns anzusehen. „Der Peso ist fast nichts mehr wert."

„Wie – was? ... Deine ganzen Rücklagen – in Mexiko?" Judy ist fassungslos.

Vicky drückt die Augen fest zu.

„Die Zinssätze waren so gut. Ich habe das Geld zum Leben gebraucht."

Rana schaltet das Fernsehgerät ein, um die Ereignisse in den Spätnachrichten zu verfolgen. Der Nachrichtensprecher verliest die Schlagzeilen des Tages. Es folgt ein Korrespondentenbericht aus Mexico City, wo verzweifelte Menschen in langen Schlangen vor den Bankeingängen stehen. Vickys Einkünfte aus ihrer Versicherung – ihre einzige Einnahmequelle – werden nur noch einen Bruchteil des einstigen Betrags wert sein.

Rana stellt das Gerät leiser, als die Nachrichten vorbei sind.

„Wir können wieder nach Los Angeles zurückfahren, wenn du möchtest", sagt sie.

Vicky seufzt tief.

„Nein ... nein, wir fahren am besten weiter. Wir können ja doch nichts ausrichten. Hoffen wir nur, daß der Peso nicht noch tiefer absinkt." Sie lacht auf. „Sonst bin ich nämlich restlos pleite. Kein Haus. Kein gar nichts!" Ihr Lachen erstaunt mich.

Die erschütternde Nachricht macht unsere gemeinsame Bibelarbeit um so bedeutsamer. Die tägliche Andacht gehört zu unserem abgesprochenen Ferienprogramm. Inmitten von geöffneten Koffern, zusammengefalteten Bettdecken und verstreut liegenden Pullis beten wir gemeinsam. Vicky hört aufmerksam zu. Bevor sie und Rana zu ihrem Zimmer gehen, bitte ich Judy, Psalm 50 aufzuschlagen.

„Das ist ..." Ich warte, bis Judy die Bibel aufgeschlagen hat und sie vor Vicky hält. „Das ist der fünfzigste Psalm. In Vers fünfzehn steht ..."

„,Rufe mich an in der Not'", liest Vicky langsam vor, „,so will ich dich erretten.'"

„Da steht noch mehr", muntere ich sie auf.

„,So will ich dich erretten, und du sollst mich preisen.'" Vicky überlegt einen Moment. „Also, in der Not bin ich jetzt allerdings, daran gibt es keinen Zweifel", sagt sie dann müde.

Ich bin fest davon überzeugt, daß Vicky später, wenn sie allein ist und in ihrem Bett liegt, diesen Gott in ihrer Not anrufen wird.

Am Tag darauf fahren wir zügiger voran, machen weniger Pausen unterwegs und erreichen unser Reiseziel in der Abenddämmerung. Auf der zerfurchten Bergstraße begegnet uns ein Reh mit seinem Jungen, das im Licht unserer Scheinwerfer wie erstarrt stehenbleibt. Ravenscrest Lodge, die große Gebirgshütte oben über dem Tal, thront über den glitzernden Lichtern von Estes Park, einem Freizeitgebiet am Rand des Rocky-Mountain-Nationalparks.

Wegen der kühlen Höhenluft tragen wir zusätzliche Pullover. Wir schleppen unser Gepäck über einen schmalen, von Ponderosa-Kiefern überdachten Pfad in unsere Hütte. Trotz der Hiobsbotschaft, die Vicky erreichte, hat uns die Abenteuerlust noch nicht verlassen.

Am nächsten Morgen können wir endlich das Paradies, das wir in der Dunkelheit erreicht haben, in seiner vollen Schönheit bestaunen. Ich sitze draußen vor unserer Hütte und warte darauf, daß die anderen sich zum Frühstück fertig machen. Am Hang dieses Berges herrscht ehrfürchtige Stille, und dennoch scheint es in der Luft zu brausen. Ist es der Wind, der in den Tannenwipfeln seufzt? Oder ein rauschender Gebirgsbach? Kiefernnadeln glänzen im Sonnenschein, und hin und wieder höre ich das schabende Geräusch einer Harke auf einem der Wege.

Die hölzerne Tür unserer Hütte quietscht in den Angeln. Rana schiebt Vicky zu mir nach draußen.

„Hast du gut geschlafen?" erkundige ich mich.

„Ja – wenn man bedenkt ..." sagt sie mit einem Lächeln. Sie wirft ihren Kopf in den Nacken und genießt die Sonne. „Der Vers, den du mir gegeben hast, weißt du, den über den Notruf zu Gott, der hat mir sehr geholfen", sagt sie. „Ich habe niemanden anders, an den ich mich mit solchen Sorgen wenden kann."

„Ich kann dich gut verstehen – auch wenn ich längst nicht solche Tiefen durchgemacht habe wie du", sage ich und denke dabei an das, was sie mir damals in meinem Schlafzimmer gesagt hat. „Es stimmt schon: Ich habe es in vielen Dingen leichter gehabt als du." Sie beugt sich in ihrem Stuhl vor, um aufmerksam zuzuhören.

Ich sehe ihr direkt in die Augen.

„Aber von dir habe ich gelernt, für alles dankbar zu sein, was ich tun kann, selbst einfache Sachen wie mich selbst an der Nase zu kratzen." Ich hebe meine Hand an mein Gesicht. „Aber wir wissen beide, wie es ist, wenn man sich nicht selbst am Rücken kratzen kann. Ich ... ich denke schon, daß ich dich gut verstehen kann."

Wir sind zwei gelähmte Frauen. So ähnlich, wie das Ausmaß unserer Behinderung ist, so völlig unterschiedlich ist doch unser Leben. Dennoch finden wir beide Trost in der warmen Gebirgssonne und dem Wissen, daß wir manches gemeinsam haben.

Am Nachmittag, nach dem Essen und einem Vortrag über den Kolosserbrief, steuere ich meinen elektrischen Rollstuhl über den Kieselpfad auf unsere Hütte zu. Judy hat mir versprochen, meine Staffelei für mich aufzubauen, damit ich eine Zeichnung von der Baumrinde der Kiefer vor unserem Zimmerfenster anfertigen kann. Die schuppenähnliche Oberfläche fasziniert mich ungemein. Unterwegs begegne ich Vicky und Frau Thomas, einer liebenswerten, grauhaarigen Frau in einer frisch gebügelten Baumwollbluse und einem weiten Rock. Sie ist eine Art Hausmutter hier. Von mütterlicher Weisheit beseelt, sitzt sie gerade auf einem Felsbrocken neben Vicky und führt ein Gespräch mit ihr. Eine aufgeschlagene Bibel liegt auf ihrem Schoß.

Später erzählt Vicky mir von dieser Unterhaltung.

„Sie spricht seinen Namen – ich meine Jesus – so anders aus." Vicky ist es nicht gewöhnt, den Namen Gottes mit dem Unterton der Liebe und Annahme zu hören. „Diese Frau, Mrs. Thomas", sagt sie und deutet mit einer Kopfbewegung auf die große Hütte, „spricht seinen Namen mit soviel Wärme aus! Genauso wie ihr alle. Sie hat von einer persönlichen Beziehung zu dem Herrn Jesus gesprochen – so hat sie ihn genannt. Und wenn ich ihn annehme ..." Sie sieht Rana auf uns zukommen.

„Rana, zeigst du Joni mal diesen Vers hier, wo das Lesezeichen steckt? Der Vers ist unterstrichen."

Rana setzt sich zu uns, klemmt sich ihren angebissenen Apfel zwischen die Knie und nimmt die neue Studienbibel von Vickys Schoß. Sie schlägt sie auf und streicht die Seite glatt, die der Wind ihr entreißen will.

„,Wie ihr nun angenommen habt den Herrn Christus Jesus'", liest Vicky vor, „,so wandelt in ihm und seid verwurzelt und gegründet in ihm und fest im Glauben, wie ihr gelehrt seid, und seid reichlich dankbar'" (Kolosser 2,6.7).

Rana legt die Bibel auf Vickys Schoß zurück und wendet sich wieder ihrem Apfel zu. Vicky hat begriffen, worum es in den beiden Versen geht.

„Ich bin ohnehin schwach – in jeder Beziehung. Deshalb kann es eigentlich nur noch aufwärts mit mir gehen. Und ich sehe auch vollkommen ein, daß ich nur stärker werden kann, wenn ich an Christus glaube", stellt sie verblüffend einfach fest. „Meint ihr nicht auch?"

Ich sehe zu Rana hinüber, die mehr als wir alle Vicky die Liebe Gottes auf praktische, konsequente Weise deutlich gemacht hat. Nun wirft sie ihren Apfelrest in den Wald und beugt sich vor, um Vicky in die Arme zu schließen.

„Weißt du, ohne Jesus hast du auch nicht viel Grund zur Dankbarkeit. Schlicht und einfach Jesus; mehr brauchst du nicht. Er möchte uns alle um sich haben."

Am selben Abend erfahren wir, daß der Peso noch mehr an Wert verloren hat. Unser Glaube hat heute an Wert gewonnen.

Unsere gemeinsame Bibelarbeit, die wir im Urlaub begonnen haben, setzen wir auch in den kommenden Monaten fort. Voller Staunen schaue ich zu, wie die schöne Südländerin in ihrem Rollstuhl den geheimnisvollen Schleier ihrer Vergangenheit gegen die tiefen Geheimnisse des Wortes Gottes vertauscht. Vicky ist nun längst nicht mehr so unnahbar wie einst. Sie kann jetzt ohne das Hindernis des Stolzes Liebe annehmen und sogar erwidern.

Eines Abends sitzen wir nach unserer Bibelarbeit noch eine Weile gemütlich bei einer Schachtel Pralinen am Tisch. Keiner von uns hat es eilig mit dem Heimfahren. Ich erzähle von unserer Farm und meiner Familie. Vor kurzem bekam ich einen Brief von meiner Mutter, in dem sie von dem Missionsfilm berichtet, an dem Rob und Jay gerade auf den Philippinen arbeiten. Sie erwähnt auch die Pferde, die meine Eltern kürzlich verkauft haben. Noch vor einem Jahr hätte ich derartige Dinge aus meiner Heimat tunlichst für mich behalten. Ich bin selbst darüber erstaunt, wie sich mein ganzes Leben verändert hat. In meinen kühnsten Träumen hätte ich nie gedacht, daß ich einmal ein Buch schreiben, mich als Filmschauspielerin versuchen und die heimatliche Farm verlassen würde, um ein Hilfswerk für Behinderte, komplett mit Seminaren, Radioprogrammen, Reisen und Vorträgen, zu gründen.

Judy stützt sich auf ihren Ellbogen.

„Und ich hätte nie gedacht, daß ich einmal in Kalifornien wohnen würde", sagt sie. „Denkt doch bloß: vollzeitlich bei ‚Joni and Friends'. Es kommt mir manchmal sonderbar vor, so lange am selben Ort zu wohnen, nachdem ich jahrelang mit dem Billy-Graham-Team von Stadt zu Stadt gezogen bin."

„Ja", meldet auch Vicky sich zu Wort, „und ich hätte es vor einem Jahr nicht für möglich gehalten, einmal vor einem Stapel

Bibeln mit anderen Christen an einem Tisch zu sitzen." Sie deutet mit dem Kopf auf die Bibeln, Auslegungen, Kugelschreiber und Notizblöcke auf dem Tisch. Dann scheinen ihre Augen in die Ferne zu schauen.

„Ich glaube, es hat alles angefangen, als mein Mann mich verlassen hat", beginnt sie. „Und durch den Überfall damals hat Gott mir wirklich etwas Ernstes sagen wollen. Und dann der Schuß ... die Lähmung ... meine Ehescheidung ... Jesus hat mir dabei unglaublich geholfen. Und dann das Drama mit den Helferinnen, die es nie sehr lange bei mir ausgehalten haben – und die eine, die mich umbringen wollte ..." Sie lacht kopfschüttelnd auf. „Habe ich euch eigentlich von der erzählt, die sich geweigert hat, mich zu füttern?"

Wir tauschen entsetzte Blicke aus. Vicky meint es tatsächlich ernst. Sie zählt diese Katastrophen so auf, als handele es sich um eine Reihe von unbedeutenden Mißgeschicken des Alltags.

„Nein, das hast du uns wohl vorenthalten", antworte ich.

Vicky fährt mit ihrer Aufzählung fort.

„Dann habe ich Arturo allein großzuziehen. Und jetzt die Sache mit dem Geld." Sie macht eine Pause und bittet Rana um eine Praline, bevor sie weiterspricht. „Aber Gott ist größer als alle diese Nöte. Ich hätte mir auch nie träumen lassen, daß ich ihm überhaupt je vertrauen könnte, nach allem, was geschehen ist. Aber genau das tue ich jetzt." Ihr Lächeln ist aufrichtig und sogar ein wenig herausfordernd.

Vicky hat uns die Hauptereignisse ihres Lebens wie Karten offen auf den Tisch geblättert. Sie scheint erfreut zu sein, daß sie es, alles in allem, doch noch so gut getroffen hat.

„Ich brauche nicht die Antwort auf jede Frage zu wissen", sagt sie. „Ich brauche nur den Einen, der sie alle für mich in den Händen hält."

Welch tiefe Einsicht für jemanden, der erst so jung im Glauben steht! Doch ich habe etwas Ähnliches schon einmal gehört. Habe ich es nicht selbst in dem Film gesagt? Ich lächele. Mir kommt eine Idee.

„Du, Vicky, ich habe heute einen Brief bekommen", sage ich, „und ich weiß nicht recht, wie ich ihn beantworten soll. Würdest du ihn dir einmal anschauen? Vielleicht kannst du ihn sogar für mich beantworten."

„Wer – ich? Du machst wohl Scherze! Was habe ich schon zu schreiben?"

„Hör zu, ich schicke dir den Brief. Du kannst mir dann selbst sagen, was du darüber denkst."

Dieses könnte der Anfang eines neuen Traums sein: Behinderte, die anderen Behinderten Hilfe leisten. Bevor ich Vicky den Brief von Linda zuschicke, lese ich ihn noch ein letztes Mal:

„Ich komme mir wie die einzige Querschnittsgelähmte auf der ganzen Welt vor. Ich kann das Leben in diesem Pflegeheim kaum aushalten. Der einzige Vorteil ist, daß meine Mutter nur eine Straße von hier entfernt wohnt, so daß ich meine achtjährige Tochter oft zu sehen bekomme. Meine Scheidung und die Sache mit dem Sorgerecht für das Kind sind noch längst nicht ausgestanden. Manchmal denke ich, daß ich nie damit fertig werde: Ich habe meinen Mann verloren, meine Tochter, meinen Körper und mein Zuhause, und das alles wegen eines Betrunkenen am Steuer. Oft frage ich mich, wozu ich überhaupt noch am Leben bin."

„Wozu ich überhaupt noch am Leben bin." Diese Frage habe auch ich mir einst gestellt. Und Vicky auch. Irgendwie müssen wir dieser Frau neuen Mut machen. Sie muß begreifen, daß ihr Leben sehr wohl einen Sinn hat. Durch die Gnade Gottes kann und muß sie es begreifen.

Als Vicky den Brief gelesen hat, frage ich sie nach ihrer Meinung.

„Ich weiß nicht, ob ich viel ausrichten kann, aber ich will's versuchen", antwortet sie.

Liebe Linda!
Meine Freundin Joni hat mir Ihren Brief gezeigt. Weil Sie und ich soviel gemeinsam haben, hat sie mich gebeten, Ihnen zu schreiben.
Vor acht Jahren bin ich angeschossen und in die Halswirbel getroffen worden. Die erste Zeit über war ich an ein Atemgerät angeschlossen, was zu meiner großen Erleichterung nach zwei Monaten unnötig wurde. Während dieser Monate litt ich außerdem fast ständig an Lungenentzündung und zog mir Liegewunden zu. Damals hat niemand damit gerechnet, daß ich am Leben bleiben würde.

Zum Zeitpunkt meiner Verletzung war mein Sohn achtzehn Monate alt, und dazu war meine Ehe gerade in die Brüche gegangen. Meine Eltern haben meinen Sohn zu sich genommen; sie hatten sich überlegt, daß ich, selbst wenn ich am Leben bliebe, nie in der Lage sein würde, für ihn zu sorgen.

Das ganze erste Jahr über habe ich geglaubt, das alles muß ein Alptraum sein; jeden Moment werde ich aufwachen, und alles ist vorüber. Ich habe ein Rehabilitationsprogramm mitgemacht, ohne wirklich etwas lernen zu wollen. Als ich aus der Klinik entlassen wurde, traf mich die grausame Wirklichkeit mit voller Wucht. Was sollte ich nur anfangen?

Während der nächsten zwei Jahre habe ich mich in Selbstmitleid vergraben. Ich habe mich geweigert, in der Frühe aufzustehen oder auch nur die geringste Kleinigkeit selbst zu erledigen. Mit dieser Einstellung habe ich meine Familie an den Rand der Verzweiflung getrieben.

Endlich war es, als sagte Gott zu mir: „Jetzt reicht es aber!" Soll ich es mir leichtmachen und im Bett bleiben, während meine Eltern alle Entscheidungen für mich treffen und meinen Sohn großziehen? Oder soll ich ein eigenständiges Leben beginnen und die Verantwortung für meinen Sohn und mich selbst übernehmen? Ein ernüchternder Gedanke!

Kurz und gut, ich bin endlich doch von daheim ausgezogen. Mein Sohn, meine Helferin und ich haben unseren eigenen Haushalt gegründet. Zuallererst mußte ich meinen Sohn in einem Kindergarten anmelden. Das war ein riesiger Schritt für mich. Als nächstes machte ich mich auf die Suche nach Möbeln für unser Haus! Monatliche Darlehensrückzahlungen, Stromrechnungen, Lebensmittelkosten, Medikamente, kein Auto und dazu die Verpflichtung, wesentlich zum Wohlbefinden meines Sohnes beizutragen – es erschien mir wie ein Berg, den ich nie erklimmen könnte. Doch ich durfte feststellen, daß alle diese Dinge bewältigt werden können.

Linda, ich bete für Sie, daß auch Sie Ihr ganzes Vertrauen auf Gott setzen. Er hat mir durch die schweren Zeiten meines Lebens hindurchgeholfen, und er war auch in den Zeiten des Sieges bei mir. Sie werden sich gewiß manches Mal den Kopf über irgendwelche Schwierigkeiten zerbrechen, aber durch Gottes Gnade werden Sie es schaffen!

Ich schicke Ihnen ein Buch und eine Bibel, in der ich einige Passagen für Sie unterstrichen habe. „Joni and Friends" werden Ihnen eine Liste von Hilfswerken und Agenturen in Ihrer Nähe zuschicken. Wir werden Ihnen auch helfen, eine gute Gemeinde zu finden.

Dies ist nur ein Anfang, und ich hoffe, bald mit Ihnen am Telefon zu sprechen. Schreiben Sie mir doch bitte einmal zurück! Ich bin gespannt, wie alles weitergeht.

Es grüßt Sie in Jesu Liebe
Ihre Vicky Olivas

Meine Sekretärin faltet den Briefbogen zusammen und steckt ihn in einen Umschlag mit dem Aufdruck „Joni and Friends". Überwältigt stelle ich fest, daß zu diesen Freunden nun auch Vicky Olivas gehört.

Aus dem Traum wird allmählich Wirklichkeit. Nicht auf meinem Schreibtisch, sondern in dem Leben von Menschen wie Rana und Vicky und vielleicht sogar Linda. Menschen, die durch Gottes Hilfe begreifen, wer sie sind und wohin sie die Reise führt.

In einer Zeitschrift lese ich, daß sich Corrie ten Booms Gesundheitszustand aufs neue verschlechtert hat. Es ist nur ein kleiner Artikel auf dem unteren Teil einer Seite, der ihr Leben und ihren Dienst mit ein paar Sätzen umreißt und den jüngsten Schlaganfall meldet. Wie alt mag sie sein? Achtundachtzig? Neundundachtzig? Ich schüttele bewegt den Kopf.

Meine letzte Begegnung mit ihr liegt schon viel zu lange zurück. Inzwischen haben wir mehr denn je zuvor gemeinsam. Mein Kampf gegen die scheußlichen Sitzwunden ist mir nur zu gut in Erinnerung, und ich denke daran, wie sehr ich auf Besucher angewiesen war. In dieser Zeit war es mir ein großer Trost, daß Menschen an mich dachten und für mich beteten. Kurz entschlossen rufe ich bei ihr an, um meinen Besuch anzumelden.

Rana fährt mit mir nach Orange County zu dem einstöckigen Vorstadthaus an der ruhigen, baumgesäumten Straße, in dem Corrie nun lebt. An der Tür begrüßt uns Pam, Corries Betreuerin, eine hochgewachsene, unglaublich reizende Engländerin. Mit Corries Haus haben wir eine andere Welt betreten. Die Luft ist erfüllt von dem herrlichen Aroma guten europäischen Kaffees und niederländischer Schokolade. Eine alte Standuhr tickt, und im Hintergrund pfeift ein Wasserkessel.

Pam führt uns in das Wohnzimmer und bittet uns um einen Augenblick Geduld, während Tante Corrie für ihre Gäste vorbereitet wird. Alte Fotos der Familie ten Boom sind in Regalen und auf einem Büfett aufgestellt; dazu Sepia-Fotos von Freunden und von ihren Reisen. Ein jedes dieser Bilder ist ein wertvolles Andenken, von reich verzierten Rahmen gehalten und voller Hochachtung auf einem Spitzendeckchen präsentiert. Die Raummitte nimmt ein Lehnsessel ein; ich frage mich im stillen, ob er wohl Corries Lieblingsstück ist, das vielleicht aus Holland stammt.

Ein Strauß schwerer, taubenetzter Rosen füllt eine Vase auf einem kleinen runden Tisch in der Nähe der Schiebetür aus Glas, die den Blick auf Corries Garten freigibt. Ein Baum raschelt leise, und Tulpen wiegen sich leicht im Wind. Der Duft von Orangenblüten schwebt von draußen ins Zimmer. Welch ein Ort des Friedens!

Pam schiebt Tante Corries Rollstuhl zu uns herein. Die alte Dame sitzt gebeugt da, doch sie schenkt uns zur Begrüßung ein Lächeln und ein Kopfnicken. Mit der Hand macht sie eine einladende Geste und bringt dabei ein paar unverständliche Laute hervor.

Plötzlich wird mir klar, daß diese liebe alte Dame, eine echte Heilige, die Tausende, ja, sogar Millionen von Menschen einst durch ihre Vorträge aufgerichtet hat, jetzt kaum noch ein klares Wort sprechen kann. Ich kämpfe mit den Tränen und sage ihr, welch ein Vorrecht es für uns ist, sie zu besuchen. Ihr Lächeln wird noch herzlicher, und ihre Augen strahlen.

Tante Corries silberweißes, feines Haar ist zu einem weichen Knoten zusammengebunden. Sie trägt ein langes weißes Nachthemd und einen rosafarbenen Morgenmantel darüber. Ihre noch bewegliche Hand zupft an dem Spitzenbesatz ihres Morgenmantels. Über ihre runden Brillengläser hinweg schaut sie uns an.

Ich führe ihr meinen elektrischen Rollstuhl vor und erwähne mehrere Dinge, die sowohl sie als auch ich in langer Abhängigkeit vom Rollstuhl gelernt haben. Ich tue das nicht, um meine eigene Geistlichkeit herauszustellen, sondern um ihr Mut zu machen. Es ist ein Lobpreis Gottes von uns beiden.

„Gottes Gnade trägt uns durch jeden neuen Tag hindurch", bestätige ich, und lächelnd und nickend stimmt sie mir freudig zu.

Ich erinnere mich, daß auch Jim Collier, der die Produktion des Joni-Films geleitet hat, ein guter Freund von Corrie geworden ist, und zwar bei den Dreharbeiten zu „The Hiding Place" (Die Zuflucht). Sie strahlt, als ich seinen Namen erwähne, und scheint sich sehr für seine neusten Arbeiten zu interessieren.

Über den Film kommt ihr ein neuer Gedanke, und sie deutet auf das Regal mit einer Reihe von Videokassetten. Tante Corrie möchte uns einen ihrer Vorträge auf Video vorführen.

Pam stellt das Gerät für uns ein und geht dann in die Küche, um Tee und englische Sandwiches zu richten. Ich beobachte Corrie während des Films. Sie murmelt heftiger und unterstreicht das Gesagte mit ihren Handbewegungen. Ihre Aufmerksamkeit scheint nicht so sehr dem Erscheinen ihrer eigenen Person auf dem Bildschirm zu gehören, sondern der Hoffnungsbotschaft aus Gottes Wort.

Corrie und ich sprechen über den Himmel. Das ist unser gemeinsames Lieblingsthema. Ein neuer Leib. Ein neues Herz. Eine neue Sprache. Ein neues Zuhause. Sogar ein neues Betätigungsfeld im Dienst des Herrn! Corrie nickt zu jedem meiner Worte mit einem kehligen „Ja!"

Es erscheint mir wie das Natürlichste der Welt, ihr ein Lied vorzusingen, eines nämlich, das mir besonders lieb geworden ist, weil es meine Gedanken über Gott und den Himmel und meine Behinderung so deutlich zum Ausdruck bringt. Während ich beginne, fällt mir auf, wie bedeutsam diese Worte auch für diese liebe Freundin sind.

Muß ich mein Leben auch in diesem Rollstuhl ruh'n,
so will ich es doch nicht entmutigt vertun.
Wenn anderen auch Heilung gegeben wird,
so glaub' ich ganz fest und unbeirrt,
daß Er mir eine Gabe schenkt, die alles übersteigt.

Denn ich bin dem Himmel so nah,
daß ich oft daneben nichts mehr sah.
Ich hörte, wie der ganze Himmel sang,
wie es wunderbar nach Frieden klang,
und weiß, daß dieses Himmelswunder nur für mich geschah.

Denn ich bin mit Jesus Christus vermählt,
als seine Braut zu der erlösten Schar gezählt.
Und wenn Er mich dann zum Tanze führt,
zum Reigen, der niemals enden wird –
vergessen sind dann die Tränen der Erdenzeit.

Ich hebe meine gelähmte Hand und lasse sie unbeholfen auf Tante Corries Rollstuhllehne fallen. Sie faßt meine Hand müh-

sam mit ihrer einen gesunden Hand und bewegt sie leicht im
Takt, während ich weitersinge.

Ich jubele mit dem, dessen Leiden geheilt;
ich weine mit denen, deren Kummer verweilt.
Doch Jubel und Tränen irdischer Zeiten
werden uns nicht auf ewig begleiten,
und größer ist das, was das Wort Gottes uns zeigt.

Ein jeder von uns hat seine Not
als Zeichen und Anteil an Jesu Tod.
Doch wenn ich endlich am Ziele bin,
leg' ich mein Kreuz zu Jesu Füßen hin,
und die Krone des Sieges reicht mir mein Gott.

Denn ich bin dem Himmel so nah,
daß ich oft daneben nichts anderes sah.
Ich hörte, wie der ganze Himmel sang,
wie es wunderbar nach Frieden klang,
und weiß, daß dieses Himmelswunder nur für mich geschah.

Denn ich bin mit Jesus Christus vermählt,
als seine Braut zu der Schar der Erlösten gezählt.
Und wenn er mich dann zum Tanze führt
zum Reigen, der niemals enden wird,
vergessen sind dann die Tränen der Erdenzeit.

Eine tiefe Stille umfängt uns. Erst jetzt bemerke ich Pam, die
mit dem Teetablett in den Händen regungslos an der Tür gestanden hat. Keiner von uns möchte diesen heiligen Augenblick
durch Worte zerstören.

Tante Corrie faßt ihre gelähmte Hand mit der anderen und
faltet die Finger unter großer Anstrengung. Pam hat die Geste
begriffen. Sie stellt das Tablett ab, kniet neben Corries Rollstuhl
nieder und schaut in das von Entschlossenheit geprägte Gesicht.

„Tante Corrie, dürfen wir mit dir beten?"

Pam erhebt sich wieder und setzt sich neben Rana auf das
Sofa, und gemeinsam beugen wir die Köpfe. Nach einem Augenblick der Sammlung beginnt Corrie. Ihre Worte sind ein in-
einanderfließendes Heben und Senken der Stimme, mit der sie

nun in Geist und Wahrheit betet. Und der Geist ist es auch, der sie allein verstehen kann.

Abends, als ich im Bett liege, durchlebe ich jeden einzelnen Moment unseres Besuches bei Corrie ten Boom noch einmal in Gedanken. Ich denke daran, wie sich unsere Blicke begegneten, als wir unsere englischen Sandwiches an den Mund geführt bekamen. In meiner eigenen Abhängigkeit von anderen spürte ich unsere gemeinsame Schwäche deutlich. Dennoch weiß ich, daß wir uns noch nie so stark wie in diesem Moment gefühlt haben. Ich denke an das Kreuz Christi, ein Symbol der Schwäche und Erniedrigung und zugleich das Zeichen des ewigen Sieges.

Dann sehe ich einen Strom von Gesichtern vor mir: Vicky und Rana, Daddy und Jay, Debbie und Dr. Sam, Jack und Judy, Kerbe, Pam und viele andere. Ob hilflos oder Hilfe spendend, abhängig oder unabhängig, Dienste empfangend oder dienend, so tauschen wir alle doch Tag für Tag unsere Schwächen gegen eine größere Herrlichkeit ein.

In Gedanken bleibe ich vor einem dieser Gesichter stehen: Vicky Olivas. Ich erinnere mich noch gut an den Tag, als ich sie zum ersten Mal in Dr. Sams Zentrum sah. Der ohnmächtige Zorn in ihrem Blick und ihrer Stimme war hinter einer Maske der kühlen Distanz versteckt. Damals hätte ich es nie für möglich gehalten, daß sie eines Tages ein Gotteskind sein würde.

Doch an Vickys Beispiel habe ich gelernt, daß jemand, der eiskalt oder vehement ablehnend wirkt, dem Reich Gottes genauso nahe sein kann wie jemand, der ein brennendes Interesse an den Dingen der Bibel zeigt. Diejenigen, die ein laues Herz haben, stehen in der größten Gefahr, sagt Christus. Leiden und Gebrechen treiben den Menschen auf geheimnisvolle Weise entweder zu dem einen oder dem anderen Extrem. Vicky hat das Eis der Ablehnung hinter sich gelassen und die Wärme des Himmelreichs betreten. Es ist mein Gebet, daß wir durch unser Werk Tausenden von Leidenden helfen können, der lauwarmen Sattheit zu entfliehen und ihnen Mut machen, sich zum lebendigen Glauben vorzuwagen.

Ein Rollstuhl mag einen Körper gefangenhalten, der unaufhaltsam verfällt, aber kein Rollstuhl kann eine Seele gefangenhalten, wenn sie täglich von innen erneuert wird.

Denn Gelähmte können an der Seite ihres Herrn gehen.
Stumme können mit dem Allmächtigen sprechen.
Blinde können Jesus sehen, wie Er ist.
Taube können die Gute Botschaft hören.
Und Menschen wie Tante Corrie, deren Geist sich mit dem Einbruch der Abenddämmerung verdunkelt hat, können vom Licht des Heiligen Geistes erleuchtet sein.

Das Surren von Kerbes Fön vom Badezimmer her erinnert mich daran, daß heute Freitag ist. Sie muß wohl eine Verabredung haben. Wir verbringen eigentlich nicht viel Zeit miteinander, denke ich und sehe von meinem Buch auf. Entschlossen rolle ich vom Küchentisch durch den Flur auf das Badezimmer zu. Ein kleiner Schwatz mit Kerbe wird uns beiden guttun.

„Hast du dich mit jemandem für heute abend verabredet?" übertöne ich den surrenden Fön. Sie wendet sich zu mir, eine haarumschlungene Rundbürste in der hocherhobenen Rechten. Mit dem Fön bläst sie die dichte braune Strähne trocken. Sie strahlt mich an. Der junge Mann muß ihr außerordentlich gefallen, schlußfolgere ich.

„Allerdings", ruft sie über das Surren hinweg. „Großes Abendessen in der Gemeinde!"

Wir plaudern eine Weile über ihre Arbeit bei „Joni and Friends", über den Bibelkurs, den sie gerade besucht, unsere neue Milchmix-Diät und die neusten Lippenfarben von Revlon.

Ich lehne den Kopf gegen den Türrahmen und schaue ihr zu, wie sie geschickt mit Kamm und Bürste umgeht, hier und da eine Locke aus dem dichten Haar hervorzieht und sie aufbauscht, bis die ganze Frisur ihr Gesicht voll und duftig umrahmt.

„Du siehst ja wie ein Löwe aus!" lache ich.

Sie springt in den Angriff und droht, mir mit ihrem blauen Lidstift einen Schnurrbart zu malen.

Ich rolle zu meinem Buch zurück, und sie wirft sich Tasche und Pulli über die Schulter, bevor sie zur Tür hastet. Sie ist ein prima Mädchen. Jeder in der Gemeinde hat sie gern. Ständig ist sie irgendwo eingeladen. Ständig ist sie unterwegs zu Jugendabenden, Partys oder Bibelarbeiten. Ja, Kerbe ist wie geschaffen für das flotte Leben in Kalifornien.

„Möchtest du auch einen Spritzer Parfüm?" ruft sie mir von der schon geöffneten Tür her zu und greift in ihre Tasche.

„Hör mal, ich bleibe doch heute abend zu Hause", protestiere ich.

„Na und?" Sie betupft sich die Pulsflächen und den Hals mit dem Parfüm und kommt auf mich zu. „Man kann sich schließlich auch mal etwas Schönes gönnen, ohne in Gesellschaft anderer zu sein." Ich beuge meinen Kopf, und sie sprüht mir etwas von ihrem kostbaren Duft auf den Hals.

Ich mag Kerbes Art. Wenn sie an der Reihe ist, mich aus dem Bett zu holen und fürs Büro anzuziehen, erscheine ich stets an meinem Arbeitsplatz, als wäre ich der neuesten Modezeitschrift entsprungen: die Frisur sorgfältig zurechtgemacht und die Augen mit einer schicken Lidschattenkombination betont.

Sie winkt mir zum Abschied zu und läßt die Tür hinter sich ins Schloß fallen. Ihr Parfüm hält mich noch umhüllt. Nun kann ich mich nicht mehr recht auf ein Buch konzentrieren. Statt dessen wandern meine Gedanken in die ferne Vergangenheit zurück, als auch ich die Freitagabende „auf Achse" verbracht habe. Genau wie meine Kusine jetzt, so stand ich damals oft eine Stunde lang vor meinem Kleiderschrank und habe überlegt, was ich anziehen sollte, um mich anschließend ausgiebig vor dem Spiegel mit Abdeckstift und flüssigem Make-up zu bearbeiten. Endlich verließ ich dann das Haus auf Hochglanz poliert.

Aber das ist schon Jahre her. Mein einziger Einblick in die Welt der Verabredungen zu zweit bietet sich mir nun durch Kerbe. Inzwischen bin ich über dreißig, eine gestandene Einzelgängerin. Ich kann mich nicht einmal an mein letztes Stelldichein mit einem Vertreter des anderen Geschlechts erinnern. Mit einem Seufzer zucke ich die Achseln.

Das stimmt aber nicht ganz, fällt mir dann plötzlich ein. Immerhin bin ich mit dem Beleuchter zum Essen ausgegangen. Ein wenig beschämt denke ich an die Zeit der Dreharbeiten zurück, als ich meinen gesunden Menschenverstand gegen blinde Gefühle vertauscht hatte.

Ich zwinge mich dazu, mich wieder auf mein Buch zu konzentrieren. Den Abschnitt auf der aufgeschlagenen Seite habe ich schon mehrmals überflogen, ohne den Sinn zu erfassen. Ich schaue mich in der Küche um. Judy und ich werden uns später vielleicht einen leckeren Imbiß machen. Dann spielen wir eine Runde Scrabble. Vielleicht bringt das Fernsehen heute etwas Interessantes. Eigentlich könnte ich genau wie Kerbe von einer Verabredung zur anderen fahren ... Auf der anderen Seite geben sich die Verehrer hier nicht gerade die Klinke in die Hand. Ich lache in mich hinein.

Allein. Ob es mir paßt oder nicht, ich habe nun einmal die Gabe des Ledigseins.

Der Abend leitet zu einem ereignislosen Wochenende über: Supermarkt, Sonderangebote in den Bekleidungsgeschäften unseres Einkaufszentrums, ein paar Stunden vor der Staffelei, ein Telefongespräch mit meiner Familie, früh zu Bett am Samstag. Am Sonntag machen Judy und Kerbe mich für den Gottesdienst fertig.

John MacArthur ist unterwegs zu einer Konferenz. Die Predigt wird heute ein auswärtiger Pastor halten. Einer der Gemeindeältesten spricht das Eingangsgebet und leitet das gemeinsame Singen. Ich schaue über Judys Schulter, um auf dem Sonntagsprogramm den Namen des Predigers zu erspähen. Nein, der Name ist mir unbekannt. Während der Ankündigungen für die kommende Woche rutschen die Gottesdienstbesucher auf ihren Stühlen, suchen in ihren Hand- und Jackentaschen nach Kugelschreibern, Brieftaschen und Scheckbüchern. Einige greifen eine Gästekarte aus der Halterung vor ihnen. Ich lese das Kleingedruckte auf dem Programmzettel, gähne und schaue mich um. Sam Britten und seine Frau sitzen jenseits des Mittelgangs. Unsere Blicke begegnen sich, und wir lächeln einander einen Gruß zu.

Nachdem der Klingelbeutel durch die Reihen gegangen ist, das Solo verklungen und noch ein gemeinsamer Choral gesungen worden ist, nimmt der Prediger seinen Platz hinter der Kanzel ein. Ich neige den Kopf seitwärts und höre ihm zu. Er beginnt seine Predigt mit einer wahren Begebenheit. Die Geschichte zieht sich recht lange hin, und meine Gedanken verlieren sich bald in anderen Dingen. „Aufgepaßt, Eareckson!" rufe ich mich dann selbst zur Ordnung. „Dies ist ein Gottesdienst und kein Kino!"

Mein Blick bleibt auf einem dunklen Schopf vier oder fünf

Reihen vor mir hängen. Dichtes, schwarzes Haar. Mein Herz macht einen Satz. Das ist er! Ich kann sein Gesicht zwar nicht sehen, aber ich weiß genau, wer es ist. Der Beleuchter! Was mag ihn nur in eine Kirche gebracht haben – noch dazu ausgerechnet unsere? Ich strenge mich an, mehr zu erkennen. Nein … nein, er ist es doch nicht. Es ist nur jemand, der ihm zum Verwechseln ähnlich sieht. Mein pochendes Herz beruhigt sich allmählich wieder.

Die Gewalt meiner winterschlafenden Gefühle überrascht mich, bringt mich aus dem Gleichgewicht. Aus dem Nichts heraus liegt mir plötzlich der alte Geschmack von enttäuschter Hoffnung auf der Zunge.

Nun dreht der Mann dort vorne den Kopf zur Seite. Ich kann ein energisches Kinn und einen bronzefarbenen, glatten Hals erkennen. Er greift seitwärts hinter sich, um eine Bibel aus der Halterung hinter seiner Sitzbank zu holen. Schleichend melden sich nun andere Empfindungen: Sehnsüchte, Träume, Bedauern. Winzige Pfeile der Mutlosigkeit schieben sich in meine Seelenfestung.

Nein. Nein! Ich will und darf es nicht zulassen. Ich werde diesen Gottesdienst nicht durch Selbstmitleid „verunheiligen". Wenn ich mich schon nicht auf die Predigt konzentrieren kann, so will ich meine widerspenstigen Gedanken bändigen und sie ein für allemal in ihre Grenzen verweisen. „… und nehmen gefangen alle Gedanken unter den Gehorsam Christi" (2. Korinther 10, 5). Dieser Vers kommt mir plötzlich in den Sinn.

Dennoch kostet es mich große Überwindung, den Blick von dem dunklen Männerhinterkopf wegzuwenden. In dieser Situation kann ich nicht einfach fliehen. Dieses schwarze Haar … In mir krampft sich alles zusammen. „Na schön", fordere ich mich selbst heraus, „wenn du unbedingt willst, spielen wir also auf die harte Tour. Wir fechten diese Schlacht aus, was es auch kosten mag."

Während die Stimme des Predigers in den Hintergrund versinkt, lege ich die geistliche Waffenrüstung an. Dabei zwinge ich mich, den dunklen Hinterkopf im Auge zu behalten.

„Vater im Himmel, du hast doch mehr Gefallen an Gnade als am Richten. Sei mir Sünderin nun gnädig, Herr. Ich preise dich, weil du mich nicht wegen dieser häßlichen Gedanken verurteilst; wegen dieser dummen, sinnlosen Gedanken, die mich von diesem Gottesdienst ablenken wollen. Schenk mir doch jetzt Gnade und hilf mir, den Kampf zu gewinnen – um deines Namens willen und zum Wohl dieses Mannes, wer er auch sein mag."

Ich hole tief Luft. Der Anfang ist gemacht!

„Vater, wenn dieser Mann zu deinen Kindern zählt, so hilf ihm, dein Wort besser kennenzulernen. Hilf ihm, dir zu folgen. Wenn er eine Beziehung zu einer Frau hat, so bewahre ihn vor der Sünde. Wenn er verheiratet ist, gib, daß er seiner Frau die Treue hält. Laß ihn nicht einmal mit dummen Gedanken spielen. Mach ihn stark gegen die Angriffe des Teufels und gegen die Welt mit all den Versuchungen, die sie birgt. Hilf, daß das Gebet eine große Stütze seines Lebens wird, und gib ihm viel Freude ins Herz, wenn er sich öffentlich zu dir bekennt.

Und wenn er an seinem Arbeitsplatz in Konflikte verstrickt wird, benutze ihn als deinen Zeugen vor seinen Kollegen. Sollte er Schwierigkeiten mit seinem Vater oder seiner Mutter haben, so schaffe du Versöhnung und Frieden. Hilf ihm, daß sein Bekenntnis zu Hause in Einklang steht mit dem, was er hier in der Kirche glaubt."

Während ich nun den schwarz glänzenden Schopf des Mannes anstarre, spüre ich, wie ein tiefer Friede über mich kommt. Der Sieg ist nicht mehr fern!

„Wir gewinnen!" lächele ich dem Heiligen Geist zu.

„Rette ihn, wenn er noch nicht zu deiner Gemeinde gehört. Stärke ihn. Läutere seinen Glauben. Hilf ihm, nicht zu lügen ... gib ihm die Kraft, von schlechten Gewohnheiten frei zu werden ... halte ihn zum ständigen Gebet an ... erhalte seine Gesundheit ... bewahre seinen Geist ... vertiefe seine Freundschaften ... und mache ihn zu dem Mann, zu dem du ihn bestimmt hast."

Nun ist mein Herz von aufrichtiger Freude erfüllt. Ich habe Gott an diesem Sonntag wahrhaftig gepriesen – wenn auch auf etwas unorthodoxe Art. Der Prediger nähert sich inzwischen dem Schluß seines Vortrags. Da ich den roten Faden seiner Gedanken ohnehin schon längst verloren habe, könnte ich eigentlich genausogut weiterbeten ...

„Allmächtiger Gott, Vater der Barmherzigkeit", beginne ich einen liturgischen Abschnitt, den ich seit meiner Kindheit auswendig kenne, „wir, deine unwürdigen Diener, bringen dir in Demut und Anbetung unseren Dank dar für deine Güte und Liebe, die du uns und allen Menschen widerfahren läßt. Wir preisen dich, den Schöpfer und Erhalter der Welt und Geber aller guten Gaben. Aber noch mehr preisen wir dich für die unfaßbare Liebe, die du in deiner Gnade durch die Erlösung unseres Herrn Jesus Christus geoffenbart und uns die Hoffnung der Seligkeit geschenkt hast."

Der Prediger hat seinen Vortrag abgeschlossen und läßt die Gemeinde nun zum Schluß aufstehen. Währenddessen fahre ich mit meinem stillen Gebet fort.

„So bitten wir dich, laß uns stets eingedenk sein deiner großen Gnade, auf daß unsere Herzen ohne Unterlaß dankbar seien und wir dein Lob nicht nur mit unseren Lippen, sondern auch mit unserem ganzen Leben verkündigen. Mögen wir dir willig dienen und in Heiligkeit und Gerechtigkeit vor dir wandeln alle Tage durch unseren Herrn Jesus Christus. Ihm, dem Vater und dem Heiligen Geist sei Ehre und Herrlichkeit in Ewigkeit. Amen."

„Amen!" sagt auch der Prediger vorne auf der Kanzel, und aus der Gemeinde tönt ein vielstimmiges Echo zurück. Es ist gerade Punkt zwölf Uhr mittags, und Digitaluhren verkünden die Zeit aus allen Richtungen. Die Organistin greift zum Abschluß noch einmal in die Tasten, und die Gottesdienstbesucher raffen ihre Jacken, Bibeln und Handtaschen zusammen. Die ersten stehen bereits in den Gängen.

„Mensch, ich hab' einen Riesenhunger! Laß uns jetzt schnell nach Hause fahren und kochen!" sagt Judy und klettert über meine Fußstützen hinweg in den Gang hinaus.

„Einverstanden!" stimme ich ihr zu, doch mein Augenmerk gehört dem Mann mehrere Reihen vor uns, der jetzt ebenfalls den Gang betritt und ein paar Bekannte dort begrüßt. Ich überlege einen Augenblick, ob ich auf ihn zusteuern soll, um mich vorzustellen und vielleicht sogar mein Gebet für ihn zu erwähnen. Nein, lieber nicht. Am Ende meint er noch, ich hätte nicht alle Tassen im Schrank! Oder daß ich ihn aufgabeln wollte. Außerdem möchte ich um nichts in der Welt den Sieg, den ich heute morgen erlebt habe, durch eine Dummheit zunichte machen. Es soll zwischen Gott und mir bleiben.

Etwa ein Monat vergeht. Meine morgendliche Gedankenschlacht im Gottesdienst gegen die innere Versuchung habe ich schon beinahe vergessen. Wieder besuche ich den Gottesdienst in der Grace-Kirche. Im Anschluß daran stellt mir eine Bekannte einen gutaussehenden Asiaten vor. Irgendwie kommt er mir bekannt vor – aber woher? Ich studiere sein Gesicht voller Verwunderung. Aha! Ich bitte ihn, sich kurz umzudrehen. Nun ist die Verwunderung an ihm. „Ich möchte mir nur eben Ihren Hinterkopf ansehen", erkläre ich, und er tut mir den Gefallen.

Richtig, er ist es: der Mann mit dem dichten, schwarzen Haarschopf. Wir müssen beide lachen, als ich ihm erzähle, daß ich erst vor wenigen Wochen im Gottesdienst für diesen Kopf gebetet habe. Ich lasse ein paar Einzelheiten aus und sage nur etwas von einer Predigt, der ich ohnehin nicht recht folgen konnte. Wir unterhalten uns noch eine Weile.

Auf dem Weg zum Ausgang fällt mir auf, daß ich mir seinen Namen nicht gemerkt habe, und drehe meinen Rollstuhl noch einmal zurück.

„Ken Tada heiße ich." Lächelnd winkt er mir zum Abschied zu.

Unser gemeinsames Leben

Wie sich im Wasser
das Angesicht spiegelt,
so ein Mensch im Herzen des andern.

Sprüche 27,19

Es ist Mai 1980. Jays und Robs kleine Tochter Earecka ist kaum einen Monat alt. Jedesmal, wenn ich ein Foto von der jungen Familie sehe oder mir vorstelle, wie Earecka in ihrem kleinen Bettchen in dem Zimmer schläft, das ich einst bewohnt habe, fühle ich mich mit Macht in die Vergangenheit versetzt.

Ich denke oft an meinen letzten Besuch daheim zurück, als wir Jay in gemütlicher Runde allerhand Geschenke für das kommende Baby überreicht haben. Sie trug noch immer ihre ausgebleichten Jeans, die sie mit einem blauen Elastikeinsatz geräumiger gemacht hatte. Durch ihren wachsenden Leibesumfang ließ sie sich nicht davon abhalten, ihre tägliche Arbeit im Küchengarten und im Stall wie gewohnt zu verrichten. Inmitten der rosafarbenen und hellblauen Kreppapier-Dekoration und der Berge von Geschenken wirkte sie glückstrahlend und allenfalls ein wenig verlegen. Ich hatte den Eindruck, daß sie am liebsten ihr Kind schon in den Armen halten würde, damit es ihr nur recht bald bei der Arbeit auf der Farm zur Hand gehen könnte.

Jetzt schaue ich mir ein Foto von Jay mit Earecka in den Armen an und stelle mir dabei vor, wie es wohl wäre, wenn ich sie auf dem Arm halten könnte – wenn ich das Empfinden und die Kraft dazu hätte. Wie gern wäre ich jetzt daheim! Ich schicke ihr ein Geschenk und mehrere Briefe und rufe oft daheim an.

Ich werde nachdenklich. Sowohl in Jays als auch in meinem Leben haben sich einschneidende Veränderungen ergeben. Sie ist mit Leib und Seele Ehefrau, Mutter und Farmerin; in ihr vereinigen sich erdverbundene, praktische Dinge des Alltags wie das Stillen und Versorgen ihres Kindes, ihr Haushalt, ihr Garten! Mein Leben dagegen besteht aus der Arbeit an Behinderten, aus Seminaren, Gemeindearbeit und Kursvorbereitungen. Es sieht so anders aus als Jays Leben. Bedauere ich eigentlich diese Entwicklung?

Nein, ganz und gar nicht. Ich sehe eine Parallele zwischen uns in dem künstlerischen Schaffen, der Musik, den Vorträgen und dem Aufbau neuer Projekte. All das gehört neben der Arbeit bei „Joni and Friends" zu mir. Ich hege nicht die geringsten Zweifel. Die Entscheidungen, die ich getroffen habe, haben sich als solide Fundamente erwiesen, auf denen ich mich sicher fühlen kann. Wie meine ältere Schwester bin ich glücklich darüber, einen tiefen Sinn in meiner Arbeit zu wissen.

Ich weiß noch immer, wer ich bin: eine glückliche, alleinstehende Frau. Und ich weiß auch, wohin mich mein Weg führt: vorwärts, der Verwirklichung eines einzigartigen Traums entgegen.

Irgend jemand hat etwas mit mir vor. Warum ist Ken Tada zu meiner Geburtstagsparty eingeladen worden? Gewiß stecken Carol und Twila dahinter, zwei gute Bekannte von der Gemeinde, die das Fest für mich in ihrer Wohnung organisiert haben. Obendrein begegne ich diesem Mann in letzter Zeit reichlich oft: im Gottesdienst, bei einer Veranstaltung von „Young Life", wo ich einen Vortrag gehalten habe. Aber mein Geburtstag? Das erscheint mir nun doch ein wenig auffällig. Immerhin kenne ich ihn eigentlich kaum. Ja, ich wette, daß Carol und Twila da etwas im Schilde führen, um diesen jungen Mann und mich einander näherzubringen.

Zugegeben, dieser Ken Tada ist eine eindrucksvolle Erscheinung. Er scheint mit sich selbst und auch mit anderen gut zurechtzukommen. Er sitzt auf dem Sofa und unterhält sich gutgelaunt mit den anderen Gästen. Mit einer Dose Limonade in der Hand gestikuliert er, um das Gesagte zu unterstreichen. Wenn er mit jemandem spricht, schaut er ihn direkt an. Er lächelt viel.

In einem unbeobachteten Moment schaue ich mir sein Gesicht genauer an. Sein dichtes, schwarzes Haar ist der Rahmen um seine hohen, breiten Wangenknochen und die dunklen, mandelförmigen Augen. Er ist von eckigem, untersetztem Körperbau. Seine Größe und die breiten Schultern deuten darauf hin, daß er gebürtiger Hawaiianer sein könnte. Und gewiß ist er begeisterter Sportler, muskulös, wie er ist. Er wirkt ruhig, weder überbetont laut, noch zu sehr von sich eingenommen. Nicht einmal unter all den Bekannten hier im Raum verhält er sich allzu auffallend. Er scheint ein eher zurückhaltender Mensch zu sein.

Den größten Teil des Abends über sitze ich in einer Ecke zwischen der Diele und einem Wohnzimmersessel. In einem kleinen Raum voller Leute habe ich nicht viel Auswahl. Insgeheim frage ich mich, ob er sich neben mich setzen wird, um sich mit mir zu unterhalten. Doch dann neigt sich der Abend schon dem Ende zu, und die ersten Gäste machen sich auf den Heimweg. Einige helfen, die leeren Saftgläser und gebrauchten Pappteller einzusammeln. Die meisten bleiben auf dem Weg zur Tür kurz bei mir stehen, um sich zu verabschieden. Auch Ken setzt sich zu mir, doch er bleibt ein wenig länger als die anderen sitzen. Bequem lehnt er sich an die Wand neben meinem Rollstuhl und unterhält sich mit mir. Dabei erfahre ich, daß er in der Eigentumswohnung nebenan wohnt und an der höheren Schule in der Nachbarschaft Sozialkunde und Politik unterrichtet und daß er nicht aus Hawaii, sondern aus Japan stammt. Er betreut eine Gruppe von jungen Fußballern. Meine Vermutung über seine Sportbegeisterung hat sich also als richtig erwiesen. Ich schneide das Thema der Behinderten-Integration in das öffentliche Schulsystem an. Er scheint sich dazu keine feste Meinung gebildet zu haben. Vielleicht ist er auch nur aus Höflichkeit so zurückhaltend.

Schließlich wird es Zeit für mich, nach Hause zu fahren. Am nächsten Morgen heißt es wieder früh aufstehen. Ken geht, vermutlich, um seine Jacke zu holen. Ich winke Carol in der Küche zu und rufe ihr ein herzliches Dankeschön für die schöne Party zu. Twila leert meinen zum Platzen vollen Urinbeutel aus. Ich habe noch eine lange Heimfahrt vor mir.

Als der Beutelinhalt gerade in eine Flasche fließt, kehrt Ken mit seiner Jacke über dem Arm zurück. Während er sie überzieht, fragt er: „Wir wär's, wenn wir das Gespräch nächsten Freitag beim Abendessen fortsetzen?"

„Warum nicht?" antworte ich. „Klar, das wäre nett."

„Kann ich dich gegen sechs Uhr abholen?"

„Ja, gern!"

Erst auf dem Heimweg wird mir plötzlich klar, daß ich mich soeben mit einem Mann verabredet habe, und mit einem attraktiven Mann obendrein. Alles kam so natürlich, wie von selbst. Und dazu ausgerechnet, während mein Urinbeutel gerade geleert wurde! Der Gedanke an diesen Moment in der Wohnung meiner Freundin bringt mich zum Kichern.

Ach, was soll's! Ich habe schon vor Jahren die unangenehme Lektion gelernt, daß eine Behinderung einem keine großen Geheimnisse erlaubt. Geradesogut kann man die Dinge auch nehmen, wie sie sind.

„Ein Strauß Rosen? Für mich? Von wem denn?" frage ich verwundert.

Kerbe zieht die kleine Karte aus dem Umschlag hervor und liest vor: „Freue mich schon auf Freitag. Ken Tada."

Ich fühle eins der samtweichen gelben Blütenblätter mit der Nasenspitze und atme den zarten Duft ein.

„Nett von ihm. Sie sind hübsch."

„Was? Mehr hast du nicht zu sagen?" ruft Kerbe aus.

„Nun, meinst du nicht auch, daß das ein bißchen übertrieben ist?" Ich deute mit einer Kopfbewegung auf die Rosen. „Ich meine, ich kenne ihn ja kaum."

Sie stellt die Vase auf mein Nachtschränkchen und ordnet die Blüten und das Grün. Eine glänzende Seidenschleife um das Gebinde fordert das Gelb der Rosen zum Wettleuchten auf.

Ich weiß nicht recht, was ich denken soll. Ken scheint ja ein angenehmer Zeitgenosse zu sein, aber ich möchte aus dieser Verabredung zum Abendessen nicht mehr machen, als sie ist. Diesen Fehler habe ich nämlich selbst schon zur Genüge gemacht. Und ich hatte eigentlich gehofft, daß er dem Abend etwas ... nun, etwas weniger romantische Erwartungen entgegenbringen würde.

Am Freitag klingelt Ken pünktlich an unserer Tür. Er trägt einen gutsitzenden blauen Anzug. Und einen Blumenstrauß hat er auch wieder mitgebracht. Ich bin froh, passend für den Abend gekleidet zu sein: zu meiner reinseidenen Bluse trage ich einen weißen Wollblazer. Ich hoffe nur, daß ihm nicht die Knöpfe von seinem Hemd platzen, wenn er mich aus dem Rollstuhl hebt!

Judy und Kerbe geben ihm eine Kurzlektion über das Wichtigste: wie er mich allein tragen kann, wie er mich in meinem Rollstuhl aufrecht hinsetzen soll, daß er meinen Blazer geradeziehen soll, damit er nicht knittert, und wie er meine Hosensäume nach unten ziehen soll. Er hört aufmerksam zu und stellt zusätzliche Fragen.

Dann schiebt er mich nach draußen zu seinem Wagen. Ich bitte ihn so höflich, wie ich kann, bei der steilen Rampe achtzugeben und bei den Unebenheiten des Bürgersteigs und den Ekken vorsichtig zu sein. Er gesteht, daß er gar nicht geahnt hatte, wie kompliziert es sein kann, jemanden im Rollstuhl zu schieben. Ich hoffe, er hält mich nicht für eine Hysterikerin. „Komm doch einfach mal zu einem unserer Seminare!" sage ich im Scherz.

Meine beiden Mitbewohnerinnen schauen leicht amüsiert zu, wie Ken sein Jackett auszieht, die Hemdsärmel aufrollt und seine Hosenbeine anhebt, bevor er sich neben meinen Stuhl hockt, um mich zu heben. Er legt sich meinen Arm um den Hals. An seinem tiefen Luftholen und seiner Konzentration kann ich ablesen, daß er im Gewichtheben geübt ist. Mit einem gewaltigen Karate-Ausruf wuchtet er mich hoch. Ich komme mir zentnerschwer vor.

Während Judy ihm zeigt, wie man meinen Rollstuhl zusammenklappt und in den Kofferraum lädt, steckt Kerbe den Kopf zu mir ins Auto herein und zupft mir den Blazer gerade. „Viel Spaß!" sagt sie mit einem vielsagenden Grinsen und schlägt dann die Tür zu, um mir noch einmal zuzuwinken.

„Du bist überhaupt nicht schwer", sagt Ken und setzt den Wagen in der Einfahrt zurück. „Federleicht sogar."

„Ach, wirklich?" sage ich gespielt erstaunt. „Nach der Übung im Gewichtheben vorhin hätte ich das nie gedacht!"

Ken lenkt mit einer Hand, während er mit der anderen eine Kassette in den Recorder schiebt.

„Stimmt, ich habe in letzter Zeit viel Sport getrieben; Gewichtheben und dergleichen." Offensichtlich hat er meine Bemerkung mißverstanden.

„Wieviel Pfund hebst du denn so zum Trainieren?"

„Um die 160."

„Hundertund ... wieviel?"

„Ich wollte halt sichergehen, daß ich dich nicht fallen lasse", sagt er lächelnd. Ob ich am Ende selbst die Zielscheibe des Scherzes bin?

„Hör mal, ganz soviel wiege ich aber auch wieder nicht."

„Laß nur", sagt er mit einem verschmitzten Lächeln. „Ich habe eine ganz gute Vorstellung davon, wieviel du wiegst."

Ich lächele ergeben zurück. Na schön, dann weiß er halt, wieviel ich wiege. Und in seinen Armen hat er mich auch getragen. Und obendrein kenne ich ihn kaum. Was macht das alles schon aus? Ich habe eben nicht den Luxus einer Privatsphäre, wie die meisten Frauen sie bei ihrem ersten Stelldichein mit jemandem haben. Außerdem ist das alles eigentlich völlig unwichtig. Es ist viel wichtiger, daß wir hier keine falschen Kulissen aufzubauen brauchen. Wir fahren zügig auf der Autobahn voran, genauso zügig und hindernisfrei wie mein Gespräch mit diesem bescheidenen, so herrlich unkomplizierten Mann.

Wir fahren nach Marina Del Rey hinein, eine neonbeleuchtete, schicke Ortschaft direkt am Meer. Wie riesige Zylinder aus Beton, Glas und Stahl erheben sich die Neubauten mit Eigentumswohnungen über der Bucht mit ihren Schiffen und Tennisplätzen. Diskothekmusik und feuerrote Ferraris, kalifornische Blondinen mit ihren braungebrannten männlichen Begleitern schaffen ein Kaleidoskop von Farbe und Bewegung, wo ich auch hinschaue. Ken fährt durch mehrere Seitenstraßen, um mir ein bestimmtes Dock an der Bucht zu zeigen. Er sucht den Steg nach dem hohen Mast eines Bootes ab, dessen Besitzer ein Bekannter von ihm ist. Das Boot finden wir nicht, aber hinter den glitzernden Lichtern entdecke ich die Umrisse von Bänken inmitten von Oleandern und Palmen. Dort sitzen Pärchen umschlungen und schauen auf die ruhigen Kanäle hinaus, wo hin und wieder der Schatten eines dunklen, langsamen Kabinenboots an ihnen vorübergleitet.

Der ganze Ort hat etwas Wildes an sich, doch wirkt er dabei durchaus nicht unfreundlich.

Ken parkt seinen Oldsmobile vor einem Restaurant namens „Die Lagerhalle". Sehr zutreffend, denke ich beim Anblick der verwitterten Holzwände und des Dachs aus Blech. Fässer mit rostigen Bändern und dicke Seemannsseile sind die Dekoration vor den Stufen zum Eingang. Ken hebt mich aus dem Wagen und setzt mich behutsam in meinen Rollstuhl. Vergeblich schauen wir uns nach einer Rollstuhlrampe um.

„Du könntest den Chef bitten, uns durch den Kücheneingang reinzulassen", schlage ich vor.

„Nicht nötig", meint Ken. Er reibt sich die Hände wie vor einem größeren Gewichtstraining. „Die paar Stufen werden wir schon schaffen." Er dreht meinen Rollstuhl um, schiebt die Hinterräder gegen die unterste Stufe, kippt mich rückwärts und zieht mich samt Rollstuhl Stufe für Stufe aufwärts. „Kinderspiel, das!" sagt er vor sich hin.

Ich mag seine überlegte Art, der Treppe zu Leibe zu rücken. Dabei hat er keinen Augenblick versucht, mich durch seine Muskelkräfte zu beeindrucken. Er wollte mir nur zu verstehen geben, daß mein Rollstuhl für ihn kein unüberwindliches Hindernis darstellt. Er möchte, daß ich mich in seiner Gegenwart gelassen fühlen kann. Auf dem Steg vor dem Eingang angekommen, spazieren wir an einem kleinen, hellerleuchteten Becken mit Karpfen darin vorüber.

Der Ober führt uns an einen Tisch am Fenster. Er reicht Ken eine große, in Leder gebundene Speisekarte. Ich bitte ihn, meine vor mich auf den Tisch zu legen. Mit einem höflichen Lächeln breitet er mir auch die Leinenserviette auf dem Schoß aus. Während einer der jüngeren Kellner unsere Wassergläser füllt und der Ober die Weingläser wegnimmt, lasse ich meinen Blick nach draußen über die Hunderte von Segelbooten schweifen, die dort an den Stegen festgemacht liegen. Die Silhouette der Masten gegen den Abendhimmel ergibt ein interessantes Küstenmotiv. Eigentlich sollte ich etwas Ähnliches einmal auf die Leinwand bringen, überlege ich.

„Du siehst heute abend prima aus. Dein Blazer gefällt mir", sagt Ken, als der Ober gegangen ist.

„Dielen Dank", freue ich mich und schaue die Manschetten prüfend an. „Ich trage ihn meistens, wenn ich einen Vortrag halte."

„Wie bei dem ‚Young Life'-Treffen?"

„Ja, genau ... Du warst ja auch dabei."

„Und ich fand prima, was du an dem Abend gesagt hast", sagt er, wobei er sich auf einen Ellbogen stützt. „Du hast davon gesprochen, wie wir mit Menschen umgehen können, die in einer ganz anderen Lebenssituation als wir stecken. Wie dein Rollstuhl zum Beispiel. Vor dem Rollstuhl braucht niemand Angst zu haben." Er nimmt seine Speisekarte auf und öffnet mir meine. „Vor dir genausowenig."

„Wie meinst du das?" sage ich mit einem kurzen Blick auf die Speisekarte.

„Nun, dein Rollstuhl ist das eine. Manche Leute wissen halt nicht recht, was sie sagen oder wie sie sich verhalten sollen. Das andere ist, daß du eine ziemlich bekannte Persönlichkeit bist. Es gibt Leute, die denken, du hättest absolut keine Probleme mehr. Daß du immer eine Antwort parat hast." Er unterbricht sich, um seine Speisekarte zu überfliegen. Dann klappt er sie wieder zu und fährt fort: „Aber trotzdem brauche ich keine Angst vor dir zu haben, nur weil du in manchen Dingen eben anders bist."

Ich bewundere seine reife Einstellung.

Ken bestellt sich ein Steak, während ich mich für Scampis entscheide. Er beugt sich vor, um mich von seiner Vorspeise kosten zu lassen. Ich bitte ihn um einen Schluck Wasser, und wieder langt er quer über den Tisch und führt mir das Glas an den Mund. Wir plaudern über „Joni and Friends", seine Schule, Judy und Kerbe, „Young Life" und unsere gemeinsamen Bekannten von der Gemeinde. Dann wird unser Essen auch schon serviert. Bevor ich den Ober bitten kann, meine Scampis kleinzuschneiden, hat Ken schon mein Besteck in den Händen. „Darf ich?" fragt er.

Ich kann es kaum fassen, wie wohl ich mich in der Gegenwart dieses Mannes fühle. Wenn ich dagegen an meine Verabredung mit dem Beleuchter damals denke ... Ich war ja so nervös und besorgt wegen meiner Behinderung! Saßen meine Hosensäume auch richtig? Wenn bloß mein Katheter nicht undicht würde! Und war mein Make-up etwa schon verschmiert? An dem Abend konnte ich vor lauter Aufregung kaum etwas essen. Bei Ken habe ich nicht die Spur von Lampenfieber.

„Ich hab' den Eindruck, du bist es gewohnt, Behinderte um dich zu haben", bemerke ich und hole mir ein Stück Scampi von meinem Teller.

„Nun, ja und nein." Ken lehnt sich zurück und tupft sich die Mundwinkel mit der Serviette ab. „Vor einiger Zeit bin ich mehr oder weniger aus Zufall auf eine Fernsehsendung über die Sonderolympiade gestoßen. Eine ganze Horde geistig behinderter Kinder auf der Aschenbahn. Ein paar watschelten geradezu. Andere stolperten vor sich hin. Und wieder andere sind platt aufs Gesicht gefallen." Er schüttelt den Kopf mit einem verhaltenen Lächeln und faltet seine Serviette zusammen. „Und an der Zielschnur standen Leute und feuerten die Kinder an, was das Zeug hielt. Alle fielen sich in die Arme. Schließlich hat der Ansager etwas gesagt von ...", er sucht nach den genauen Worten, „von einer Welt, in der jeder Perfektionist ist. Wo sollen da die Leute, die eben nicht so perfekt sind, ihren Platz finden? Und dann hat er noch hinzugefügt: ,Es kommt gar nicht darauf an, als erster durchs Ziel zu gehen, sondern überhaupt durchs Ziel zu gehen.'" Er schweigt und streicht gedankenverloren über seine gefaltete Serviette.

Soviel körperliche Kraft, verbunden mit einer solch zarten Einfühlsamkeit, beeindruckt mich tief.

Er nimmt einen Schluck aus seinem Wasserglas.

„So habe ich mich dann also an meiner Schule für die Sonderolympiade engagiert. Ich mach's eigentlich erst seit zwei Jahren. Ich spiele den Schiedsrichter oder was auch immer gebraucht wird." Er stellt sein Glas wieder auf den Tisch und stützt sich auf den Ellbogen. „Aber mich mit einer Rollstuhlfahrerin zum Abendessen zu verabreden? Nein." Er lehnt sich zurück und schüttelt den Kopf. „Das habe ich noch nie getan."

„Und weißt du was? Du wirst heute noch etwas tun müssen, was dir vollkommen neu sein wird", verrate ich ihm mit einem vielsagenden Grinsen.

„So? Was denn?" Er holt sein Portemonnaie hervor, um die Rechnung zu bezahlen.

„Mein Urinbeutel ist voll."

„Also gut", sagt er und greift seine Kreditkarte aus der Börse. „Du brauchst mir nur zu sagen, was ich tun soll." Ken schiebt meinen Rollstuhl zwischen den Tischen hindurch auf die Tür zu. In dem Gang, der zu den Toiletten führt, bleiben wir stehen. Auf der Tür zur Linken steht: „Damen", während es rechts „Herren" heißt.

„Hm ... Was machen wir nun?"

„Ach ja! Daran hatte ich überhaupt nicht gedacht", necke ich ihn.

„Komm schon, Joni, mach jetzt bloß keine Witze!" flüstert Ken. Um uns her kommen und gehen andere Gäste durch die beiden bewußten Türen. „Was soll ich denn jetzt tun?"

Ich bemühe mich, ernst zu bleiben, kann mir aber die eine Bemerkung nicht verkneifen: „Das muß der Punkt sein, wo du überhaupt keine Angst hast, obwohl ich anders bin, stimmt's?" Ich werfe ihm ein verschmitztes Lächeln zu. „Schon gut! Laß uns nach draußen gehen und uns einen Baum suchen."

„Einen Baum?"

„Das ist immerhin ein bißchen komfortabler als ein Feuerhydrant, meinst du nicht auch?"

Ken, in T-Shirt und Trainingshose, trägt seine Sporttasche in der einen Hand und öffnet mir die Tür mit der anderen.

„Geht's?" fragt er und schiebt die Tür so weit wie möglich auf.

Ich steuere meinen elektrischen Rollstuhl in die Empfangshalle des Sportclubgebäudes, wo ich darauf warte, daß Ken mich einholt und vorausgeht. Wir gehen auf die Anmeldung zu. Eine Blondine im T-Shirt mit clubeigenem Aufdruck und einem Stirnband aus Frottee begrüßt Ken herzlich und schiebt ihm ein Formular zur Unterschrift zu. Er macht einen Schritt zur Seite, um mich vorzustellen. Das fröhliche Mädchen winkt mir zum Gruß zu.

„Muß ich eine Besucherkarte ausfüllen?"

„Aber nein!" versichert sie mir und legt Kens Formular auf einen Aktenstoß. „Kens Freunde sind hier immer willkommen." Sie dreht sich um und wirft ihm einen Schlüssel zu.

Über das Hauptfoyer folge ich Ken zu einer zweiten Halle, wo Tische und Stühle aus hellem Holz und modernen grauen Bezügen vor einer großen Plexiglasscheibe angeordnet sind. Das Glas gibt den Blick auf drei Hallentennisfelder frei. Deckenstrahler betonen zwei gerahmte Poster am Ende der Halle. Von der Decke hängt ein Fernsehgerät herab, auf dem gerade ein Fußballspiel läuft, während Lautsprecher über unseren Köpfen gedämpfte Rockmusik im Raum verbreiten. Männer in verschwitzten Polohemden strecken sich mit ihren Erfrischungsgetränken auf ihren Stühlen aus.

„Möchtest du hier sitzen?" Ken stellt seine schwere Tasche auf einem der Tische ab.

Ich nicke, und Ken rückt mir ein paar Stühle aus dem Weg, damit ich mit meinem Rollstuhl näher an den Tisch herankomme. Meine Beine wollen jedoch nicht unter den Tisch passen, so daß ich halb im Gang sitze. Doch ein Blick über meine Schulter sagt mir, daß ich trotzdem kein Hindernis für andere darstelle.

„Ja, hier bin ich bestens aufgehoben", sage ich zu Ken.

„Kann ich dir ein paar Sachen zum Aufpassen geben, während ich mich umziehe?" Ken leert seine Taschen aus und fördert Schlüssel, Portemonnaie und Münzen hervor, die er in seinen Pullover rollt. Das Ganze schiebt er mir über den Tisch hinweg zu. „Ich bin gleich wieder da." Er wirbelt seinen Schrankschlüssel durch die Luft.

Auf dem Weg zum Ausgang bleibt er kurz stehen, um ein paar seiner Tenniskameraden zu begrüßen. Dann verschwindet er hinter einer Schwingtür, und ich beschließe, einem Mann und einer Frau auf einem der Tennisplätze beim Match zuzuschauen.

„Sie sind eine Bekannte von Ken, stimmt's?" sagt jemand hinter mir.

Ich drehe den Kopf, so gut ich kann, um zu sehen, wer mich da angesprochen hat.

„Ja, schon ... aber ..."

„Oh, entschuldigen Sie vielmals ... Moment, ich komme eben zu Ihnen." Er schiebt zwei Stühle beiseite, um sich einen Weg zu bahnen. „Nett, Sie kennenzulernen!" Der Mann reicht mir seine Hand zum Gruß.

Langsam hebe ich meinen Arm, doch bevor die Situation peinlich werden kann, nimmt er schon meine Hand in die seine.

„Ja, ich bin eine Bekannte von Ken. Ich freue mich wirklich, daß er mich hergebracht hat. Ich finde es nämlich hochinteressant hier." Mit einer Kopfbewegung deute ich auf die beiden Spieler draußen im Feld.

Der Mann packt die beiden Handtuchzipfel, die von seinen Schultern herabhängen, und wirft ebenfalls einen Blick durch die Glasscheibe.

„Stimmt, die beiden sind nicht schlecht. Der Mann spielt sich allerdings bloß warm." Damit lehnt er sich an die Scheibe und pocht dagegen, um den Mann dort auf sich aufmerksam zu machen. Dann zeigt er auf seine Uhr und deutet mit der Hand auf die Umkleidekabinen.

„Er hat ein Match mit Ken vereinbart", sagt er und läßt sich auf einen Stuhl fallen, um seine Füße auf die Armlehne eines zweiten Stuhls aufzustützen.

Ken kehrt mit seiner Sporttasche in der Hand zurück, begrüßt den Mann und winkt den Spielern auf dem Feld zu. Seine Tasche steckt voller Handtücher und sauberer T-Shirts. An dem Träger sind mindestens ein Dutzend Rakett-Handschuhe befestigt.

„Warum denn so viele?" frage ich erstaunt.

Ken löst einen Handschuh von der Tasche und streift ihn über seine Hand.

„Wenn einer verschwitzt ist, habe ich reichlich Ersatz." Er deutet auf die übrigen Handschuhe, die wie frische Wäsche auf der Leine aufgereiht sind.

„Dieser Bursche nimmt seine Sache ernst", denke ich im stillen.

„Bist du für eine Weile gut versorgt hier?" fragt Ken über die Schulter hinweg, als er sich gerade auf den Weg machen will.

„Klar. Alles bestens! Stürz dich nur rein ins Vergnügen!" rufe ich ihm zu.

Auf dem Feld läßt Ken den Ball ein paarmal auf den Boden prallen, streckt sich aus, holt aus und schickt den Ball gezielt an die Wand. Der Ball prallt ab und fliegt zu Kens Schläger zurück. Er holt aus und trifft wieder. Aus dem Hin und Her wird ein steter Rhythmus.

Sein Spielpartner lehnt sich an die Seitenwand und wischt sich den Schweiß mit einem Zipfel seines T-Shirts aus der Stirn. Er nimmt seinen Schläger und streckt die Arme über den Kopf, während Ken sich warmspielt.

Dann nickt Ken ihm zu zum Zeichen, daß er bereit ist, und das Spiel fängt an. Sein Gegenüber gibt ihm einen leichten Ball an, und Ken schlägt ihn ebenso leicht zurück. Allmählich steigt das Tempo. Der Ball trifft die Wand ein ums andere Mal mit einem dumpfen Aufprall. Die Schuhsohlen der beiden Spieler quietschen auf dem glatten Fußboden bei jedem Schritt. Jeder der beiden konzentriert sein Spiel auf die Feldmitte. Der Gegenspieler holt aus und schlägt den Ball tief in eine Ecke. Ken fliegt ihm nach, doch der Ball ist verloren.

Er stellt sich zu einer neuen Angabe auf, mit voller Konzentration.

Das Spiel geht weiter; auf beiden Seiten werden Punkte erzielt. Ich bin fasziniert von dem unterschiedlichen Stil der beiden. Kens Gegner tanzt mit hüpfenden Bewegungen auf dem Spielfeld auf und ab. Kens Spiel ist viel überlegter, eleganter. Er spielt brillant, mit graziösem Schwung und Symmetrie. Ich staune.

Um unseren Tisch finden sich weitere Zuschauer ein. Ich fange einige ihrer Bemerkungen auf; sie unterhalten sich in einer Art Tennis-Jargon über den Spielstand und den Stil. Es freut mich, so viele anerkennende Dinge über Ken zu hören. Ich bin stolz auf ihn, und ich bin froh, daß er diesen Teil seiner Welt mit mir teilen will.

Das Spiel ist vorüber, und Ken schüttelt seinem Gegner die Hand. Der Mann neben mir legt sich sein Handtuch wieder um die Schultern und steht auf.

„Nicht schlecht!" meint er. „Ihr Bekannter spielt nicht schlecht."

Ich lächele zurück. Gewiß hat Ken das Spiel gewonnen.

Die Tür öffnet sich, und Ken kommt hinter der Glaswand hervor. Der Schweiß rinnt ihm nur so über das Gesicht. Er greift ein Handtuch aus seiner Tasche heraus.

„Ist alles in Ordnung mit dir?" fragt er, wobei er sich den Hals und die Stirn trocken reibt.

„Mit *mir*?" frage ich verwundert zurück.

Er löst den Handschuh von seinem Handgelenk.

„Ja, also ... mach dir keine Sorgen um mich! Ich schwitze hier jedes Mal ein paar Pfunde runter", erklärt er mir. Er faßt den unteren Rand seines T-Shirts, zögert aber dann. „Macht's dir was aus, wenn ich schnell mein Hemd wechsle?"

Ich lächle achselzuckend. Er reißt sich das Hemd vom Leib und wirft es über eine Stuhllehne. Seine dunkle Haut glänzt vor Schweiß. Jeder Muskel ist von glitzernden Perlen bedeckt. Er beugt sich vor, um ein frisches Hemd aus der Tasche neben mir zu holen. Plötzlich hat der Augenblick etwas sehr Persönliches an sich. Leicht verlegen schaue ich weg.

Er rollt sein feuchtes Hemd in ein Handtuch ein und steckt das Ganze in die Tasche zurück.

„Komm, laß uns was trinken gehen!" schlägt er vor und geht zur Saftbar voraus. Mit einer Dose Pepsi in der Hand deutet er unterwegs auf die Umkleideräume, die kleine Sportboutique, die Sauna und die Jacuzzis.

„Wenn wir Zeit hätten und du einen leichteren Stuhl hättest",
sagt er mit einem Blick auf meinen schweren elektrischen Rollstuhl, „dann könnte ich dir die Aerobic-Halle der Mädchen zeigen." Er deutet auf die Decke über uns, die unter dem gedämpften Klang von Rockmusik und dem Rufen und Händeklatschen
der Mädchen leicht vibriert.

„Gibt es keinen Aufzug hier?"

Er schüttelt den Kopf, als wolle er sagen, wie leid es ihm tut.

„Schon gut", tröste ich ihn. Gerade kommt eine Gruppe junger Mädchen aus dem Umkleideraum und steuert auf die
Treppe zu. Sie alle tragen hautenge Gymnastikanzüge, die an
den Hüften hoch ausgeschnitten sind. Die Strumpfhosen, allesamt in den neusten Modefarben Pink, Türkis und Kanarien-
gelb, sind aus glänzendem, glattem Strick. Elastikgürtel und
Stirnbänder, Goldkettchen und flauschige Beinwärmer machen
den „Look" komplett. Lachend und bester Dinge hüpfen sie die
Treppe hinauf.

„Vielleicht können wir uns den Aerobicraum ein anderes Mal
ansehen. Ich glaube kaum, daß ich da ... reinpasse, sozusagen."
Ich werfe ihm ein wissendes Lächeln zu.

Ken und ich machen uns auf den Weg zu meinem Bus. Während ich die Tür mit dem Kippschalter öffne und den Lift herab-
lasse, spende ich Ken ein Lob für sein brillantes Spiel.

„Das ist jetzt nicht übertrieben gemeint, aber du warst wirklich spitze! Du hast eine erstklassige Koordination und echtes
Können."

Mein Rollstuhl fährt auf den Lift, und nach weiterem Knopf-
drücken bin ich im Inneren des Fahrzeugs. Die Treibriemen unter meinem Stuhl quietschen vor Protest, als ich in die Fahrernische rolle. Der Stuhl arretiert, und ich bin mir nur entfernt meiner eigenen unkoordinierten, ruckartigen Bewegungen bewußt.

Ken steigt in den Bus, und wir fahren heim.

Das Haus ist dunkel und leer. Judy und Kerbe sind ausgegangen, jedoch nicht ohne alles für uns bereitzustellen. Das
Schneidbrett und die Messer liegen auf der Arbeitsfläche in der
Küche. Der Tisch ist festlich für zwei Personen gedeckt: Leinen-
servietten, Sets und Kerzen fehlen nicht. Die Kaffeemaschine
braucht nur noch eingeschaltet zu werden. Fleisch, Zwiebeln,

Champignons und Sellerie warten im Kühlschrank. Ken will mir ein asiatisches Gericht vorführen.

Während er unsere Dusche benutzt, rolle ich im Haus umher, um überall Licht zu machen. Nachdem ich auch das Radio eingeschaltet habe, rolle ich in die Küche zurück, um auf Ken zu warten.

Als er in einem sauberen Hemd und Trainingshose wieder erscheint, erkläre ich ihm, wo er alle Utensilien finden kann. Er holt die Ölflasche und stellt sich das Fleisch und das Gemüse neben dem Schneidbrett zurecht. Dann streicht er prüfend über die Messerklinge, nimmt sich die Selleriestaude und beginnt, sie im schrägen Winkel millimetergenau zu schneiden, als sei er einer der gefeierten japanischen Köche in einer Suschi-Bar.

„Das hab' ich von meiner Mutter gelernt." Er strahlt voller Stolz und nimmt sich ein zweites Stück Sellerie.

Ich rolle näher an die Anrichte heran, um ihn besser bei der Arbeit beobachten zu können.

„Je schräger der Winkel, desto feiner das fertige Gericht", erklärt er. „Hier, ich zeig' dir, wie du's machst. Leg mal deine Hand hier oben hin. Du nimmst also den Sellerie und hältst ihn ..." Er unterbricht sich. „Nun, dann faßt du das Messer so." Er schaut zu mir herunter. Einen Augenblick hat er vergessen, daß ich meine Hände nicht gebrauchen kann.

Keiner von uns sagt etwas darüber, und er schneidet die Pilze und Zwiebeln klein. Nach zwanzig Minuten des Kleinschneidens wirkt alles nur noch wie routiniertes Arbeiten.

Schließlich legt er das Messer neben die Fleischscheiben und stützt sich schweigend mit den Ellbogen auf die Anrichte. Ich sehe von meinen kraftlosen Händen auf meinem Schoß zu seinen starken, muskulösen Händen hinauf, die sich nun um die Kante der Anrichte klammern.

„Ich wünschte, du könntest mir helfen", flüstert er und starrt durch das Fenster über der Spüle nach draußen.

„Das wünsche ich mir auch."

Dann begegnen sich unsere Blicke. Er lächelt, lehnt sich zurück und holt tief Luft. Dann nimmt er das Messer, legt eine Scheibe Fleisch auf das Schneidbrett und fährt mit der Arbeit und den Erklärungen fort.

Judy, Kerbe und ich fliegen zu Weihnachten 1980 zu meiner Familie an die Ostküste. Ich lasse ein kaltes, verschlossenes Haus zurück, einen halbgeschmückten Weihnachtsbaum, der hilflos dem Vertrocknen ausgesetzt ist, einen Weihnachtskranz, der seinen Bestimmungsort an der Haustür dieses Jahr nicht erreicht hat, und mehrere Stapel von Grußkarten auf dem Küchentisch. Die Aschenrückstände, die wir leider nicht mehr vor unserer Abreise aus dem Kamin entfernt haben, werden das ganze Haus mit einem abgestandenen Geruch erfüllen.

Dieses Jahr wird Weihnachten zwischen Kalifornien und Maryland aufgeteilt. Trotzdem gehört für mich zu Weihnachten nun mal die Farm zu Hause. Eineinhalb Jahre in Kalifornien sind nicht genug, um eine neue Tradition für die Festtage aufzubauen, selbst wenn ich mich dort ansonsten schon ganz heimisch fühle.

Wie kein anderes Fest des Jahres ruft Weihnachten nostalgische Bilder hervor: Freunde und Verwandte reichen einander die Hände zum Gebet um den gedeckten Festtagstisch; eingecremte Tanten, die nach Lavendel, Pelzmantel und Seide duften; Basen und Vettern, die man zwar jahrelang nicht gesehen hat, aber mit der alten Herzlichkeit begrüßt; Nachbarn, die zum Kaffeetrinken auf Besuch kommen und sich zu der Familie an den Kamin setzen, wo in fröhlicher Runde Weihnachtslieder gesungen werden.

Nur ein Original von Currier und Ives kann die Atmosphäre einfangen, die unser Steinhaus – mit seinen kerzenerleuchteten Fenstern und den Schneewehen entlang der Mauer – umgibt. Kathy, die uns am Flughafen abgeholt hat, fährt uns an der Scheune vorbei, wo die Pferde mit den Hufen scharren und vor Hunger ungeduldig schnauben, daß es nur so dampft. In der Einfahrt halten wir an. Der Kater Charlie, der in seinem Winter-

fell gleich viel runder wirkt, springt auf unsere vom Motor ge-
wärmte Kühlerhaube, um sich behaglich darauf niederzulassen.
Die dünne Eisschicht auf dem Schnee knirscht unter dem Gewicht meines Rollstuhls, als ich nun auf die Haustür zusteuere.
Ich atme tief ein, bis meine Lungen schmerzen.

„Da bist du ja!" ruft Jay mir mit ausgebreiteten Armen zu.
„Du kommst gerade richtig zu einer Runde heißer Schokolade!" Es duftet nach Kerzen und Tannengirlanden. Obwohl
meine Arme in meiner geborgten Daunenjacke wie in einem
Verband stecken, hebe ich sie zum Zeichen, daß Jay mich umarmen soll. Sie beugt sich zu mir und drückt mich an sich, daß die
Luft zischend aus den Jackennähten entweicht.

„Wo ist Earecka denn?" frage ich gespannt. Ich kann es kaum
erwarten, meine achtmonatige Nichte endlich zu sehen.

Jay zeigt auf den Weihnachtsbaum, unter dem sie in ihrem rosafarbenen Schlafanzug sitzt und die eingepackten Geschenke
studiert. Von mir und dem kleinen Stofftier, das ich schnell auf
dem Flughafen für sie erstanden habe, nimmt sie kaum Notiz.
Ihre ganze Aufmerksamkeit gehört nun den elektrischen Kerzen
und dem Lamettaschmuck.

„Earecka, komm und sag mal ‚guten Tag' zu Tante Joni!" ruft
Jay.

Sie breitet ihre kleinen Händchen auf dem Boden aus, hebt
das Hinterteil in die Höhe und macht sich auf allen Vieren auf
den Weg zu meinem Rollstuhl. Neben dem rechten Rad bleibt
sie stehen und zupft an den Speichen wie an den Saiten einer
Harfe. Auf den metallenen Klang hin strahlt sie selig.

„Ein außerordentlich begabtes Kind", bemerke ich zu Jay
und Rob. „Die meisten hätten jetzt nur den Reifen gepackt und
daran geknabbert."

Spät am Abend liege ich endlich im Bett und lausche den sanften Klängen von Vivaldis Weihnachtsmusik, die das Haus durch-
wehen. Dieser Moment gehört mir allein: die Stille, die Musik,
das Gefühl, endlich wieder in unserem alten Farmhaus zu sein.
In Gedanken wandere ich zu anderen, früheren Weihnachtsfes-
ten zurück, Erinnerungen, die ich schon zahllose Male im
nachhinein durchlebt habe. Da ist das letzte Weihnachten, an
dem ich mich noch bewegen konnte, nur wenige Monate vor
meinem Unfall ...

Es hat kräftig geschneit, und aus dem Nachmittag ist allmählich eine böige, kalte Dämmerung geworden. Dick, ein Schulkamerad von mir, und ich beschließen, uns mit seinem robusten kleinen Volkswagen auf die verschneiten Straßen zu wagen. Die Räder sind mit Schneeketten ausgerüstet. Als wir die Innenstadt von Baltimore erreicht haben, sind die Geschäftsstraßen wie leer gefegt. Dick und ich werfen den festlich gekleideten Schaufensterpuppen in einem der ersten Geschäfte am Ort eine Kußhand zu, als gehörten sie zu unserer Clique. An der Ecke Howard-Straße bleiben wir stehen und hören wie gebannt dem Glockengeläut der Kathedrale auf der Mulberry-Straße zu, das durch eine Seitengasse zu uns dringt. Wir fühlen uns von den Glocken zu der Kirche gerufen.

Vorsichtig steigen wir die verschneiten Stufen zum Portal hinauf und treten uns die Schneereste von den Stiefeln. Dick und ich gehen auf dem Mittelgang nach vorn und reiben uns die eiskalten Hände warm. Die Kirche ist leer; nur eine alte Frau kniet vor dem Altar. Wir setzen uns in eine Bank. Ich lehne mich zurück, um zu der hohen, stillen Decke des Kirchenschiffs hinaufzuschauen und den Duft der Kerzen und des gewachsten Holzes tief einzuatmen ...

Ein ächzender Windstoß reißt mich aus meinen Träumen. Die Fensterbalken knarren. Die Erinnerung verbleicht vor meinem inneren Auge wie ein altes Foto. Als der Wind sich ein wenig gelegt hat, wandere ich in Gedanken zu einem anderen Weihnachtsfest zurück.

Ich sitze im Sattel und schmettere Weihnachtslieder mit meiner Familie. Wir reiten eine nasse Straße entlang und halten unter einer Ecklaterne, um mitten im Schneetreiben zu singen ...

Dann muß ich plötzlich an das erste Weihnachten nach meinem Unfall denken.

Mein Onkel und meine Vettern haben mir ein Paar kurze, stabile Skier für meinen Rollstuhl gebastelt. Sie schieben mich auf die kleine Anhöhe in der Nähe unseres Farmhauses, schrauben die Räder auf den Kufen fest und manövrieren mich zur Abfahrtsstelle. Mit einem lautstarken „Juchuuuh!" springt mein Vetter Eddie auf die Kufenenden, und gemeinsam sausen wir den Hang hinab. Unter viel Rufen und Jubelschreien erreichen wir das Tal – ohne zu stürzen!

Hinter meinem von Eisblumen verziertem Schlafzimmerfenster fällt lautlos der puderfeine Schnee. Ich vergrabe den Kopf unter Jays warmer Norwegerdecke und überlege, ob der Kater Charlie wohl im Scheunenstroh eine warme Zuflucht vor Eis und Kälte gefunden hat.

Die Woche fliegt nur so dahin: Kaffeeklatsch, verschiedene Einladungen, Mitternachts-Abendmahl an Heiligabend. Die Feier von Christi Geburt hat etwas wunderbar Beständiges, Unveränderliches an sich. Wie eh und je sitzen wir in der kleinen, von Kerzen erleuchteten Episkopalkirche, hören die vertraute Geschichte aus dem Lukasevangelium und singen die alten Weihnachtslieder. Ich bin froh, das alles unverändert wiederzufinden.

Bei uns daheim ist dagegen vieles inzwischen anders geworden. Unsere Familie ist gewachsen. Jay ist die Mutter eines kleinen Mädchens. Wir bekommen Besuch von allerhand Bekannten aus Robs Studio. Mit Daddys Schwerhörigkeit und seiner Arthritis ist es schlimmer geworden. Kathy unterrichtet eine andere Klasse. Linda hat ein neues Auto.

Selbst meine guten alten Freundinnen haben sich verändert. Betsy arbeitet jetzt bei „Young Life" in Dallas. Diana ist Mutter zweier Jungen, die sie zwischen Schule, Elternhaus und Fußballplatz umherchauffiert. Steve und Verna erwarten wieder ein Kind. Dick ist verheiratet und hat ebenfalls Kinder. Auch von den anderen haben einige inzwischen geheiratet, und ein paar sind fortgezogen.

Die Kiefern hinter der Farm sind viel höher, als ich sie in Erinnerung hatte. Auf einem benachbarten Acker ensteht eine Neubausiedlung. Der Kater Charlie ist von einem neuen Lieblingstier der Familie enthront worden: ein Hund namens Grizz beherrscht nun die Szene. Irgendwie ist mein Zuhause nicht mehr das, was es einmal war. Das Leben in Maryland ist, genau wie ich selbst, anders geworden.

Am Abend vor meiner Rückreise nach Kalifornien sitze ich in der Küche und unterhalte mich mit meiner Mutter und meinen Schwestern, die gerade das Geschirr abwaschen. Mutter steht am Spülbecken, die Hände voller Seifenlauge. Dann wendet sie sich plötzlich um, und unsere Blicke begegnen sich. Ich kann ihr ansehen, daß sie mich jetzt schon vermißt.

Das Küchentelefon klingelt. Mutter trocknet sich die Hände an einem Geschirrtuch ab und nimmt den Hörer ab.

„Ja, hier ist Frau Eareckson. Ja ... ach, tatsächlich?" Sie wirft mir einen Blick zu. „Ja, es ... es wäre nett, Sie auch mal kennenzulernen. Moment bitte, ich gebe Ihnen Joni eben."

Mutter zieht die Schnur gerade und reicht mir den Hörer.

„Ein Bekannter von dir aus Los Angeles ... ein Mann", fügt sie mit großen Augen hinzu. Kathy nimmt den Hörer und hält ihn an mein Ohr.

„Ja? Ken?" Ich kann die Aufregung in meiner Stimme kaum verbergen. Die Frauen der Familie sind aus Rücksicht still; sie stapeln die Teller so geräuscharm, wie es nur irgend geht, in den Schrank.

„Mein neuer Bekannter Ken", flüstere ich ihnen zu. „Ich hab' euch doch schon von ihm erzählt, erinnert ihr euch?" Jay und Mutter tauschen einen fragenden Blick aus.

„Ja ... ja, wir haben auch schönes Wetter hier. ... Ach, wirklich?" Ich drehe den Kopf von dem Hörer weg und flüstere den anderen zu: „Er sagt, sie haben siebenundzwanzig Grad dort ... sonnig ... er ist schon fischen gewesen!" Jay wirft sich das Trockentuch über die Schulter, verschränkt die Arme und lehnt sich gegen die Spüle. Mit einem verschmitzten Grinsen hält sie sich dann eine Hand ans Ohr und gibt vor, schwerhörig zu sein.

Ich schließe die Augen und halte den Kopf dicht an das Telefon. Ken erzählt mir von einer Party, die er allein besucht hat, einem Hallentennisspiel mit seinem Kumpel vom Sportclub, vom Gottesdienst am Sonntag und der Predigt, die John MacArthur gehalten hat. Er erwähnt auch, daß er Rana und Vicky bei der Gelegenheit kennengelernt und dem Büro von „Joni and Friends" einen kurzen Besuch abgestattet hat.

„Wie geht's Judy? Und ist Kerbe bei ihren Eltern?" fragt er. „Du verpaßt herrliches, warmes Wetter hier ... Wann kommst du nach Hause?"

„Morgen ... Ja, ich ... du fehlst mir auch, Ken."

Kathy hängt den Hörer wieder ein. Plötzlich erscheint mir Kens warme Stimme wieder Tausende von Meilen entfernt. Er fehlt mir wirklich. Doch wenn ich mich umsehe, fehlt mir auch meine Familie seltsamerweise, obwohl wir doch gerade dabei sind, uns in der Küche niederzulassen, um Kuchenreste zu einer Kanne heißen Tees zu verspeisen. Ich möchte nicht, daß das Leben sich verändert, aber genau das ist doch längst geschehen.

Und dennoch bin ich diejenige gewesen, die als erste von daheim ausgezogen ist. Damit habe ich nicht nur für Veränderungen in meinem eigenen Dasein gesorgt, sondern auch in dem der ganzen Familie. Ich war es, die unbedingt umziehen wollte. Und ich bin vielleicht auch diejenige, die sich am meisten verändert hat.

Am nächsten Morgen hilft meine Mutter Jay beim Packen meines Koffers. Sie faltet Pullis zusammen und füllt die Ecken des Gepäckstücks mit allerhand Kleinigkeiten aus. Tief in meinem Innern spüre ich, wie sich etwas verkrampft. Ich bin mir nicht sicher, ob es das Reisefieber vor meinem Rückflug nach Kalifornien ist oder die Angst vor dem Abschied von Maryland.

Mutter richtet sich von dem Koffer auf und reibt sich die Stirn.

„Ich glaube kaum, daß wir alles unterbringen können."

Sie wirft einen kritischen Blick auf den Stapel von Weihnachtsgeschenken, der neben dem Koffer auf meinem Bett liegt. Zwei davon wählt sie aus.

„Laß doch diese Parfümseifen einfach hier, bis du das nächste Mal kommst!" rät sie. „Du brauchst sie doch wirklich nicht mit nach Hause zu nehmen!"

„Bist du dir bewußt, was du da gerade gesagt hast?" frage ich lachend.

„Ja, bin ich", nickt sie, wobei sie sich auf den Kofferdeckel setzt, um die Schlösser einzurasten. „Ich weiß genau, was ich gesagt habe." Sie faßt den Koffergriff mit beiden Händen und hebt das schwere Gepäckstück vom Bett auf den Fußboden.

„Dieser Blick in deinen Augen, als du gestern abend telefoniert hast, ist mir nämlich nicht entgangen." Sie droht mir im Scherz mit dem Zeigefinger.

„Aber Mama, ich hab' doch kaum ..."

„Laß nur", sagt sie und glättet den Überwurf auf dem Bett. „Heimat ist da, wo das Herz ist."

Ken trägt mich zur Couch. Scruffy macht, daß er ihm aus dem Weg kommt. Es ist eine Wohltat, nach einem kühlen Nachmittag unten am Kai von San Pedro endlich wieder daheim am offenen Kamin zu sitzen.

„Du verreist also gern?" rufe ich Ken zu, der gerade in der Küche ist. Das Gespräch über Reisen haben wir bei Waffeln mit Schlagsahne und einer Tasse Tee in einem kleinen Café angefangen, von wo aus wir Frachtschiffe von Europa und aus dem Orient draußen auf dem Ozean beobachtet haben.

„Ja, ich reise gern. Aber bisher hatte ich kaum Gelegenheit dazu. Warum fragst du?"

„Ich habe gerade noch an das gedacht, was du heute nachmittag über Reisen in fremde Städte gesagt hast." Doch auch an etwas anderes habe ich gedacht. Nämlich daran, wie gern ich doch in unserem Wohnzimmer vor dem offenen Kamin sitze. Besonders, wenn Scruffy es sich am anderen Ende der Couch gemütlich macht. Und ganz besonders gern, wenn Ken bei mir ist.

„Vielleicht kann ich ja irgendwann mal mit dir verreisen", sagt er, als er mit einem Glas Nüsse wieder das Wohnzimmer betritt.

„Ja, vielleicht." Der Gedanke, daß Ken mich auf meinen Reisen begleiten würde, sagt mir außerordentlich zu. Allerdings sind Besuche in Krankenhäusern, Rehabilitationszentren und Kirchen, ob hier in Amerika oder im Ausland, kaum so romantisch wie die Reisen in die Südsee, die in den bunten Prospekten der Reisebüros angepriesen werden. Und wie stellt er sich das überhaupt vor? Immerhin haben wir uns erst kürzlich kennengelernt.

„Worüber sprichst du eigentlich, wenn du auf solchen Reisen deine Vorträge hältst?" will er wissen. Er setzt sich mit einer Handvoll Nüsse neben mich auf die Couch.

Ich hebe meinen Arm über die Sofalehne, um mein Gleichgewicht zu festigen.

„Also, weißt du, ich spreche darüber, daß Gott unser Leben in der Hand hat ... über unsere Behinderung. Viele Behinderte haben so viele Fragen, daß sie keinen Ausweg mehr sehen. ‚Joni and Friends‘ wollen den Ortsgemeinden helfen, sich für solche Leute zu engagieren. Aber viele Gemeinden wissen wiederum nicht recht, wie sie's anfangen sollen. Also versuchen wir, Seminare zu halten, finanzielle Unterstützung zu geben, seelsorgerliche Briefe zu schreiben und Informationen zu geben." Ich beuge den Kopf zurück, und er steckt mir ein paar Nüsse in den Mund. Nachdenklich kaue ich. Dann frage ich: „Interessiert dich das alles wirklich?"

„Gewiß. Eure Arbeit ist vollkommen anders als das, was ich in der Schule oder bei ‚Young Life‘ mache." Er hält mir die Nüsse entgegen. „Möchtest du noch mehr?"

„Nein, wirklich nicht. Dank' dir", sage ich abwesend. „Wie sieht deine Arbeit eigentlich genau aus?"

„Wie meine Arbeit aussieht?" Ken steht auf, um ein Holzscheit in den Kamin nachzuschieben. „Also, ich habe von früh bis spät Teenager um mich. Ich unterrichte einen Kurs nach dem anderen. Ich rede mit den Schülern in den Gängen, in der Pause, nach der letzten Klasse. Ich trainiere die Football-Mannschaften jeden Nachmittag. Freitags abends gehe ich zu den Spielen." Er schiebt das Kamingitter beiseite. „Mittwochs abends gehe ich zu den Veranstaltungen von ‚Young Life‘." Dabei wirft er ein Holzscheit auf das Feuer und stochert in der Asche.

Er wendet mir den Rücken zu und reibt sich den Ruß von den Händen. Sein Anblick fasziniert mich ungeheuer; in seiner blauen Baumwollhose, dem dunkelblauen Pulli, den lässigen Sandalen und seinem vom Wind zerzausten Schopf wirkt er männlich-leger. Am Kamin bleibt er stehen, um sich die Hände zu wärmen. Die Sonne sinkt tiefer in den Nachmittagshimmel hinein, und das Wohnzimmer wird plötzlich dunkler. Im Zwielicht verfließen seine Züge, und ich sehe ihn nur noch als Umriß vor den Flammen des Kaminfeuers.

„Ich weiß selbst, wie's ist, wenn man vor lauter Fragen keinen Ausweg mehr weiß, als hätte man überhaupt kein Ziel. So ist es mir in meiner Schulzeit ergangen." Er sieht zu Boden. „Und an der Uni war's auch nicht viel besser. Aber dann hat mich jemand gebeten, bei einem ‚Young Life'-Wochenende zu helfen, das Sportprogramm zu organisieren. Damals war ich noch kein Christ." Nun wendet er sich mir zu und streicht sich über die Stirn. „Als ich dann hörte, wer Jesus überhaupt ist und was er für mich getan hat ... sogar, als ich mich keinen Deut um ihn kümmerte, da ... wußte ich irgendwie, daß ich nicht so gehen konnte, wie ich gekommen war."

Ich kann sein Gesicht nicht sehen, doch ich weiß, daß seine Augen mich mit der Zartheit anschauen, die ich in seiner Stimme höre. Er schweigt einen Augenblick lang. Ich bin tief beeindruckt von seiner Empfindsamkeit, die mit seiner körperlichen Kraft einhergeht. Diese Zartheit habe ich schon wiederholt an ihm bemerkt. Das ist auch einer der Gründe, weshalb ich mich so sehr zu ihm hingezogen fühle.

„Joni, hör mal ... Ich weiß nicht, warum Gott uns zusammengeführt hat", sagt er dann unvermittelt, indem er vom Kamin an seinen Platz neben mir zurückkehrt. „Ich weiß aber, daß ich wirklich gern bei dir bin." Seine mandelförmigen Augen glänzen im Schein des Feuers.

„Ich mag dich auch sehr, Ken."

„Nein, ich meine ..." Er schüttelt den Kopf und sieht mich direkt an. „Ich meine, daß ich mir noch nie so sicher war, daß ..."

„Ja?" Ich glaube zu ahnen, was er mir sagen will, und das macht mich plötzlich entsetzlich aufgeregt.

„Joni, ich habe dir Dinge über mich selbst erzählt, die ich nicht jedem sage. Und ich fühle mich einfach stark in deiner Gegenwart ... nicht nur gefühlsmäßig, sondern auch im Glauben." Er greift sich das Glas mit den Nüssen vom Tisch und dreht den Deckel darauf hin und her. „Aber ... aber ich hab' Angst."

Er schaut auf.

„Weißt du," sagt er und stellt das Glas auf den Tisch zurück, „wenn einer von den Jugendlichen bei ‚Young Life' mit seinem Liebeskummer zu mir kommt – angenommen, er hat eine Freundin, aber die beiden können sich nicht recht einig miteinander werden –, dann bekomme ich manchmal die unglaublichsten Fragen zu hören. ‚Woran sehe ich, daß diese Beziehung Gottes Wille für mich ist, Herr Tada?'" Er wirft die Hände in die Luft. „Oder ein Mädchen, das gerade mit ihrem Freund Schluß gemacht hat, kommt in mein Büro und heult sich die Augen aus dem Kopf. ‚Er redet kein Wort mehr mit mir, Herr Tada!'" Wieder wirft er die Hände in gespielter Verzweiflung in die Luft.

„Und weißt du auch, was ich ihnen sage?" Er sieht mir in die Augen. Seine Gesichtszüge leuchten matt im Feuerschein auf. „Ich sage ihnen, wenn sie einen festen Freund oder eine feste Freundin haben, dann geht die Sache im allgemeinen auf zweierlei Art und Weise aus: entweder heiraten sie eines Tages, oder sie trennen sich, weil sie sich nicht mehr verstehen."

Von einem Geräusch an der Haustür aufgeschreckt, springt Scruffy von der Couch. Kerbe kommt nach Hause.

„Hallo!" ruft sie uns ein wenig befangen zu. „Tut mir leid, wenn ich euch gestört habe."

Ken holt tief Luft, begrüßt sie herzlich und steht auf, um ihr mit ihren Einkaufstaschen zu helfen. Ich bin mir nicht sicher, ob ich traurig oder froh sein soll über die Unterbrechung. „Laß nur, Kerbe! Es wird ohnehin höchste Zeit, daß ich von der Couch komme." Ich gähne und strecke meine steifen Arme aus, bis sie sich verkrampfen. „Würdest du mir wohl aufhelfen, wenn du mit dem Einräumen fertig bist?"

Kerbe und Ken gehen in die Küche, schalten das Licht ein und verstauen die Lebensmittel. Ken kommt ins Wohnzimmer zurück, rückt den Couchtisch beiseite und schiebt meinen Rollstuhl an mich heran. Gemeinsam heben die beiden mich dann in den Stuhl und ziehen mir meinen Pulli wieder gerade.

„Ich ... äh, ich geh' in mein Zimmer", sagt Kerbe etwas unbeholfen. „Ich hab' noch ne Menge zu tun, äh ... Schubladen aufräumen, weißt du." Sie verschwindet mit einem Lächeln und einem Winken. Dann höre ich auch schon die Tür zu ihrem Zimmer ins Schloß fallen.

Ken steht mit Scruffy auf dem Arm vor mir und streichelt ihr den Hals. Ich warte darauf, daß er etwas sagt, doch dann nehme ich das Thema selbst wieder auf.

„Du hast also Angst, daß wir zuviel Zeit miteinander verbringen, um ... um einfach nur befreundet zu bleiben, stimmt's?"

„Ja, genau das meine ich, Joni. Es ist wirklich schwierig für einen Mann und eine Frau über dreißig, dazu alleinstehend ... es ist tatsächlich schwierig, nur lose befreundet zu bleiben. Eigentlich wäre mir's lieber so – aber andererseits auch wieder nicht", sagt Ken. „Ich fürchte, ich werde meine eigenen Ratschläge beherzigen müssen, die ich sonst immer für meine Schüler parat habe ..." Er unterbricht sich und schweigt.

Er stellt Scruffy wieder auf den Fußboden und stützt seine Hände auf die Armlehne meines Rollstuhls.

„Ich kann mir gar nicht vorstellen, dich nicht ständig um mich zu haben." Er nimmt meinen Kopf in beide Hände und beugt sich zu mir, um mich zu küssen.

Im Kamin knistert das Feuer.

„Ich habe Angst", flüstere ich.

„Ja. Ich auch."

„Und was machen wir als nächstes?"

Ken geht neben meinem Rollstuhl her. Seine Arme sind von zwei Schachteln Popcorn, einem Eis am Stiel und zwei Limonadendosen überladen. Seine Mickymaus-Mütze hängt bedrohlich schief auf seinem Kopf. In letzter Sekunde hat er eine Hand befreit, um sie aufzufangen. Dies ist die andere Charakterseite des sonst so ernsthaften Oberschullehrers: ein erwachsener Lausejunge, der sich im Vergnügungspark „Disneyland" einen schönen Tag macht.

„Wie wär's mit der gruseligen Achterbahn drüben am anderen Parkende?" schlage ich vor. „Ich bin noch nie darauf gefahren, aber du bist doch stark. Zusammen werden wir schon nicht aus dem Wagen fallen!"

„Prima. Komm, wir gehen!" Ken setzt mir seine Mickymaus-Mütze auf und lädt die Schachteln und Dosen auf meinem Schoß ab. „Wenn wir's noch schaffen wollen, dann müssen wir uns aber mächtig sputen. Die Leute stehen in riesigen Schlangen davor an." Die letzte Schachtel Popcorn schiebt er mir zwischen die Knie.

Ich setze ein spitzbübisches Grinsen auf und lasse meinen Rollstuhl im gemütlichsten Tempo den Bürgersteig entlangsurren.

„Was ist denn los?" Ken baut sich hinter meinem Stuhl auf und gibt mir einen kräftigen Schubs nach vorn. „Wir haben schließlich nicht den ganzen Tag Zeit."

„Aha! Da habe ich aber eine Überraschung für dich", sage ich mit einem geheimnisvollen Ausdruck im Blick.

„Was hast du denn vor?"

„Du wirst's schon sehen."

Wir erreichen die Achterbahn und drängen uns durch die Menschenmenge vor dem Einlaß hindurch.

„Entschuldigung ... bitte, lassen Sie uns vorbei ... Achtung, Ihre Zehen! ... Entschuldigung ... Verzeihen Sie ...“ So komme ich Stück um Stück voran.

Ken folgt mir vollkommen verständnislos. Als ich um ein Haar einem der Wartenden in die Schienbeine gefahren wäre, beugt er sich zu mir herunter und flüstert mir zu: „Was soll das Ganze? Wir können uns doch nicht einfach vordrängeln!“

„Ich drängele mich ja gar nicht vor“, flüstere ich zurück. „Ich will ja nur zum hinteren Eingang.“

Endlich haben wir die Hintertür erreicht, wo uns ein junger Bursche im Bayernkostüm hereinläßt.

„Siehst du, wie's gemacht wird?“ sage ich nur.

„Achtung, passen Sie auf!“ warnt uns der Bursche. Wir drängen uns an die Wand, um nicht von dem Strom der Besucher, die auf dem Weg zum Ausgang sind, mitgerissen zu werden. Wir fühlen uns wie zwei Lachse, die gegen die Strömung anschwimmen.

Inmitten des Kettenrasselns und des Lärms der Menschenmenge heben Ken und unser Führer in dem Bayernkostüm mich in einen der wartenden Schlitten. Hastig schließt der Junge meine Gurtschnalle, und Ken rutscht auf den Sitz hinter mir. Von hinten werden wir von dem nächsten Wagen gerammt. Ken faßt mich mit seinen Armen und streckt seine Beine links und rechts an meinem Sitz vorbei. Im nächsten Augenblick fährt das Gefährt auch schon mit einem Ruck los.

„Ich kann noch nicht, ich bin noch nicht soweit!“ rufe ich verzweifelt.

Unser Schlitten gleitet auf den Schienen voran.

„Sitze ich auch richtig?“ rufe ich.

Der Schlitten bleibt ruckartig stehen, bevor er auf die Weiche zur Steigung rattert.

„Ja, du sitzt gut ... Wie soll ich dir helfen?“ ruft Ken zurück.

„Ich weiß auch nicht. Ich glaube ... ich glaube, ich komme um!!!“

Der Achterbahnwagen fährt durch eine Berglandschaft aus Pappmaché aufwärts, durch einen künstlichen Windstoß voran und oben auf der Anhöhe in völlige Dunkelheit hinein. Mit einem Ruck hakt sich der Kettenzug unter uns aus, und der Schlitten beginnt in die Tiefe zu stürzen. Die Passagiere kreischen laut.

Wir sausen den Abhang hinunter in die dunkle Bergwelt aus Pappmaché hinein.

„Halt mich fest! Halt mich bloß fest!" schreie ich vor Entsetzen. Mit jeder Kurve schlagen meine Beine gegen die Seitenwände des Schlittens. „Ich kann mich nicht aufrecht halten!"

„Was sagst du?" ruft Ken zurück.

Er läßt den Haltegriff los und rutscht weiter vorwärts, um mich fest an seinen Oberkörper zu ziehen. Ohne uns an dem Schlitten festhalten zu können, sind wir dem Schlagen und Rütteln des Gefährts hilflos ausgeliefert. Als es um eine scharfe Ecke geht, werden wir gegen eine Wand des Schlittens geworfen. Ken ist völlig außer Rand und Band und lacht lauthals.

Nach endlos erscheinenden Minuten verlangsamt der Schlitten die Fahrt und kommt vor dem Ausgang zum Stehen.

„Na, wie war's?" erkundigt sich der junge Bayer lachend, als er uns am Boden des Schlittens liegend entdeckt. „Hier, ich helf' Ihnen schnell." Er reicht uns seine Hand. „Übrigens dürfen Behinderte hier umsonst eine zweite Runde drehen, wenn sie wollen. Das erspart das umständliche Ein- und Aussteigen."

„Ist ja 'ne Wucht", sage ich spöttisch. „Ihr wollt uns wohl loswerden, wie?"

„Ist doch ein großzügiges Angebot", meint Ken. „Komm, Joni, wir fahren nochmal los!"

Er lacht vor Vergnügen und rutscht wieder auf seinen Sitz hinter mir. Der nächste Schlitten rammt unseren schon und schiebt uns auf die Bahn vorwärts.

„Was??? Nein!" rufe ich entschlossen. „Nein, nicht noch einmal!" Doch die Schlitten hinter uns haben uns schon aus dem Aussteigbereich hinausgeschoben.

„Zu spät!" lacht Ken und verpaßt mir einen Rippenstoß.

Als wir endlich, restlos außer Atem, am Ausgang anhalten, gebe ich ihm einen unbeholfenen Klaps mit dem Arm.

„Du Lausbub!" lache ich keuchend. „Das hätte mich das Leben kosten können. Ehrlich!"

„Bitte vielmals um Entschuldigung", verbeugt er sich vor mir. „Ich dachte, Madame seien unsterblich."

„Also, du bist ein ... ein ..." Mit meinen Rädern ziele ich auf seine Zehen.

Mit dem Einbruch der Dämmerung wird Disneyland zu einem sprühenden Feuerwerk der Lichter. Es ist ein wahres Zauberland. Unter einer Straßenlaterne singt ein Männerquartett. Stämmige Pferde ziehen altmodische Trambahnen auf der Hauptstraße hin und her. Eine Dixieland-Band verbreitet die Klänge alter Schlager der Südstaaten in der warmen Luft. Überall duftet es köstlich nach heißem Popcorn mit Butter und gerösteten Nüssen. Wir lassen uns in einem Restaurant im französischen Viertel zum Abendessen nieder.

Ken bestellt jede Vorspeise auf der ganzen Speisekarte.

„Behindert zu sein hat auch seine Vorteile", sagt er und leckt sich die Finger genüßlich ab. „Kein Schlangestehen; man wird zum Ausgang reingelassen; man darf sogar umsonst nochmals fahren", zählt er auf und wischt sich die Hände an seiner Serviette sauber. „Sogar eure Parkplätze sind viel größer." Er schiebt mehrere Teller aus dem Weg und berührt die zarten Blätter der Nelke auf unserer Tischmitte. „Man kann eigentlich nur profitieren, wenn man mit dir unterwegs ist, Joni ... in vielerlei Hinsicht." Er schenkt mir ein warmes Lächeln. Er reibt sich die Hände, als sei er höchst zufrieden mit sich selbst und mit uns beiden. „Alles ist großartig, Joni. Spürst du das auch so deutlich?"

Ich spüre es schon, aber ich spüre auch, daß dieser Tag uns in eine Märchenwelt entführt hat, wo der Alltag hinter einer Kulisse von Träumen und Phantasie versinkt. Hier gibt es kein Stirnrunzeln, keine bissigen Bemerkungen. Hier fallen Sternschnuppen, und Wünsche werden wahr.

Ich habe den Tag nicht weniger als Ken genossen. Nur muß ich eben auch daran denken, daß die Batterien meines Rollstuhls nicht mehr lange vorhalten werden und daß ich mich wegen einer neuen Sitzwunde in acht nehmen sollte; ich sehe, daß es spät wird und daß wir noch eine zweistündige Heimfahrt vor uns haben. Und daß es, wenn wir erst daheim sind, noch zwei weitere Stunden dauern wird, bis Kerbe mich zu Bett gebracht hat. Diese mechanischen Dinge, die leider zu meinem Tagesablauf gehören und gegen die ich machtlos bin, haben es nun einmal an sich, mich schnell vom siebten Himmel auf den Boden der Realität abstürzen zu lassen.

Ken dagegen schwebt noch immer auf Wolken.

„Hab' ich etwas Falsches gesagt?" fragt er und beugt sich besorgt vor.

„Nein ... nein, überhaupt nicht!" Ich schüttele den Kopf. „Ich möchte dir den Abend nicht verderben, aber es wird allmählich spät, weißt du."

Auf dem langen Weg über den leerer gewordenen Parkplatz zählt Ken auf, was wir schon gemeinsam unternommen haben: zuerst kam meine Geburtstagsfeier bei Carol und Twila. Dann unser Essen an der Bucht. Gemeinsames Essen bei mir daheim. Restaurants. Unsere Kirche. ‚Young Life'-Veranstaltungen. Über drei Monate sind schon vergangen, seitdem wir uns zum ersten Mal verabredet haben. Während dieser Zeit habe ich zugesehen, wie Kens Zuneigung zu mir immer stärker wurde; mit jedem Mal, wenn wir gemeinsam beten, wenn wir miteinander telefonieren, wenn wir im Gottesdienst nebeneinandersitzen oder zusammen im Auto unterwegs sind, hat sich unsere Freundschaft vertieft.

Und jedes Mal, wenn ich spüre, daß seine Gefühle stärker werden, prüfe ich meine eigenen Gefühle. Was empfinde ich eigentlich für ihn?

Dieser Ausflug in die Märchenwelt von Disneyland hat mich auf sonderbare Weise beängstigt. Das Unwirkliche an diesem Tag hat mich in die Enge getrieben; es zwingt mich, der Realität ins Auge zu sehen. Drei Monate sind vergangen, ohne daß wir die geringste Meinungsverschiedenheit gehabt hätten. Es hat keinen Streit gegeben. Kein unfreundliches Wort ist zwischen uns gefallen. Alles war wie eine gemächliche Fahrt mit der Bimmelfahrt in Disneyland: keine Abhänge, kein Rütteln und Schlagen wie auf der Achterbahn. Ich sehne mich danach, das Fundament der Beziehung zwischen Ken und mir zu ergründen, über Oberflächlichkeiten hinaus die wahre Substanz zu erkennen. Wohin führt uns diese Freundschaft?

Während der langen Autofahrt bin ich recht schweigsam, und Ken fragt mich mehrmals, ob alles in Ordnung ist. Ich antworte: „Schon gut. Ich denke nur ein bißchen nach."

„Über uns?" will er wissen.

Ich nicke.

„Ich finde, wir haben heute eine Menge Spaß miteinander gehabt."

„Ja, das stimmt, Ken, aber ... in Disneyland hat jeder eine Menge Spaß."

„Da steckt mehr dahinter, Joni. Es wäre ganz egal gewesen, wo wir heute hingefahren wären: an den Strand, zu einem ... zu einem Fußballspiel oder ..."

Offensichtlich ist sein Herz dem meinen ein ganzes Stück voraus. Schuldgefühle steigen in mir auf.

„Du hast recht", lächele ich. „Du mußt mir nur Zeit geben, um dich einzuholen."

Er wirft mir einen verwunderten Blick zu. Ich sehe, daß er nicht recht weiß, was ich mit meiner Bemerkung gemeint habe.

Zum ersten Mal seit seinem Unfall begegne ich Jack Fischer. Er sitzt Ken und mir in der Cafeteria gegenüber und spricht fröhlich über seine Freunde vom Sport; er erzählt uns sogar voller Stolz von denjenigen unter seinen früheren Kollegen, die in die Nationalmannschaften oder die Olympiariegen vorgestoßen sind.

Ken ist von Jack beeindruckt. Das ist nur zu verständlich. Beide sind begeisterte Sportler. Ich stütze mich auf meine Armlehne und höre ihrer Unterhaltung über Leichtathletik und Wettkämpfe aufmerksam zu.

Der Barren war Jacks Leidenschaft, und er beschreibt uns seine Kunststücke darauf und seine Absprünge. Dann erzählt er uns, was er mit den Ringen zustande gebracht hat: Überschläge rückwärts, Hangwaagen und Absprünge. Jacks achtzehn Monate im Rollstuhl haben seinem sportlichen Ehrgeiz, der ihn zu einem Spitzenathleten gemacht hat, keinen Abbruch tun können. Er ist noch immer Weltspitze – selbst wenn er nun gelähmt im Rollstuhl sitzt.

Sein knabenhafter Enthusiasmus ist ansteckend. Seine Augen und sein Lächeln haben das Funkeln eines geschliffenen Edelsteins, klar und ansprechend. Wenn er auch seine Gliedmaßen nicht mehr willkürlich unter straffer Kontrolle hat, so ist er noch immer muskulös und kräftig gebaut. Hin und wieder stützt er sich auf seine Arme, um sein Gewicht zu verlagern. Ken und ich sind beeindruckt von ihm. „Ein Super-Patient", denke ich im stillen.

Dann beginnt Jack, mir Fragen über die anfänglichen Anpassungsschwierigkeiten an das Leben im Rollstuhl zu stellen. Ich spüre ihm ab, daß er nicht so sehr konkrete Antworten auf persönliche Fragen erwartet, sondern daß er gemeinsame Erfahrungen auf dem Weg zur Annahme unseres Schicksals austauschen möchte. Wir sprechen über Mut und Gnade in Zeiten der Prüfung, über Christus und seine Gaben der Geduld, Selbstdisziplin und Beständigkeit. Ich merke ihm an, daß ihm keine dieser Gaben einfach in den Schoß gefallen ist. Ich stelle ihn mir vor, wie er mit seinen von der Verletzung geschwächten Händen die Verheißungen der Bibel umklammert und sich Stück für Stück die Dinge zu eigen macht, die ihm durch Jesu Tod und Auferstehung zustehen.

Nun ist es an Ken, sich auf die Ellbogen zu stützen und aufmerksam zuzuhören.

Jack erzählt uns, daß er auf der Suche nach einer Wohnung in unserer Gegend ist und sich in Sam Brittens Zentren für Leistungssteigerung an der Universität anmelden will. Er hat es sich zum Ziel gesetzt, seine Beweglichkeit durch Training erheblich zu verbessern. Bevor wir uns verabschieden, sehen wir ihm dabei zu, wie er sich unter großen Mühen von seinem Rollstuhl in sein Auto setzt.

„Ein tapferer Junge, nicht wahr?" sage ich zu Ken, als er schließlich losgefahren ist.

„Und ob! Er erinnert mich irgendwie an Vicky Olivas, weißt du ... so entschlossen, wie er gegen seine Probleme angeht." Ken betätigt den Kippschalter an meinem Kleinbus.

In der kühlen Nachtluft fröstelnd, warte ich darauf, daß der Lift für meinen Rollstuhl heruntergelassen wird.

„Ja, das stimmt. Die beiden haben manches gemeinsam", gebe ich zurück, während ich meinen Rollstuhl auf die Kranfläche surren lasse. „Ich meine ..." Ich drücke den Kippschalter, der den Kran in Bewegung setzt. „Leute wie Vicky und Jack hat man einfach gern um sich. Sie sind wie geschaffen, um anderen Mut zu machen." Letzteres habe ich eher im Scherz gesagt. Inzwischen bin ich im Inneren des Fahrzeugs angelangt. Ken befestigt den losen Ersatzstuhl in der Fahrernische und setzt sich an die Steuerhebel.

„Zählst du dich denn nicht zum Club derer, die anderen Mut machen wollen?" fragt Ken. Ich arretiere meinen Rollstuhl direkt hinter ihm, damit ich sein Gesicht im Rückspiegel sehen kann.

„Meinst du vielleicht, ich sei ein ‚Musterknabe' unter den Gelähmten?"

„Aber klar!" Er beugt sich vor, um mein Gesicht im Rück-

spiegel zu studieren. „Warum? Willst du das denn nicht sein?"
Damit drückt Ken den Anlasserknopf.

Ich ziehe die Nase kraus.

„Ich bin mir nicht mal sicher, ob Vicky oder Jack sich gern als
‚Musterknaben' bezeichnen lassen würden. Zugegeben, es ist
eine feine Sache, anderen Mut zu machen, aber ..." Ich unterbreche mich, um nach Worten zu suchen. „Aber ich denke beinahe,
daß eine solche Bezeichnung eher Distanz aufbaut. Weißt du,
man kommt sich wie eine Heiligenfigur aus Gips vor, die in einer fremden Welt lebt."

„Ganz und gar nicht!" protestiert er. „Durch dich kann ich die
richtige Welt viel besser verstehen ... Du bist mir eine echte
Brücke zu Menschen wie Jack zum Beispiel."

„Ken", sage ich nachdrücklich, „Jack ist eine Ausnahme. Sogar Vicky, so hart, wie sie's auch getroffen hat, ist eine Ausnahme. Wie ich schon gesagt habe ... die beiden sind einfach eine
Freude. Man spürt kaum etwas von ihrer begrenzten Bewe-
gungsfähigkeit. Sie schaffen es, daß man sich in ihrer Gegenwart wohl fühlt; sie geben einem Auftrieb ..."

„Ich weiß gar nicht, wovon du redest", unterbricht Ken mich
ein wenig ärgerlich. Unsere Diskussion – unsere erste handfeste
Meinungsverschiedenheit – ist beendet. Ken muß sich auf den
Verkehr konzentrieren. Vielleicht gibt er auch nur vor, völlig
vom Steuern des Wagens in Beschlag genommen zu sein. Nun
fährt er auf die Schnellstraße, und das Thema ist abgeschlossen.

Am Samstag darauf schauen Rana und ich bei einem Aerobic-
Wettbewerb zu, der von Bekannten von Twila und Carol organisiert wurde; die Einkünfte sollen einem jungen Mann mit
schweren spastischen Störungen zufließen. Paul ist Rollstuhlfahrer und kann nicht sprechen. Er braucht eine teure elektroni-
sche Sprachtafel, die sein altes Wortbrett ersetzen soll. Alle Spen-
den, die heute eingenommen werden, sollen für das Gerät verwendet werden. „Joni and Friends" werden es dann für Paul bestellen.

Rana und ich sitzen am Rand der Turnhalle und schauen zu,
wie die Mädchen zu lautstarker Musik aus einem Kassettenre-
korder ihre tänzerischen Verrenkungen machen. Ich werfe einen
Blick auf meine Uhr. Nun sind sie schon seit vier Stunden ununun-
terbrochen im Einsatz, und Hunderte von Dollars sind gespen-

det worden. Obendrein soll ich heute abend einen Vortrag im „Los Angeles Baptist College" halten.

„Wann kommt denn Ken mit Paul endlich?" fragt Rana mit einem Blick auf ihre Uhr und reibt sich den Nacken. „Ich werde ja schon vom bloßen Zuschauen todmüde!" Sie deutet auf die tanzende Gruppe von schwitzenden Mädchen.

Ungeduldig drehe ich mich zum Eingang um.

„Eigentlich müßte er längst hier sein."

Die Mädchen möchten Paul gerne persönlich begrüßen und ihm seinen Scheck überreichen.

Während die Musik weiterspielt und der Fußboden vibriert, kommt Sue, die Leiterin des Aerobic-Clubs, auf uns zu und wischt sich die Stirn mit einem Handtuch trocken.

„Wir sind so gut wie geschafft", stöhnt sie. „Wißt ihr, wo euer Freund Paul steckt?"

„Nein, aber wir werden ihn schon ausfindig machen", gebe ich entschlossen zurück und surre in Richtung Eingang los. „Rana, rufst du bitte im Pflegeheim an? Und erkundige dich, ob irgendwas passiert ist. Ich warte an der Ecke auf Ken und Paul."

Draußen ist eine schwere Wolkendecke aufgezogen, und ein böiger Wind fegt durch die Straßen. Ich fröstele trotz meiner dicken Jacke und lasse meinen Rollstuhl auf dem Bürgersteig auf und ab rollen, um nach Kens Wagen Ausschau zu halten. Endlich hält er vor dem Gebäude.

„Wo wart ihr denn bloß so lange?" begrüße ich Ken, als er kaum die Tür geöffnet hat.

„Ich erklär's dir hinterher." Er hastet an den Kofferraum und wuchtet Pauls Rollstuhl hervor. „Kommen wir zu spät?"

Als wir die Turnhalle erreichen, ist es dort merklich ruhiger geworden. Die meisten der Mädchen sitzen in kleinen Grüppchen beieinander und unterhalten sich; einige machen erholsame Streckübungen. Sie klatschen Applaus, als sie Paul und Ken am Eingang entdecken.

Pauls Haare kleben ihm ungewaschen am Kopf. Sein Hemd ist von Flecken übersät und obendrein falsch zugeknöpft. Angetrocknete Speisereste verunzieren seine Hosenbeine, und auch der Rollstuhl trägt ähnliche Spuren. Seine Beine wirken verkrampft, und mit seinen verkrüppelten Händen umklammert er sein Wortbrett. Wenn er lächelt, kommen gelbe Zähne zum

Vorschein, die wesentlich besser gepflegt sein könnten. Ich weiß zwar, daß die Betreuer in seinem Heim oft mehr Arbeit haben, als sie bewältigen können, und dazu noch unterbezahlt sind, aber ich wäre dankbar gewesen, wenn sie Paul heute etwas sorgfältiger für seinen Ausflug zurechtgemacht hätten.

Vielleicht hätte Ken ihm auch helfen können – oder sogar sollen!

Nach der Überreichung des Schecks setzt Paul ein breites Lächeln auf und deutet auf die Buchstaben und Wörter auf seinem Brett. „Danke. Vielen Dank", bedeutet er den Mädchen, und in seinen Augen glänzt es vor Freude.

Inzwischen ist es höchste Zeit, daß ich mich auf den Weg zu meinem Vortrag am College mache. Draußen ist es schon dunkel. Ein leichter Sprühregen fällt, als Ken und Rana Paul und mich in den Kleinbus verfrachten.

Ich warte, bis wir losgefahren sind. Dann frage ich: „Ken, was war denn nur los, als du Paul abgeholt hast?"

Er bleibt mir die Antwort schuldig, und ich möchte nicht darauf bestehen. Vielleicht ist etwas vorgefallen, daß er mir nicht in Pauls Gegenwart erzählen möchte.

„Liebe Güte!" ruft Rana überrascht und beugt sich auf dem Fahrersitz vor. „Es regnet ja Bindfäden! Weiß einer von euch, wie weit es noch bis zum College ist?"

Die Scheibenwischer schieben die Tropfen beiseite, und in der Ferne können wir undeutlich eine Lichtergruppe erkennen.

„Da ist es ja!" Rana beschleunigt das Fahrzeug.

Mit Verspätung erreiche ich das Mikrophon. Dazu bin ich vom Regen durchnäßt, und mein Wollpullover stinkt. Sogar die Unterlagen, die ich für den Vortrag zusammengestellt habe, sind voller Wasserflecken. Ich werfe Rana einen Blick zu, die neben Ken und Paul in der vorderen Reihe der Sporthalle sitzt. Sie zuckt die Achseln, als wollte sie sagen: „Ich würde dir ja zu gern helfen, aber jetzt mußt du allein ins kalte Wasser springen!" Der Saal ist voll besetzt; das nasse Wetter hat die Studenten nicht von der Veranstaltung abhalten können. Ich beneide sie um ihr Interesse an der Sache.

Ich bin erleichtert, als alles vorbei ist, obwohl der Abend recht erfolgreich verlaufen ist. Das allein beschämt mich; ich hatte kein Recht, mich derartig über Ken und Paul und die Betreuer in Pauls Pflegeheim zu ärgern. Wie kann ich nur solche Gedanken hegen und zugleich einen Vortrag über die Gnade Gottes halten?

Auf dem Rückweg zum Pflegeheim halten wir an einem kleinen Café an, das auch nachts geöffnet ist. Ich hoffe, daß wir hier all die Dinge, die heute schiefgelaufen sind, vergessen können und den Tag angenehmer beenden, als er begonnen hat. Rana und Paul sitzen Ken und mir gegenüber. Paul zeigt auf das Bild eines Hamburgers auf der Speisekarte.

Als unser Essen serviert wird, sehe ich zu, wie Paul seinen Hamburger in seine spastischen Hände nimmt. Er besteht darauf, ohne fremde Hilfe zu essen. Sein Speichel vermischt sich mit der Mayonnaise auf dem Hamburger und rinnt über seinen Bart auf sein Hemd, während er nun den Kopf zurücklehnt und mit offenem Mund kaut. Brotkrümel und Fleischstücke folgen der Mayonnaise auf sein Hemd, doch ich muß Paul einfach bewundern, weil er die Mühe nicht scheut. Rana wischt ihm hin und wieder das Kinn ab. Ken ist schweigsam und schaut nicht von seinem Teller auf.

Bevor wir die Fahrt fortsetzen, zeigt Paul auf die Toiletten. Rana und ich werfen Ken einen Blick zu. Diesmal geht es nicht nur um einen vollen Urinbeutel. Keine schnelle, praktische Entleerung an einem Baum.

Ken schießt mir einen nervösen Blick zu, als er sich mit Paul auf den Weg zur Herrentoilette macht. Er wird Paul – einen Mann, den er heute zum ersten Mal gesehen hat – allein aus dem Rollstuhl heben und ihm bei seinem Geschäft zur Hand gehen müssen.

„Ich hoffe bloß, daß sie sich mit dem Wortbrett verständigen; Ken hat so etwas noch nie gemacht", sage ich mit einem schwachen Lächeln zu Rana.

Es ist spät geworden. Sehr spät. Paul ist wieder in seinem Heim; auch Rana ist nicht mehr bei uns. Mein Wollpulli ist trockener. Wir schließen den Kleinbus ab und stehen noch eine Weile in meiner offenen Garage. Die Regenfront ist inzwischen vorübergezogen, und eine zarte Mondsichel leuchtet ein wenig heller, als uns lieb ist. Ken ist noch immer schweigsam, doch ich möchte den Abend gern mit ein paar netten Worten zu Ende bringen.

„Bist du ... äh, bist du mit Paul zurechtgekommen?" Ken soll wissen, daß ich sein Unbehagen voll und ganz verstehen kann.

Ken schiebt die Hände in die Taschen und zuckt mit den Achseln.

„Ich denke schon. Er hat mir auf seinem Wortbrett erklärt, was ich ... was ich zu tun habe, du weißt schon." Er versetzt einem unsichtbaren Stein einen Fußtritt.

Ich denke an die Situation in dem Nachtcafé zurück: Pauls Stolz, ohne fremde Hilfe essen zu können, und wie fröhlich er Ranas Hilfe abgelehnt hat! Wir anderen haben die Krümel und den Speichelfluß einfach ignoriert. Und Ken war völlig mit seinem Teller beschäftigt.

Dann stelle ich mir die Szene in der Toilette vor.

„Es war nicht leicht, stimmt's?" sage ich verständnisvoll.

Ken schweigt.

„Und heute nachmittag, als du ihn im Pflegeheim abgeholt hast, war's auch nicht viel angenehmer, hab' ich recht?"

Ken nickt langsam.

„Das ganze Heim ist nicht gerade ..." fahre ich fort, doch Ken unterbricht mich.

„Dieser Gestank!" sagt er und sieht auf. „In dem Heim stinkt's vielleicht, sage ich dir! Ich wäre am liebsten rückwärts wieder rausgegangen, Joni. Die Pfleger hatten Paul gerade angezogen, und ich dachte mir, dabei kannst du dich sowieso nicht nützlich machen. Also wartete ich draußen, aber die Pfleger hatten vergessen, mir Bescheid zu geben, als Paul fertig war. Deshalb kamen wir auch so spät." Er wartet auf eine Reaktion. „Joni, es war dieser furchtbare Gestank. Und dann dieser ekelige Speichelfluß. Es war ... einfach alles so widerlich!"

Ich surre mit meinem Rollstuhl auf die Garagentür zu und schaue in die Nacht mit ihrer blassen Mondsichel hinaus.

„Weißt du was, Ken?" Ich hole tief Luft. „Paul war neulich im Gottesdienst. Er sah zufällig, wie du mir einen Schluck Wasser gabst ... weißt du noch, als du mir das Glas an den Mund führtest?" Ich sehe Ken an. Er nickt.

„Also, kurz darauf hast du dich mit jemand anderem unterhalten. Ich habe gemerkt, daß Paul mir etwas sagen wollte. Deshalb bin ich zu ihm hingefahren, und er hat angefangen, auf sein Wortbrett zu zeigen." Ken sieht mich aufmerksam an.

„Und weißt du, was er mir sagen wollte? ,Joni, es tut mir leid, daß du deine Hände nicht bewegen kannst', gab er mir zu verstehen."

In der dunklen Garage wird unser Atem zu weißen, kalten Nebelschwaden. Das fahle Mondlicht fällt durch die Tür auf den Zementfußboden.

Ken hält noch immer die Hände in den Taschen vergraben. Er steht da wie ein kleiner Junge, der bei einem bösen Streich ertappt worden ist und nun ergeben auf seine Strafpredigt wartet.

„Ken", sage ich leise, „es sind Leute wie Paul, die zu bewundern sind, nicht Jack oder Vicky oder ich. Es heißt doch, daß die Ersten die Letzten sein werden, die Unverständigen weise und die Schwachen stark." Ich mache eine Pause, damit er über das Gesagte nachdenken kann. „Und ... und ich fürchte, du hast mich irgendwie auf einen Sockel gestellt – als wäre ich eine Heiligenfigur aus Gips." Ich wende meinen Rollstuhl, um Ken direkt anschauen zu können. Sein Gesicht ist jedoch im Schatten des Mondlichts verborgen.

„Ich kenne dich gut genug, um zu wissen, wie du wirklich bist", sagt Ken unvermittelt. Seine Stimme erschreckt mich beinahe.

„Du kennst mich überhaupt nicht", weise ich ihn zurecht. „Du kennst mein Buch. Du kennst den Film und die Schallplatte. Du fährst mich zu meinen Vorträgen. Aber *die* Seite an mir, die dir den Magen umdrehen würde, die kennst du nicht. Und dein Magen würde sich garantiert umdrehen, so wie in dem Café heute abend oder auf der Toilette."

Ken schweigt. Ich fahre fort.

„Und ich rede nicht nur von Urinbeuteln und Toiletten und was noch alles mit meiner Lähmung zusammenhängt. Es gibt Zeiten, da ... da bin ich alles andere als ein angenehmer Zeitgenosse."

„Was willst du mir damit eigentlich sagen?" Ken tritt aus dem Schatten hervor.

„Ich weiß auch nicht recht", antworte ich. „Jetzt kennen wir uns schon seit Monaten, und wir kommen keinen Schritt weiter miteinander. Es geht nicht voran; es geht auch nicht weiter in die Tiefe. Ich habe noch nicht einmal deine Eltern kennengelernt, und ..." Nun suche ich nach Strohhalmen. „Du scheinst starke Gefühle für mich zu hegen, aber ... aber meine Gefühle für dich hinken meilenweit hinter deinen her. Wenn ich's mir genau überlege", und ich muß kopfschüttelnd auflachen, „waren wir heute zum ersten Mal ernsthaft verschiedener Meinung."

„Und was folgerst du daraus?"

„Ich meine, wir sollten unsere Freundschaft beenden. Und zwar jetzt und hier. Bevor es noch mehr weh tut."

Kens Augen glitzern im Mondschein. Ich meine, Tränen darin zu sehen. In mir verkrampft sich alles.

„Nein, o nein, nicht schon wieder!" Der Ton in Judys Stimme jagt mir einen Schrecken ein.

„Was ist denn? Stimmt was nicht?"

Sie zieht die Kissen hinter mir weg und rollt mich langsam von der Seite auf den Rücken.

„Die rote Druckstelle, die wir im Auge behalten haben, ist offen. Deine alte Sitzwunde ist wieder da."

Ich drehe meinen Kopf auf dem Kissen hin und her.

„Du Ärmste!" sagt sie teilnahmsvoll und legt mir ihre Hände auf die Schulter. „Diesmal wirst du wohl eine ganze Weile das Bett hüten müssen, fürchte ich."

„Wie lange? Eine Woche? Einen Monat? Wie schlimm ist es denn?"

Sie möchte sich nicht festlegen. Sie rollt mich auf die Seite, um die Wunde noch einmal zu untersuchen.

„Es sieht schon recht schlimm aus, mein Liebes." Sie zieht die Decke wieder hoch und fügt hinzu: „Wir müssen die Dinge halt nehmen, wie sie kommen."

In der Stille der nächsten Minuten wird mir klar, was die Wunde für mich bedeutet: Ich werde mich im Büro krank melden müssen, meine Arbeit vom Bett aus verrichten, Vorträge absagen, mir zusätzliches Pflegepersonal einstellen, die Malerei einschränken, Mahlzeiten umorganisieren, die Schlafzimmermöbel anders anordnen, den Haushalt neu einteilen, und ... und ... ach, es hat kein Ende!

„Auf in den Kampf!" seufzt Judy, die unverbesserliche Optimistin, mit einem Lächeln. „Wir werden's schon schaffen!"

„Ja", flüstere ich. „Wir haben das Ganze ja schon einmal durchexerziert. Mit Gottes Hilfe werden wir's wohl auch ein zweites Mal schaffen." Ich drehe den Kopf zur Wand.

Jammer! Warum habe ich mich auch nicht besser in acht genommen? Ich erinnere mich nur zu deutlich an die schreckliche Niedergeschlagenheit, die mir meine drei Monate Bettruhe im vorigen Jahr eingebracht haben. Doch nun spüre ich nur einen ohnmächtigen Zorn.

Wieder bin ich nicht so sehr dem körperlichen Aspekt einer Druckwunde ausgesetzt, sondern eher einem unsichtbaren Feind. Es ist ein Kampf auf geistlicher Ebene gegen einen Feind, der meine eigenen Schwächen und Gedanken als Waffen gebraucht.

„Judy, bitte rufe Rana und Vicky und Sam Britten an, und alle, die dir sonst noch einfallen. Sie sollen für mich beten. Ich kann jetzt jede Menge Fürbitte gebrauchen." Noch während ich es sage, spüre ich, wie mein Zorn abkühlt.

Judy macht sich eine Liste von Namen auf dem Notizblock neben dem Fernsehgerät.

„Soll ich Ken auch anrufen?"

„Ja, bitte ruf Ken auch an!" sage ich automatisch. Es ist schon Tage her, seitdem ich ihn zum letzten Mal gesehen habe. Trotzdem möchte ich gern, daß er Bescheid weiß, damit er für mich betet. Zugleich frage ich mich im stillen, ob das ihm gegenüber fair ist.

Am nächsten Tag bekomme ich einen Anruf von Ken. Er möchte mich nach der Schule besuchen. Ich gebe meine Einwilligung. Dann komme ich ins Grübeln. Was haben wir einander schon zu sagen?

Er erscheint mit einem Blumenstrauß und einem Plüschhasen. Am liebsten würde ich mich dafür entschuldigen, ihn mit meinen Problemen belästigt zu haben. Ich bemühe mich um eine freundliche, aber höfliche Distanz, lege jedes Wort auf die Waagschale, spiele die Rolle einer zufälligen Bekannten.

„Nett von dir, daß du den weiten Weg hierher gemacht hast", sage ich mit einem steifen Lächeln.

Ken wirft mir einen fragenden Blick zu und setzt das Stofftier auf mein Nachtschränkchen.

„Was soll das nun wieder heißen? Ich bin schließlich nicht zum ersten Mal hergefahren", gibt er zurück und befreit die Blumen aus der Folie. „Moment, ich stelle sie eben in eine Vase. Bin gleich zurück!"

Während er in der Küche ist, wird mir klar, daß mein Verhal-

ten absolut albern war. Immerhin war ich diejenige, die Judy gebeten hatte, ihn anzurufen. Ich habe ihm höchstpersönlich gesagt, daß er mich besuchen kommen kann. Warum spiele ich
nun plötzlich Versteck mit ihm?

„Das mit dem Schlußmachen hat wohl nicht ganz geklappt",
murmele ich, als er mit der Vase wieder in mein Zimmer
kommt.

Zwischen der Tür und meinem Nachtschränkchen bleibt er
unvermittelt stehen.

„Hm ... du hast schließlich nicht gesagt, daß wir nicht befreundet bleiben könnten."

Plötzlich muß ich wieder an das denken, was er vor ein paar
Monaten zu mir gesagt hat. „Die meisten heiraten eines Tages,
oder sie trennen sich, weil sie sich nicht mehr verstehen." Das
hat mir damals Angst gemacht. Und auch jetzt habe ich Angst;
Angst, daß ich ihm weh tun könnte. Oder mir selbst. Vielleicht
hat er selbst auch Angst, weil er weiß, welches Risiko er mit mir
eingeht. Wenn es so ist, so zeigt er jedoch nichts davon.

„Hier." Er zieht eine Blüte aus dem Strauß hervor und hält sie
mir unter die Nase. „Duftet gut, nicht?" Ich nicke nur beschämt. „Wie wär's, wenn ich mal schnell zum Supermarkt
fahre, uns was Eßbares besorge und dir und Judy ein Abendessen mache? Ich helf' dir gern beim Essen. Hinterher können wir
dann ein bißchen zusammen lesen." Er greift in seine Tasche und
zieht ein Buch hervor. „Ich hab' etwas über Freundschaft mitgebracht." Mit einem vielsagenden Grinsen hält er es mir unter die
Augen.

Wenig später höre ich die Haustür hinter ihm ins Schloß fallen. Als er mit seinen Einkäufen wiederkehrt, höre ich der gedämpften Unterhaltung zwischen ihm und Judy in der Küche
zu. Kochtöpfe klappern, Wasser rauscht. Es sind vertraute, alltägliche und doch ungeheuer tröstliche Geräusche.

Ken stellt ein Tablett neben meinem Bett auf. Darauf arran-
giert er eine Unterlage aus Leinen, eine Serviette, eine Kerze
und einen Salz- und Pfefferstreuer. Dann kurbelt er das Kopfende meines Betts hoch und streicht mir den Kragen meiner
Schlafanzugjacke glatt. Schließlich zieht er sich einen Stuhl an
mein Bett und verkündet fröhlich: „Das Essen ist serviert, Madame."

Ich fühle mich so schwach und hilflos, wie ich nun regungslos daliege, während er mir die Suppe löffelweise zum Mund führt und mein Kinn zwischendurch abwischt. Von meinem Bett aus sieht die Welt, und damit auch meine Mitmenschen, gleich ganz anders aus. Ich komme mir so elend und hilflos vor, und alle anderen erscheinen mir so stark und vital. Wie Ken zum Beispiel. Er ist absolut Herr der Lage. Ohne viel Aufhebens ist er auf den Plan getreten und hat die Verantwortung übernommen. Nun räumt er das Geschirr beiseite, klappt das Tablett zusammen und wischt die Krümel von meiner Bettdecke. Er beschließt, den Abend auf kreative, bedeutsame und sogar vergnügliche Weise für mich zu gestalten. Zuerst spielen wir eine Runde Halma. Dann liest er mir aus seinem Buch über Freundschaft und aus der Bibel vor. Schließlich rät er, gemeinsam zu beten, und betet dann für uns beide. Zum Schluß ermahnt er mich, ich solle mir nur keine Sorgen machen, und verspricht, morgen wiederzukommen.

„Morgen?" jammere ich. „Jetzt liege ich erst seit zwei Tagen im Bett, aber es kommt mir vor wie eine halbe Ewigkeit. Am Ende werde ich das Schreiben noch total verlernen – oder das Malen. Vielleicht heilt die Wunde überhaupt nicht mehr zu, und dann ...

„Jetzt ist aber Schluß mit solchen Gedanken!" Ken schaut mir väterlich in die Augen. „Weißt du denn nicht mehr, was wir vorhin in Klagelieder 3 gelesen haben? ‚Sein Erbarmen hört niemals auf; seine Güte ist jeden Morgen neu.'"

Ich nicke.

„Gott hat dir in seiner Gnade durch diesen Tag hindurchgeholfen. Er gibt dir genug Kraft für heute, für diesen einen Tag. Die Kraft für morgen kannst du heute noch nicht verlangen." Er streicht mir über die Stirn. „Hör also ruhig auf, dir um die Probleme von morgen Gedanken zu machen."

Er verschränkt die Hände hinter seinem Kopf und streckt die Beine von sich.

„Außerdem – habe ich nicht neulich genau diese Worte von dir in einem deiner Vorträge zu hören bekommen?" sagt er lachend.

Im Gegensatz zum letzten Mal, als ich ans Bett gefesselt war, vergeht die Zeit nun im Flug. Ken streicht den Holzfußboden im Wohnzimmer neu. Er hängt meine Schlafzimmertür aus, löst die alte Farbe ab und verleiht ihr neuen Glanz. Ab und zu hilft er Judy und Kerbe bei der Hausarbeit.

„Was in aller Welt ...?" Mein Erstaunen ist grenzenlos, als er eines Tages meine große Staffelei in mein Schlafzimmer wuchtet.

„Was hast du denn nur mit dem Ding vor?"

„Nicht ich – du sollst etwas damit anfangen!" keucht er und lehnt das gewichtige Gestell an die Wand, um sich den Schweiß aus der Stirn zu wischen.

„Malen? Ich soll im Bett malen – und noch dazu auf dem Rükken?"

„Aber klar", meint Ken und mißt die Breite meiner Matratze mit seiner Handspanne. „Wir hängen das Gestell über deinem Kopfende auf. Mit ein paar Kissen hier und da kannst du deine Leinwand leicht erreichen."

Er prüft die Länge eines Pinsels, steckt ihn mir probeweise in den Mund, überlegt und beugt sich dann zu mir herab, um mich zu küssen.

Mein Herz klopft wie wild. Ich lehne den Kopf zurück und erwidere seinen Kuß. Es bleibt mir keine Zeit, um meine Gefühle unter Kontrolle zu halten. Ich spüre nur noch seine Liebe, Zartheit, seine Wärme und seine bedingungslose Annahme meines Zustands – einschließlich der zusammengefallenen Frisur, des fettglänzenden Gesichts und des Mundgeruchs, alles Folgen meines langen Krankenlagers. Ein Bibelvers kommt mir plötzlich in den Sinn: „Lasset uns ihn lieben, denn er hat uns zuerst geliebt" (1. Johannes 4,19). Ich bin überwältigt von diesem neuen Begehren, diesem Wunsch, mich führen zu lassen. Ich verharre in seinem Kuß, möchte, daß er nie zu Ende geht. Der Augenblick ist voller Wärme und Zärtlichkeit. Alle Befürchtungen, alle Bedenken lösen sich darin auf. Er hält seine Wange an meine und streicht mir eine Haarsträhne aus der Stirn.

„Nur einfach befreundet ... stimmt's?" Spitzbübisch lächelt er mich an.

Heiß und trocken zieht der Sommer ins Land. Der Wind weht
von Santa Ana über den Nordhang und trägt den Duft von Gardenien und Rosen durch die geöffnete Tür in mein Schlafzimmer herein. Es ist Sommer 1981. Seit dem Film sind drei Jahre
vergangen; zwei Jahre seit meinem Umzug nach Kalifornien
und ein Jahr, seitdem Ken in mein Leben getreten ist.

Und heute gehen die zwei Monate Bettruhe zu Ende, die ich
meinem Druckgeschwür zu verdanken habe. Die Wunde ist völlig abgeheilt, und ich darf endlich wieder aufstehen.

Um das Ereignis mit mir zu feiern, sind meine Eltern zu Besuch gekommen. Sie möchten natürlich bei dieser Gelegenheit
auch Ken kennenlernen. Mutter ist schon seit den Weihnachtsfe-
rien auf ihn gespannt.

Dies alles verlangt nach einem Tapetenwechsel. Die frische
Sommerluft in meinem Schlafzimmer reicht nicht aus, um die
Enge der vergangenen Monate zu vertreiben. Spontan beschlie-
ßen wir, zelten zu fahren, und Ken, Rana und Vicky sind auch
mit von der Partie. Ken und Judy, Mutter und Vater laden Zelte,
Schlafsäcke und Angelruten in den Kleinbus.

Ken steuert den Bus, Judy hält die Straßenkarte auf dem
Schoß, und Vicky, Rana und ich sitzen mit meinen Eltern hinten
im Bus. Vor lauter Lebensfreude schmettern wir fröhliche Lie-
der: Wanderlieder, Volkslieder, Sommerlieder. Als wir das Tal
hinter uns lassen und die Hochebene der nördlichen Wüste
durchqueren, singen wir Heilslieder. Wir fahren an der kleinen
Stadt Mojave vorüber und erreichen die kühlen Sierra-Berge.

Jetzt, da ich endlich nicht mehr Tag und Nacht ans Bett gefesselt bin, da ich meine Eltern und meine besten Freunde um mich
habe und Gottes wunderbare Schöpfung genießen darf, fühle
ich mich nicht mehr so abhängig von dem besonderen Maß an
Gnade, das mir mein Heiland während der letzten beiden Mo-

nate geschenkt hat. Dennoch spüre ich diese Gnade auch jetzt. Sie umgibt mich mit ihrem Glanz und ihrer Kraft – wie der süße Duft eines Sommertages nach einem Gewitter. Diese Gnade ist es, die mein Herz erquickt und es über die schneebedeckten Berggipfel hinaus zum Himmel zieht. Gottes Gnade schenkt mir ein dankbares Lächeln auf die Lippen, und ich preise meinen Herrn für die Schönheit der dunklen Fichten und der glitzernden Bergseen. Die Gnade macht mich so frei wie der Wind, der durch die offenen Fenster hereinweht und mir das Haar zerzaust. „Mein Gott, wie gut meinst du es doch mit mir!" Es muß eine starke Gnade sein, die alle Nöte der vergangenen Monate auf einmal auslöschen kann!

Ich freue mich einfach. Es ist eine echte, aufrichtige Freude. Jawohl, und vielleicht ist Ken daran nicht ganz unbeteiligt, überlege ich und schaue zu, wie der Wind in seinem dunklen Haar spielt. Vielleicht ist auch er ein wahres Geschenk Gottes.

Die Zelte werden aufgeschlagen und ein Lagerfeuer angezündet. Ich bin ein wenig traurig, daß ich nicht dabei helfen kann, das Lager herzurichten. Aber ich bin nicht die einzige, die still seufzt. Vicky sitzt neben mir in ihrem Rollstuhl, und auch mein Vater, der einst sein Zelt unter freiem Himmel von Mexiko bis Alaska eigenhändig aufgeschlagen hat, sieht den anderen nun bei der Arbeit zu. Doch unsere Abenteuerlust läßt sich weder durch seine Arthritis noch durch meine Lähmung dämpfen. Wir beschließen, gemeinsam auf Brennholzsuche zu gehen, und mein Rollstuhl erweist sich als erstklassiger Schubkarren für die trockenen Zweige, die Papa mir auf dem Schoß aufschichtet.

Die Sonne versinkt hinter den Bergen im Westen und überzieht den See und die Bäume mit einem hauchzarten Malvenviolett. Darüber liegt ein unwirklicher goldener Glanz. Wir werden beinahe so still wie die Felsen und Bäume um uns her, als wir nun von unserem Campingtisch aus das Schauspiel der Abenddämmerung beobachten.

Ken und Rana stellen unseren tragbaren Kochherd auf, und ich wende mich an Vicky.

„Was hältst du denn von ihm?" frage ich sie leise.

„Er ist ein Geschenk ... ein echtes Geschenk!" flüstert sie mit einem versteckten Grinsen zurück.

Trotz der langen Wochen, die ich im Bett verbracht habe, bin ich nun dankbar, als Judy und meine Mutter mich auf meinem Feldbett mit einer warmen Daunendecke zudecken. Ich bin selbst erstaunt darüber, wie schnell ich die unangenehmen Erinnerungen an alles, was mit Bettlägerigkeit zusammenhängt, einfach vergessen kann. Ich kämpfe gegen den Schlaf an und lausche statt dessen auf das Rauschen des Windes in den Wipfeln der Tannen und beobachte das ständig wechselnde Muster, das der Mond durch die Zweige hindurch auf das Zeltdach wirft. Jemand pumpt gerade zischendes Propangas in eine Laterne, und ich höre, wie Rana und Vicky sich in ihrem Zelt noch flüsternd unterhalten. Ken rollt seinen Schlafsack draußen am Lagerfeuer aus. Alles wirkt so vertraut und gemütlich ...

Ken fährt mit meinen Eltern und mir zum Angeln auf den Bergsee hinaus, während Rana und Vicky einen Ausflug zum Mammoth Mountain machen. Er mietet zwei Ruderboote für uns: eins für meine Eltern und Judy, das andere für uns beide. Die zwei Boote verbindet er mit einer Kette. Ich sitze bequem auf einem Campingstuhl, den er für mich in dem Boot befestigt hat. Gemächlich rudern wir auf eine schattige Uferstelle zu, wo die Fische riesengroß und unvergleichlich fett sein sollen, wie Ken uns versichert. Natürlich glauben wir ihm aufs Wort.

Er versieht zwei Angelruten mit Haken und Köder und erklärt Mutter und Vater ein paar Begriffe aus dem Anglerlatein. Wir lachen. Selbst wenn wir heute keinen einzigen Fisch an Land ziehen, werden wir den Tag in vollen Zügen genießen. Wir freuen uns einfach darüber, zusammen zu sein.

Ken macht eine Angelrute für mich zurecht.

„Da, bitteschön", sagt er und steckt sie an meinem Stuhl fest. „Die ist für dich."

„Aber ich kann den Köder doch gar nicht auswerfen", protestiere ich leicht.

„Klar, und einbringen wirst du den Fisch auch nicht, aber immerhin hältst du die Rute und paßt auf, und deshalb gehört dir der Fang."

Unsere Boote gleiten auf den See hinaus, und wir plaudern genüßlich miteinander und trinken Limonade dabei. Mit einem gellenden Aufschrei zerstört Mutter plötzlich die feierliche Stille auf dem See und wendet den Kopf von dem zappelnden Fisch an ihrem Angelhaken ab. Ken gibt ihr Anweisungen, wie sie die Leine einziehen soll. Sie weigert sich, auch nur hinzu-schauen, rollt aber gehorsam die Schnur auf. Als Ken die Forelle endlich im Boot hat, bemühen wir uns, unsere aufgeregten Stimmen gedämpft zu halten, damit die Angler in der Ferne, die uns hin und wieder Blicke zuwerfen, uns nicht für blutige An-fänger halten.

Ich werde zum offiziellen „Fischwärter" ernannt. Ken zieht die Forellen mit einer Wäscheklammer aus Metall auf eine Schnur und befestigt diese dann an meinem Handgurt. Ich lasse meinen Arm ins Wasser gleiten und sehe traurig zu, wie die Häft-linge nun neben unserem Boot verzweifelt im Wasser zappeln. Sie tun mir unendlich leid, und ich denke mir für jeden von ih-nen einen Namen aus. Vielleicht kann ich Ken dazu überreden, sie allesamt später wieder freizulassen.

Ken und ich bemerken, daß mein Vater, der schon seit einiger Zeit schweigsam und uns abgewandt dasitzt, mit irgend etwas beschäftigt zu sein scheint. Ab und zu murmelt er etwas vor sich hin und schüttelt den Kopf. Schließlich steigt Ken mit aller Vor-sicht in das andere Boot, um nach dem Rechten zu schauen. Er ist der Sache schnell auf den Grund gekommen. Die Schnur auf Papas Rolle hat sich in ein heilloses Wirrwarr verwandelt. Weil er Linkshänder ist, hat er die Schnur rückwärts aufgewickelt!

Unser lautes Gelächter erschallt von einem Ufer des Sees bis zum anderen. Der arme Ken! Für ihn ist das Angeln eine Wissen-schaft für sich! Doch er schilt meinen Vater nur zum Scherz aus und macht sich dann an die Arbeit, die Schnur zu entwirren, während wir den Sonnenschein und die Landschaft um uns her unbeschwert genießen. Dabei vergessen wir sogar beinahe, daß wir unsere Leinen ausgeworfen haben.

Ich beobachte Ken fast eine Stunde lang bei der Arbeit. Mit unglaublicher Ausdauer und Geduld ist er bei der Sache; bald zupft er an einem Fadenende hier, bald wickelt er dort ein Stück Schnur auf. Mutter schlägt vor, er solle eine Pause machen, doch davon will Ken nichts hören. Er wird nicht eher aufhören, bis er die langwierige, komplizierte Aufgabe erfolgreich been-det hat. Ich bewundere ihn. Der Bibelvers von dem treuen Knecht fällt mir ein, von dem es heißt: „Du bist über wenigem getreu gewesen, ich will dich über viel setzen" (Matthäus 25,21). Ob er die gleiche Geduld auch unter Beweis stellen würde, wenn er sein Leben mit einer Rollstuhlfahrerin teilen sollte?

Am späten Vormittag haben wir eine ganze Reihe von Fischen an der Schnur. Ken langt mit dem Arm über mich hinweg und löst die Kette zwischen den beiden Booten. Wir treiben auseinander, doch weder Judy noch meine Eltern scheinen es zu bemerken. Sie sind noch immer mit ihren Angelruten beschäftigt und tauschen schon die ersten Angler-Prahlereien aus.

Ken sitzt im Bug und taucht eins der Ruder leicht ins Wasser. Die Sonne steht direkt hinter seinem Kopf und malt mit ihren Strahlen eine goldene Krone um ihn. Seine Züge im Schatten kann ich nicht erkennen; ich sehe nur seine dunkle Brille und das Weiß seines Lächelns, das sich gegen seine sommerdunkle Haut abhebt. Ich spüre seinen Blick auf mir ruhen und erwidere ihn. Er gibt ein ansehnliches Bild ab in seiner Angelweste und seinen Safari-Shorts; das Rot seines Halstuchs, das er nach Pfadfinderart flott im Hemdausschnitt trägt, spiegelt sich in dem roten Rand seiner grauen Wollsocken und den roten Schnürsenkeln seiner Wanderstiefel wieder.

„Ich liebe dich, Joni", sagt er unvermittelt. Er legt das Ruder ins Boot zurück und überläßt uns der sanften Strömung des Wassers.

Ich lächele zurück, ohne etwas zu sagen.

„Seit dem Treffen bei ‚Young Life‘ im letzten Jahr ..."

Ich hebe meinen Arm aus dem Wasser, um ihm die Schnur mit den Fischen daran zu zeigen.

„Komm, wechsle nur nicht das Thema!" sagt er.

Ich lasse meinen Arm kraftlos ins Wasser zurückfallen.

„Also, weißt du was? ... Ich liebe dich auch."

Nun ist es an ihm, mich lächelnd und ohne ein Wort anzusehen.

„Aber das Ganze ist einfach verrückt", sage ich und lasse meinen Blick in die Ferne schweifen. „Ich meine, ich liebe dich einfach nur so, ohne irgendwelche Erwartungen. Sauber. Rein. Bedingungslos." Ich schwenke meinen Arm unbeholfen im Wasser hin und her, und die Fische folgen zappelnd. „Das ist ein neues Gefühl für mich", sage ich nachdenklich. „Ich habe meinem Herzen noch nicht oft freien Lauf gelassen ... mit Ausnahme von so etwas wie einer vermeintlichen Verliebtheit in einen Bekannten von mir damals bei den Dreharbeiten. Aber das war ziemlich egoistisch von mir!

Bei dir ist das ganz anders. Ich will dich nicht vereinnahmen, als wärst du mein ein und alles. Meine Liebe zu dir ist viel freier." Ich atme tief ein. „Ich glaube, ich liebe dich einfach so, wie Liebe sein sollte."

Unser Boot zieht langsam seine Kreise auf dem See. Hinter Ken entfaltet sich ein atemberaubendes Panorama von schneebedeckten Berggipfeln, die sich im Wasser spiegeln.

„Es könnte gehen, weißt du", sagt er.

Ich sehe ihn fragend an.

„Ich habe Judy und Kerbe zugeschaut. Ich traue mir zu, das zu tun, was sie für dich tun ... auch die persönlicheren Dinge, bei denen ich noch nie zugesehen habe."

„Sprichst du vom Heiraten?" frage ich überrascht, sogar ein wenig erschrocken.

„Unser gemeinsames Leben könnte ein echter Dienst für unseren Herrn sein, Joni." Er beugt sich vor und umfaßt meine Schuhspitzen.

Ich schüttele skeptisch den Kopf.

„Ich weiß nicht recht. Ich brauche Bedenkzeit."

„Du hast gerade gesagt, daß du mich liebst."

„Ja, aber Heiraten ist ein riesiger Schritt. Da muß ich mir hundertprozentig sicher sein. Du weißt um meine Behinderung und ... und ,Joni and Friends' und ... ich war gerade zwei Monate lang im Bett. Vielleicht kann ich im Moment deshalb gar nicht klar denken ..."

„Ach, so ist das also! Jetzt, wo du wieder auf bist, kommt deine alte Feldwebelnatur wieder zum Vorschein. Ich fand dich eigentlich viel netter, als du flach auf dem Rücken lagst; da warst du nämlich umgänglicher und hast andere nicht so herumkommandiert", schilt er mich aus.

Ich bin völlig verwirrt. Jedes Mädchen träumt von einem Gespräch wie diesem, aber wenn es dann kommt, dann stolpert man plötzlich, als hätte man noch nie im Leben ans Heiraten gedacht. Die Angst packt mich wieder; ich muß an das große Entweder-Oder denken: entweder Hochzeit oder Trennung auf immer. Der Gedanke an eine endgültige Trennung von Ken ist mir jedoch unerträglich. Muß ich mich denn so schnell entscheiden?

Ist alles wirklich so deutlich vorgezeichnet und unwiderruflich?

„Schau mal, ich will dich nicht unter Druck setzen", fährt Ken fort, als hätte er meine Gedanken erraten. „Aber das eine sollst du wissen: Ich kenne deine Gedanken, und ich werde mich davon nicht abhalten lassen. Ich liebe Gott und sein Wort. Ich kann Verantwortung tragen, und ich kann Entscheidungen treffen."

Seine Worte wirken ungeheuer beruhigend auf mich. Vielleicht liegt es daran, daß ich ihn im Grunde als den Stärkeren von uns beiden sehen möchte. Vielleicht war es das auch, was mich vor Monaten irgendwie gestört hatte: daß ich nicht von ihm bewundert werden wollte.

Die nächsten Monate nutzen wir als Bedenkzeit aus. Ich lerne Kens Familie kennen: seine Eltern, seine Schwester, eine Tante und einen Onkel. Anfangs begegnen sie mir mit Zurückhaltung, doch dafür habe ich viel Verständnis. Immerhin wissen sie noch nicht viel über mich, und obendrein sitze ich im Rollstuhl und stamme nicht aus Japan wie sie.

Tag und Nacht überlege ich nun, wie eine Ehe zwischen Ken und mir funktionieren könnte. Ich entdecke, daß unsere Liebe nicht stagniert, sondern von Natur aus ruhelos ist, da wir beständig darauf bedacht sind, die Tiefe unserer Beziehung zu erforschen und zu ergründen. Verheiratet zu sein würde bedeuten, diese Liebe täglich auszuleben, aber auch gemeinsam die großen und kleinen Dinge des Alltags zu bewältigen. Wir würden lernen müssen, zu einer Einheit zu verschmelzen; Aufopferung würde zum täglichen Brot gehören. Wir würden miteinander reden, uns einander mitteilen. Und dann putzen und staubsaugen! Wir würden uns Hobbys suchen müssen, die wir wirklich gemeinsam genießen könnten. Einkaufen, den Küchenzettel machen und kochen. Ja, und irgendwann würden wir auch ins Bett gehen müssen ... Und was ist mit Kindern?

Obwohl das alles wichtige Punkte sind, die einmal gründlich durchdacht werden sollten, möchte ich meine Antwort auf Kens Frage nicht davon abhängig machen, daß wir im voraus alle Probleme gelöst bekommen. Ich finde es schöner, wenn eine gewisse Atmosphäre des Geheimnisses bestehenbleibt. Wie kann sich sonst unsere Liebe als wahrhaft aufopfernd und verbindlich erweisen, wenn sie nicht vollkommen gelöst ist von allem anderen, von allem, was ihr vorausgegangen ist? Dann wäre mein „Ja" ein bedingtes, erwartungsgebundenes „Ja, aber ..."

Pötzlich, an einem verregneten Novembernachmittag, betritt er mein Malstudio. Er bewundert den Strauß roter Geranien, die gerade auf der Leinwand entstehen. Alles ist von roten Farbtupfern übersät: rote Tuben, Pinsel voll roter Farbe, Farbproben in allen Rotschattierungen, die Blumen auf der Leinwand. Und dann bittet er mich, seine Frau zu werden!

„Ja", sage ich, und der ganze Raum strahlt buchstäblich, und das nicht nur wegen der leuchtenden Rottöne um mich herum.

„Bist du nervös?"

„Klar bin ich nervös", antwortet Ken, als er das Scrabble-Brett aus der Schachtel hervorzieht. „Immerhin sind wir extra hierhergekommen, um deine Eltern um ihre Einwilligung zu bitten. Die fragen sich bestimmt schon seit letztem Sommer, was zwischen uns vorgeht."

„Ist das nicht merkwürdig?" werfe ich nachdenklich ein. „Wir sind beide schon über dreißig, und trotzdem holen wir uns noch die Zustimmung unserer Eltern."

„Ich hoffe bloß, daß sich die Sache bei deinen Eltern einfacher gestaltet als bei meinen", bemerkt Ken und schüttelt die Tüte mit den Buchstaben gründlich durch. Ich nicke. „Mach dir aber keine Sorgen", fügt er dann hinzu. „Ich weiß genau, daß du bei meinen Eltern einen Stein im Brett hast."

„Ach, wenn ich doch nur auch aus Japan stammte!" witzele ich, um gleich darauf wieder ernst zu werden. „Aber mach dich auf allerhand Fragen gefaßt. Meine Eltern halten dich zwar für den feinsten Kerl diesseits des Atlantiks, aber sie werden trotzdem so einiges wissen wollen. Ich bin ja bloß froh, daß es beim Scrabble geschehen soll. Glaub mir, das wird die Unterhaltung erheblich erleichtern, wie sie auch ausgehen mag."

„Ich lasse deine Mutter einfach gewinnen."

„Ha! Da kennst du meine Mutter schlecht!"

Bald haben wir uns zu viert um ein Ende des Eßzimmertischs versammelt und ziehen unsere Buchstaben. Mutter ist zuerst an der Reihe. Sie sieht prüfend über ihre Brillenränder hinweg, legt ihre Buchstaben auf das Brett und erzielt gleich eine hohe Punktzahl mit einem sieben Buchstaben langen Wort. Ich grinse in mich hinein und frage mich, wo Ken in diesem spannungsgeladenen Spiel die Gelegenheit finden wird, die Katze aus dem Sack zu lassen.

„Äh ..., Herr und Frau Eareckson", beginnt er, als er an der Reihe ist, „Joni und ich möchten Sie beide gern etwas Wichtiges fragen."

„So? Was denn?" gibt meine Mutter zurück. „Machst du jetzt weiter, oder nicht?"

„Ja, schon ... gleich, aber erst ..."

„Na gut, dann leg los, damit wir fertig werden!" sagt sie. Der Sieg ist ihr nicht mehr fern. „Ich hab' nämlich noch ein gutes Wort hier in der Hand." Mutter und Vater legen ihre Buchstaben mit größter Konzentration auf das Brett. Ken und ich tauschen verstohlen einen Blick aus.

Der Abend vergeht schnell, und meine Mutter, die mit mehr Eifer als wir bei der Sache ist, hat das Spiel bald mit Abstand gewonnen. Doch sie denkt nicht ausschließlich an ihren Gewinn. Weder sie noch Papa haben die angekündigte wichtige Frage vergessen.

Ken eröffnet ihnen, daß er mich gerne heiraten möchte. Schon allein seine Worte versetzen mir ein Flattern in der Magengegend. Mutter sagt, daß sie es eigentlich von Anfang an gewußt habe. Sie möchte am liebsten auf der Stelle bei Frau Tada anrufen. Vater beugt sich vor, legt eine Hand an sein Ohr und bittet Ken, die Frage zu wiederholen.

„Na, das ist ja wunderbar!" sagt meine Mutter und schiebt ihre Brille ins Etui zurück. „Aber wie wollt ihr beiden denn ... nun, wie wollt ihr denn miteinander zurechtkommen?"

„Zugegeben, ein Kinderspiel wird es nicht werden." Ken und ich stärken einander den Rücken.

„Ich habe mir schon Gedanken über unsere finanzielle Situation gemacht", beginnt Ken. „Die Pflegekosten sind zwar astronomisch, aber ich bin über meine Schule gut versichert, auch für Zahnarztkosten, und ..."

„Das habe ich eigentlich gar nicht gemeint", unterbricht Mutter ihn.

„Ich werde eine Hilfe für den Haushalt einstellen", füge ich hastig hinzu. „Mit meinem Bus kann ich eine Menge Einkäufe selbst erledigen ... weißt du, ich bitte einfach einen Angestellten vom Supermarkt, mir mit den Taschen behilflich zu sein. Ich kann die Hände anderer Leute dazu benutzen, das Essen zu kochen und den Tisch zu decken. Ich habe insgesamt vier oder fünf

Mädchen angelernt, die mir morgens beim Aufstehen helfen können; Ken muß nämlich früh zur Arbeit. Aber er kann mir dann abends helfen." Ich hebe meinen Arm auf seine Schulter. „Er kann mir beim Ausziehen helfen, mein Gesicht waschen, den Urinbeutel abnehmen und dergleichen, wißt ihr. Das ist alles ganz schnell gemacht."

„Du, äh ..." Mutter wendet sich zögernd an Ken. „Du weißt also Bescheid, wie man so etwas macht?"

Ken errötet ein wenig.

„Natürlich nicht bis in alle Einzelheiten, versteht sich ... aber ich habe ihr schon öfters das Gesicht gewaschen und die Zähne geputzt." Er strahlt voller Stolz. „Sie sieht auch ohne Make-up prima aus!" Er legt seinen Arm um mich und drückt mich an sich.

Dann meldet sich mein Vater zu Wort.

„Ich weiß ja nicht, Ken, aber ... äh, das mit dem, nun, mit dem Privatleben, ... äh ...." Er fährt nervös mit den Händen durch die Luft.

„Du meinst zusammen schlafen?" ergänze ich seinen Satz.

„Ja." Er trommelt auf die Tischplatte. „Ja, das meine ich."

„Hör mal, Papa", sage ich mit einem Augenzwinkern, „beim Scrabble hast du doch sonst nie Schwierigkeiten mit dem Wort ‚Sex'!"

„Nein, die Frage ist durchaus berechtigt", geht Ken auf das Thema ein. „Ich weiß, Joni kann sich nicht bewegen. Und sie kann auch nichts spüren." Er klopft mir sachte auf das Knie. „Aber Liebe ist mehr als nur ein Akt. Joni hat eine Menge Körperstellen, die noch empfinden können. Es gibt keinen Grund, weshalb wir nicht miteinander zärtlich sein könnten", sagt er und fährt mir dabei sanft mit seinem Handrücken über den Hals. Ich bin ein wenig überrascht darüber, mit welcher Leichtigkeit er Worte findet. Er sagt es besser, als ich es gekonnt hätte.

„Wissen Sie", fährt Ken dann kopfschüttelnd fort, „es haben uns schon mehrere Leute, die es gut mit uns meinten, geraten, einfach mal für ein Wochenende zusammen zu verreisen und es auszuprobieren. Wir sollten miteinander experimentieren, haben sie gemeint."

Mutters Finger trommeln auf der Tischplatte. Vater beugt sich noch weiter vor, um jedes Wort aufzufangen.

„Aber das können wir nicht tun. Ausgeschlossen! Jonis Behinderung ist schließlich kein Vorwand zum Sündigen. Gottes Wort gibt da ganz klare Richtlinien. Wenn unsere Situation ein bißchen ungewöhnlich ist, dann ist das noch längst kein Blankoscheck. Gott wird uns nur segnen, wenn wir ihm gehorchen, und das wollen wir mehr als alles andere."

Hier liegt die innere Kraft, das moralische Gefestigtsein, das ich von Anfang an in Ken gespürt habe. Er ist durch und durch aufrichtig, geradlinig, gütig. Wunderbar transparent. Einfach kristallklar, ohne Spur von Hinterlist oder Betrug. Hier liegt die Tiefe, die gebündelte innere Kraft und Stabilität, nach der ich mich gesehnt habe. Es ist eine Art magnetische Kraft, die nichts mit niederen Beweggründen gemein hat, sondern geistlicher Natur ist. Deutlicher als je zuvor wird mir klar, wie sehr ich ihn liebe.

„Das hört man gern", erwidert Papa leise.

„Aber, Herr Eareckson", sagt Ken dann mit seinem spitzbübischen Augenzwinkern, „wenn die Flitterwochen dann kommen, werden wir schon herausfinden, wie's gemacht wird. Es wird halt ein bißchen Erfindungsgeist brauchen, und ein bißchen ... Ideenreichtum." Er grinst und gestikuliert wie ein Professor mit den Händen in der Luft umher.

„Ich glaub', ich weiß, wer's gewesen ist", flüstere ich Judy ins Ohr.

„Nie im Leben!" flüstert sie zurück.

„Doch. Seine Geliebte war's. Bestimmt!" Meine Stimme wird ein wenig lauter.

„Kann gar nicht sein. Sie war überhaupt nicht in der Nähe, als der Mord verübt wurde."

„Pst!" Stirnrunzelnd rückt Ken auf meiner anderen Seite ein Stück von mir ab.

„Tut mir leid", flüstere ich und kann mir nur mühsam ein Kichern verbeißen. Dann wende ich mich wieder an Judy. „Wir müssen ein bißchen leiser sein ... Was hast du gerade über die Tatzeit gesagt? Ich glaube, die Geliebte hat die ganze Zeit über gewußt, da ..."

Kaum ist der Agatha-Christie-Film zu Ende, als Judy und ich den Fall schon in allen Einzelheiten diskutieren. Ken beteiligt sich nicht an dem Gespräch. Schweigend nimmt er seinen Pulli und die Popcornschachteln an sich.

„Entschuldigung", sagt er distanziert und drängt sich an uns vorüber, um meinen Rollstuhl aus der Kinogarderobe zu holen.

Irgend etwas stimmt hier nicht.

Nachdem die beiden mich in den Rollstuhl gehoben haben, geht Judy zur Toilette.

„Was ist denn los?" frage ich leise, während ein paar Kinobesucher an uns vorüber aus der Reihe treten. Ohne ein Wort rückt er meine Füße auf dem Pedal zurecht.

„Sag schon, was ist denn los?" frage ich, als das Kino leer ist.

Wieder bleibt er mir eine Antwort schuldig.

Na schön, wir haben also unsere erste Auseinandersetzung. Und zu allem Überfluß ist Ken auch noch von der stillen Sorte! Ich spüre, wie der Zorn in mir hochsteigt.

Am Ausgang verabschiedet sich Judy von uns, setzt sich in ihren Wagen und fährt davon. Ich bin froh, als wir allein sind, und hoffe, daß Ken es genauso empfindet. Wir müssen unbedingt reine Luft schaffen. Zu zweit machen wir uns auf den Weg zu meinem Kleinbus auf dem Parkplatz.

Unterwegs bremse ich meinen Rollstuhl unvermittelt.

„Ich fahre nicht weiter, wenn du mir nicht sagst, was los ist."

„Also gut." Ken verschränkt die Arme. „Du hast dich unterhalten, während der Film lief. Du hast nicht mal damit aufgehört, als ich dich ermahnt habe."

„Ken, erstens habe ich mich nicht großartig unterhalten. Ich habe leise geflüstert", sage ich betont. „Und zweitens hat uns kein Mensch gehört."

„Du hast andere damit gestört", wirft er mir vor.

Ich bin fassungslos.

„Das ist doch lächerlich! Niemand hat uns gehört, weil niemand in der Nähe war. Das Kino war schließlich halb leer."

„Ich war gerade aufgestanden, um den Teenagern vor uns den Marsch zu blasen, weil sie sich so laut aufgeführt hatten, und dann mußt du dich unbedingt mit Judy unterhalten." Er geht vor mir auf und ab. „Genau wie die jungen Leute. Wie soll ich von ihnen verlangen, sich ruhig zu verhalten, wenn ausgerechnet ihr beiden es nicht tut?"

„Wir haben uns sehr wohl ruhig verhalten. Wir haben uns flüsternd unterhalten, anstatt ... anstatt Popcorn durch die Gegend zu werfen und zu lärmen!" Ich werde lauter.

„Schrei mich nicht an!" befiehlt Ken.

„Schreien? Du denkst doch wohl nicht im Ernst, daß das geschrien war!" Ich starre ihn ungläubig an. „Da kennst du mich aber schlecht!"

„Ich brülle jedenfalls nicht."

„So? Aber ich." Ich mache eine Kunstpause. „Meine ganze Familie brüllt."

„So ist das also!" murmelt er und geht weiter auf und ab. „Kaum sind wir verlobt, und schon wird ein ganz anderer Mensch aus dir. Davor habe ich Angst gehabt."

„Ken ..." Ich ringe um meine Beherrschung. „Ken, ich bin kein anderer Mensch geworden. So bin ich nun einmal."

Er bleibt stehen und sieht mich an.

„Hast du denn noch nie von den Versen gehört, wo es heißt, daß man im Zorn nicht sündigen soll? Und keine schlechten Worte aus dem Mund hervorgehen sollen?"

Plötzlich komme ich mir wie ein Tier in der Falle vor. Aus einer lächerlichen Kleinigkeit ist eine handfeste Auseinandersetzung geworden. Und Ken zwingt mir seine Erwartungen auf.

„Schmeiß mir bloß keine Bibelverse an den Kopf! Denk daran, die Liebe soll schließlich eine Vielfalt von Sünden zudecken." Meine Augen werden zu schmalen Schlitzen. „Und, nebenbei gesagt, kann ich nicht finden, daß ich mich einer ‚Vielfalt von Sünden' schuldig gemacht habe."

Ich bin auf dem besten Weg dazu, meine Klauen zu zeigen, als ein junges Ehepaar aus einem Wagen am Rand des Parkplatzes aussteigt.

„Sie müssen entschuldigen", sagt der junge Mann, als sie lächelnd auf uns zukommen, „aber sind Sie nicht die Dame, die mit dem Mund Bilder malt ... Joanie? Wir haben Ihren Vortrag in der Kirche meiner Mutter gehört."

Erschrocken stocke ich mitten im Satz, werfe Ken einen Blick zu, ringe mir ein Lächeln ab und bejahe die Frage. Bevor die Situation peinlich wird, stelle ich ihnen Ken vor: „Und das ist Ken Tada, mein Verlobter." Sie lächeln überrascht.

Ken reicht ihnen ein wenig gezwungen die Hand, lächelt zurück und murmelt ein paar freundliche Worte. Seine verlegene und doch aufrichtige Art, sich der Situation zu stellen, berührt mich irgendwie. Zugleich wünsche ich ihn meilenweit fort, weil er meine Starrköpfigkeit, meine Lieblosigkeit so offen dargelegt hat. Plötzlich wird mir klar, daß es im „Hafen der Ehe" längst nicht so romantisch vor sich geht, wie man es sich vorstellt, sondern zuweilen auch stürmisch und recht anstrengend.

Während Ken allerhand Fragen über unsere bevorstehende Hochzeit beantwortet, frage ich mich im stillen, ob er sich überhaupt noch darauf freuen kann.

Endlich gehen die beiden auf den Kinoeingang zu. Ken und ich schauen ihnen wortlos nach, bis sie in der Tür verschwunden sind.

„Nun, Joni", bricht er dann leise das Schweigen, „worüber hast du eigentlich damals gesprochen, als du in der Kirche seiner Mutter den Vortrag gehalten hast?"

„Wie bitte?" Ich schaue Ken an. „Oh, ja … also, wahrschein-lich habe ich etwas darüber gesagt, wie meine Lähmung mir ge-holfen hat, Jesus ähnlicher zu werden … du weißt schon, andere zu lieben, Selbstzucht …" Ich senke den Blick. „Geduldig sein … die Sünde meiden …"

„Und?" fragt er und kommt einen Schritt näher.

„Und ich möchte dich trotz allem noch heiraten", sage ich mit Tränen in den Augen und sehe zu ihm auf. „Das heißt, wenn du mich überhaupt noch willst."

Er nimmt mich in seine Arme, und dann gehen wir langsam auf den Bus zu.

„Und du meinst wirklich, die Geliebte hat den Mord began-gen? Soll ich dir mal was sagen? Ich bin ganz deiner Meinung", sagt Ken, wobei er seine Hand auf meine Armlehne legt.

Ich habe so manchen amerikanischen „Brautschauer"* als Gast
miterlebt; nun bin ich an der Reihe, im Mittelpunkt des Geschehens zu stehen. Ich kann es immer noch nicht fassen. In meinem Rollstuhl mit seinen staubigen Rädern und quietschenden
Treibriemen komme ich mir ein wenig fehl am Platze vor inmitten all der hübsch eingewickelten Geschenke, der zierlichen Pa-
pierdekorationen und appetitlichen Häppchen. Trotzdem freue
ich mich, daß der ganze Raum mit Papierschlangen und Schleifen geschmückt ist, genau wie zu jedem gewöhnlichen Brautschauer.

Die Geschenke sind um mich auf dem Fußboden aufgebaut,
und die beiden Töchter einer Freundin haben die Ehre, sie einzeln für mich zu öffnen. Die Damen, die sich mir zu Ehren eingefunden haben, schenken mir Kochtöpfe und Bratpfannen,
was sehr willkommene Gaben sind, denn Kerbe und Judy werden bei ihrem Auszug allerhand Küchengeräte mitnehmen. Ich
werde die beiden sehr vermissen – ein trauriger, doch kurzlebi-
ger Gedanke inmitten dieser Freude.

Eine Kaffeemühle und Tassen. Auflaufformen und ein Bügel-
brett. Geschirrtücher und Topflappen.

Meine kleine Freundin müht sich ab, ein glänzendes Bügeleisen aus der Verpackung hervorzuheben. Sie braucht beide
Hände, um es für alle sichtbar in die Höhe zu halten.

„Wie kannst du das überhaupt benutzen, Joni?" fragt sie mit
der Aufrichtigkeit eines Kindes.

„Genauso, wie ich die Topflappen benutzen werde."

„Und wie machst du das?"

---

* Ein fröhliches Zusammensein, zu dem die Braut vor der Hochzeit eingeladen wird, um die Hochzeitsgeschenke in Empfang zu nehmen.

„Ich borge die Hände von jemand anders. So, wie ich gerade deine borge, um die Geschenke zu öffnen."

Sie nickt zufrieden und nimmt die nächste Schachtel in die Hand. Sie ist in weißes Spitzenpapier verpackt und mit einer riesigen weißen Schleife verziert. Zum Vorschein kommt ein elegantes, schwarzes Seidennegligé. Alle im Raum bestaunen es. Geschwind lese ich die beigefügte Karte: „Liebe Joni, alles Glück der Welt wünscht Dir Deine Vicky Olivas." Ich werfe ihr ein dankbares Lächeln zu. Sie sitzt neben einigen anderen Rollstuhlfahrerinnen in einer der hinteren Reihen.

Nach Plätzchen und Saftcocktails ist es an der Zeit, daß ich mich bei allen bedanke. Ich überlege, wie ich den Nachmittag bedeutsam beenden kann.

„Als ich noch keine zwanzig war und mich wohl oder übel gerade mit dem Leben im Rollstuhl abfinden mußte, da hat mir vor allem, was mit Heiraten zu tun hatte, regelrecht gegraut. Ich habe sogar einmal zu einem Reporter von der Zeitschrift ‚People' gesagt, wenn ich je einen Mann genug lieben sollte, um ihn zu heiraten, dann würde ich ihn hoffentlich genug lieben, um seinen Antrag abzulehnen."

„Dafür ist es jetzt aber ein bißchen zu spät, Joni!" ruft Rana mir durch den Raum zu. Alle lachen.

„Ja ... also, ihr wißt doch alle, daß die völlige Liebe die Furcht austreibt" (1. Johannes 4, 18), gebe ich zurück und schlage damit eine Brücke zu einem ernsteren Thema. „Wenn ich ganz ehrlich sein soll, dann habe ich damals die größte Angst davor gehabt, einen Brautschauer über mich ergehen lassen zu müssen – so albern das auch klingen mag! Ich habe mich so sehr davor gescheut, vor einem ganzen Zimmer voller Frauen und Mädchen sitzen zu müssen und meine Geschenke nicht auspacken zu können. Nicht einmal die Schleifen daran hätte ich lösen können!"

Meine Freundinnen halten im Aufräumen inne, und mehrere kommen aus der Küche wieder in den Raum. Es ist so still geworden, daß man eine Stecknadel fallen hören könnte.

Ich sehe auf den Berg von zerknittertem Geschenkpapier neben meinem Rollstuhl hinunter.

„Ich hatte Angst, daß alle denken würden: ‚Was will sie denn nur mit einem Bügeleisen anfangen? Sie kann doch ihre Hände gar nicht bewegen!' Aber echte Liebe treibt die Furcht aus, und ich kann ganz ehrlich sagen, daß ich diese Liebe spüre. Und zwar von jedem einzelnen von euch!" Ich werfe Frau Tada und Carol, meiner zukünftigen Schwägerin, einen Blick zu und lächele Vicky an. Wenn jemand versteht, was in diesen Momenten in mir vorgeht, dann ist sie es.

„Und außerdem", füge ich hinzu und sehe auf das schwarze Negligé, „außerdem kann ich mich auch selbst annehmen, wie ich bin. Gott hat mich geschaffen ... ob ich nun ein Bügeleisen in den Händen halten kann oder nicht ... Ach ja, und übrigens, meine Haushälterin wird an dem Bügeleisen ihre wahre Freude haben!"

In den Wochen vor unserer Hochzeit im Juli male ich viel; eigentlich tue ich es eher zur Beruhigung meiner Nerven als um
irgendwelcher Vereinbarungen mit Verlegern willen. Doch
Farbe und Pinsel scheinen sich nun gegen gewöhnliche Objekte
zu sträuben, und auf beinahe mystische Weise schaffe ich Bilder,
die ätherisch und voller Raum wirken. Ich fühle mich zu Themen hingezogen, die abseits von der Bildmitte ihren Schwer-
punkt haben, Themen, die deutlich einen japanischen Einfluß
verraten.

Kens Eltern heißen mich in aller Herzlichkeit und Wärme in
ihrem Heim willkommen. Obwohl sie ein durch und durch
amerikanisches Leben führen, halten sie noch immer an einigen
ihrer japanischen Traditionen fest. Bei Sukiyaki und Sunomono
lernen wir einander besser kennen. Sie erzählen mir allerlei Begebenheiten aus Kens und Carols Kindheit und zeigen mir lu-
stige Schnappschüsse von Ken als Kleinkind, pausbäckig und
glückstrahlend.

Sie erkundigen sich auch nach meiner Familie und freuen sich
mit mir, daß meine Schwester Kathy zeitig genug kommen
will, um mir bei den Vorbereitungen für die Hochzeit zu helfen.

„Für Kathy und dich wird Großvaters Geburtstagsfeier am
nächsten Wochenende ein besonderes Erlebnis sein!" sagt Frau
Tada und reibt sich die Hände. „Wenn jemand in Japan achtundachtzig wird, ist das ein großes Ereignis."

Als Kathy mich wenige Tage später in das Haus des ehrwürdi-
gen Großvaters schiebt, fallen mir sofort die Ähnlichkeiten zwischen ihm und meinem Vater ins Auge: silberweißes Haar, Brille
und ein weises Lächeln. Und beide sind sie ziemlich klein von
Gestalt. Großvater ist sogar begeisterter Hobbymaler: exoti-
sche Vögel auf Pflaumenblütenzweigen; Weidensträucher und

Chrysanthemen, nebelverhüllte Berggipfel und Seen. Voller Stolz präsentiert er seine gerahmten Kunstwerke an der Wand, genau wie mein Vater daheim. Während ich durch die Räume rolle, um die Gemälde zu bestaunen, gibt Großvater mir Erläuterungen dazu auf japanisch, die Kens Vater für mich übersetzt.

Ken, Kathy und Carol schieben mich in Großvaters orientalischen Garten hinaus. Er geht uns auf dem sauber geharkten Kiesweg voraus an sorgfältig gestutzten Sträuchern und tropischen Pflanzen vorüber. Hin und wieder bleibt er stehen, um uns ein besonderes Heil- oder Küchenkraut zu zeigen. Wenn ich auch seine Worte nicht verstehen kann, so spüre ich ihm deutlich den Stolz und die Freude an seinem Garten ab.

Später am Nachmittag bekomme ich einen Einblick in Großvaters Talent auf dem Gebiet der Kalligraphie (Schönschreibkunst) und der Dichtung, als er uns mehrere Seiten „Haiku" in kunstvollster Ausführung zeigt. Ich denke lächelnd an die vielen interessanten Gedichte, die mein Vater geschrieben hat. Ich freue mich schon auf das gegenseitige Kennenlernen dieser beiden Männer.

Im Verlauf der Feier erfahre ich auch von den schweren Erlebnissen der Familie Tada. Während des Zweiten Weltkriegs haben sie Haus, Geschäft und Grundbesitz verloren, als die japanische Bevölkerung der amerikanischen Westküste aus Sicherheitsgründen in Lager zwangsevakuiert wurde. Kens Vater war der Vorsteher eines solchen Lagers. Heute kann er ohne Schwierigkeiten über diese Zeit sprechen; die Vergangenheit mit all ihren Kümmernissen liegt nun weit hinter ihm. Wir unterhalten uns über sein Export/Import-Geschäft. Noch immer reist er als Handelsvertreter in den Orient. Ich verspreche ihm, beim nächsten Mal eins von meinen ins Japanische übersetzten Büchern mitzubringen.

Frau Tada – ich nenne sie inzwischen „Mutti T." – ist eine lebensfrohe, kontaktfreudige Frau mit den gleichen schwarzen Haaren und funkelnden Augen wie ihr Sohn. Sie arbeitet als Buchhalterin in einer großen Maschinenfabrik, doch daneben ist sie eine passionierte Köchin und Gärtnerin. Als ich erwähne, daß auch ich mich für alles, was mit Kochen zusammenhängt, interessiere, verspricht sie mir, bei ihrer nächsten Fahrt nach Klein-Tokio, in der Innenstadt von Los Angeles, eine Reihe japanischer Spezialitäten und Utensilien mitzubringen. Sie möchte gern lernen, mich in ihre Arme zu nehmen. Ich erkläre ihr, wie sie es tun kann, und als sie ihre Arme dann um mich schlingt, merke ich, daß sie in etwa so groß ist wie ich in meinem Rollstuhl.

Carol, Kens Schwester, ist Studentin, modebewußt und wie Ken zu jedem Spaß bereit, mit dem gleichen dunklen, sportlichen guten Aussehen wie ihr Bruder. Während der Feier blättert sie mit mir in einer Modezeitschrift, deutet hier und da auf ein besonders flottes Teil mit Pfiff und lädt mich ein, sie einmal auf einem Stadtbummel zu begleiten. Während sie blättert, fällt mein Blick auf ihre schlanken, dunklen Finger, gegen die die rotlackierten Nägel kräftig leuchten. Ich weiß jetzt schon, wie sehr meine zukünftige Schwägerin mir ans Herz wachsen wird. Wir beiden werden eine Menge Spaß miteinander haben!

Am Ende des Nachmittags führt einer von Kens jüngeren Vettern einen traditionellen Fächertanz im Kimono vor. Großvater hält eine kurze Dankesrede auf japanisch, in der er sich bei allen dafür bedankt, diesen hohen Festtag mit ihm gefeiert zu haben. Beim Abschied sage ich nachdenklich zu Ken, wie verschieden doch unser kultureller Hintergrund ist.

Am gleichen Abend geht Kathy mit uns beiden in ein Suschi-Restaurant, um einige letzte Kleinigkeiten für die Hochzeit zu besprechen.

„Aha. Tekkamani ... Saschimi. Mir scheint, euch beiden Damen steht ein Kulturschock bevor", sagt Ken beim Studieren der Speisekarte. „Hast du schon einmal rohen Fisch gegessen, Kathy?"

„Pfui! Nie! Nein, danke! Moment, ich gucke mal schnell ..." Sie schlägt die nächste Seite auf. „Na prima. Austern in der Schale. Das ist doch was für einen waschechten Marylander! Teilst du dir ein Dutzend mit mir, Joni?"

„Klar! Ken", sage ich und werfe ihm einen schelmischen Blick zu, „wie wär's mit Austern?"

„Was denn ... rohe Austern???" Er schüttelt sich vor gespieltem Ekel. „Das sollte wohl ein Scherz sein, wie?"

„So, so, und roher Thunfisch ist also dagegen eine wahre Delikatesse", sage ich und rümpfe die Nase. „Der ganze Laden hier riecht wie toter Walfisch, daß du's nur weißt!"

„Und in den edlen Krabbenpackereien in Maryland riecht es besser, wie?" gibt Ken grinsend zurück.

Wir lachen. Die Situation ist aber auch zu ironisch! Vielleicht haben unsere Kulturen doch mehr gemeinsam, als wir dachten.

„Kathy, ich kann's ja kaum abwarten, bis du es mit eigenen Augen siehst. Mein Brautkleid ist eine Wucht, sage ich dir! So einfach geschnitten, und dabei so elegant!" schwärme ich. Kathy, Kerbe und ich sind gerade mit meinem Bus unterwegs zu dem Brautausstattungsgeschäft, wohin ich zu einer letzten Anprobe bestellt wurde. „Und dazu bekomme ich einen Brautkranz aus handgehäkelten Margariten und Spitze. Alles wirkt so nordländisch. Ich finde, ich sollte mein Haar hochgesteckt tragen."

Bis zum 3. Juli 1982, dem Datum unserer Hochzeit, sind es nur noch wenige Tage, und mir ergeht es nicht anders als jeder Braut. Ich bin schrecklich gespannt, aufgeregt und nervös.

„Nun, du hast dir ja ausgebeten, daß es eine Hochzeit wie jede andere sein soll", seufzt meine Schwester Kathy und lächelt. „Schön, daß du dich für ein langes Kleid entschlossen hast. Wie wirst du aber verhindern, daß sich der Schleier in deinen Rädern verfängt, wenn du zum Altar rollst?"

„Daran hat Greg Barshaw schon gedacht", erklärt Kerbe. „Ein weiches Netz um die Seiten von Jonis Rollstuhl gespannt, und schon ist die Sache im Griff."

Um mir das Kleid anzuziehen, müssen Kathy und Kerbe mich flach auf die einzige Couch im Geschäft legen, und diese befindet sich zu allem Unglück auch noch direkt am Eingang. Ein tragbarer Wandschirm schützt jedoch vor den Blicken Neugieriger. Wenig später sitze ich wieder im Rollstuhl und betrachte den Anblick, den ich in dem Kleid biete, in einem der riesigen Spiegel. Ich fühle mich plötzlich wie eine Prinzessin, so feierlich und elegant schaue ich aus! Das Kleid sitzt jedoch noch nicht perfekt; es muß an einigen Stellen leicht geändert werden.

Die Schneiderin, eine kleine Frau, deren undeutliches Englisch ich nur schwer verstehen kann, steht abseits. Sie windet sich nervös ihr gelbes Maßband um die Finger.

„Tut mir leid. Das ist unmöglich." Sie schüttelt den Kopf. „Tut mir leid."

Ich vermute, daß sie die notwendige Änderung für ausgeschlossen hält. Kerbe rafft den Stoff um die Schulternähte und fragt sie, ob sie das Kleid an dieser Stelle enger machen könnte.

„Nein. Ich habe noch nie ein Kleid für so jemanden geändert." Sie wirft die Hände in die Luft, als wolle sie etwas Schmutziges abschütteln. „Tut mir leid", sagt sie dann in etwas herablassendem Ton.

Ich bin vollkommen sprachlos. Kathy macht sich auf die Suche nach unserer Verkäuferin. Ich kann die Schneiderin nur fassungslos anstarren. Endlich kommt die Dame, die mir das Kleid verkauft hat, und erkundigt sich, ob es Schwierigkeiten gebe.

„Nein, es geht einfach nicht", wiederholt die Schneiderin. „Nichts zu machen. Ich habe noch nie ein Kleid für jemanden wie sie dort geändert." Sie zeigt auf mich. Ihre Geste wirkt endgültig und abweisend.

„Und ich habe schließlich auch noch nie ein Brautkleid anprobiert", sage ich verzweifelt. „Eine Hochzeit ist auch eine ganz neue Erfahrung für mich. Wir werden eben beide heute etwas dazulernen müssen." Ich bemühe mich, ebenso resolut wie sie zu erscheinen.

Im Grunde weiß ich genau, daß meine Reaktion falsch ist. Bei unseren „Joni and Friends"-Seminaren geben wir andere Richtlinien für Situationen dieser Art. „Denn also ist es der Wille Gottes, daß ihr durch Gutestun die Unwissenheit der unverständigen Menschen zum Schweigen bringt" (1. Petrus 2,15). Ich weiß, daß ich Brücken schlagen sollte, anstatt Mauern aufzubauen. Doch hier geht es um meine Hochzeit; dies ist kein theoretischer Fall aus einem Seminarvortrag.

„Warten Sie bitte eine Sekunde!" wirft die Verkäuferin ein. Ihre Stimme klingt ruhig und besänftigend. „Das werden wir gleich gelöst haben." Sie nimmt die Schneiderin zur Seite und richtet ein paar freundliche, aber bestimmte Worte an sie. Dann wendet sie sich wieder an mich, legt mir die Hand auf die Schulter und bittet mich um Entschuldigung. Behutsam hebt sie dann meinen Schleier ein wenig an und sagt mir, wie bezaubernd ich aussehe. Sie kniet sich neben meinen Rollstuhl auf den Teppich und hält die Schulternaht mit den Händen ein.

„Wo stecken wir den Stoff am besten fest?" fragt sie die Schneiderin.

Die Angesprochene reibt sich die Handflächen an ihrem Kleid und nimmt das Maßband von ihrem Hals herunter. Friedfertig kniet sie neben der Verkäuferin nieder und beginnt, Stecknadeln aus dem Nadelkissen an ihrem Handgelenk zu ziehen. Ich beobachte überwältigt, wie die Schneiderin unter den freundlichen, sanften Worten der Verkäuferin zusehends umgänglicher wird. Innerhalb weniger Minuten ist aller Ärger verflogen.

Als ich das Geschäft gerade verlassen will, legt die Verkäuferin die Hand auf meine Armlehne.

„Sie werden einfach eine zauberhafte Braut abgeben", sagt sie. „Ich bin Christin, und ich werde am 3. Juli für Sie und Ihren zukünftigen Mann beten."

„Glückselig die Friedensstifter, denn sie werden Söhne Gottes heißen" (Matthäus 5,9).

Kathy und ich liegen noch im Bett und betrachten das traumhaft schöne Hochzeitskleid, das vor dem Fenster in den ersten Strahlen der frühen Morgensonne hängt. Kathy nimmt meine schwache Hand in die ihre, und gemeinsam singen wir leise, um den neuen Tag zu begrüßen, meinen Hochzeitstag!

Ich spüre den „Frieden, der höher ist als alle Vernunft", in mir. Da sind keine Zweifel, keine Ängste. Ich fühle mich ... nein, ich bin gewiß, daß ich die richtige Wahl getroffen habe. Komisch. Das gleiche Gefühl der Sicherheit erfüllte mich, als ich mich zu dem Film entschlossen hatte. Und dann bei meinem Umzug nach Kalifornien. Und später wieder, als „Joni and Friends" gegründet wurde.

Doch die Liebe, rein und stark und tief, ist noch viel größer als alle Gewißheit im Hinblick auf ein Hilfswerk oder einen Umzug. Vielleicht ist dieser wunderbare Frieden aus dem Wissen erwachsen, daß unsere Liebe reif und frei von Irrtum ist. Wir haben diese Entscheidung zu einem gemeinsamen Leben wahrlich nicht überstürzt getroffen.

„Ehe ist der Abdruck der Liebe Gottes, den wir in einem anderen Menschen wiederfinden." Dieser Satz aus einem Buch, das ich kürzlich las, fällt mir plötzlich wieder ein. Was wohl heute morgen Kens erster Gedanke gewesen sein mag? Ob er arg nervös ist? Nein, bestimmt nicht. Ich stelle mir vor, daß auch er von diesem herrlichen Frieden und dieser stillen Freude erfüllt ist.

„Trägst du heute die Kette, die Ken dir gestern abend geschenkt hat?" erkundigt sich Kathy und berührt das zarte Herz an meiner Halskette.

„Hm ... es würde auf dem Spitzenbesatz sicher gut aussehen."

Sie lächelt. „Weißt du, ich komm' da nicht ganz mit, muß ich gestehen. Er schenkt dir so ein niedliches Kettchen, und du schenkst ihm ausgerechnet eine wuchtige Fischangel. Wie kamst du denn bloß auf so eine unromantische Idee?"

Ich lache leise auf. „Einer seiner Freunde hat mir einen guten Tip gegeben: ‚Laß deinem zukünftigen Mann seine Träume.' Die Angel soll so etwas wie ein Symbol davon sein." Ich unterbreche mich, bevor ich mit der Autorität eines Bürgermeisters erkläre: „Möge er immer reichlich Zeit zum Angeln finden!"

Ich heirate einen Angler. Einen prima Kameraden. Einen Bruder. Einen Lehrer. Einen Sportler. Mir fällt wieder ein, was ich ganz zu Anfang über ihn gedacht hatte: welch ein herrlich normaler Zeitgenosse! Aber er steckt auch zugleich voller Überraschungen. Und heute wird er mein Mann werden.

„Ja, da hast du ihm wirklich eine Luxus-Angel verehrt. Jetzt hoffe ich nur, daß es dir nichts ausmacht, tagein, tagaus Forelle und Thunfisch zu essen!" Mit einem fröhlichen Kichern wirft Kathy die Bettdecke zurück und springt aus den Federn.

Wie sonderbar von uns, ausgerechnet am Morgen meiner Hochzeit über so profane Dinge wie Halsketten und Angeln zu sprechen! Doch heute erscheint mir alles alltäglich und außergewöhnlich zugleich. Ich frühstücke mit meinen Eltern, Rob, Kathy und Kay, Jays ältester Tochter. Die kleine Earecka trägt schon stolz ihren langen Petticoat durch das ganze Haus. Jay wäscht mir das Haar, zieht mir eine Garnitur bequemer Sachen an, hängt mein Hochzeitskleid in den Kleinbus und schickt mich mit Judy zur Kirche los, um alles weitere im Haus regeln zu können.

Auf dem Weg zur Gemeinde fahre ich wie gewohnt auf der Mittelspur der Ventura-Autobahn. Doch ansonsten hat der Tag nichts Gewohntes an sich.

„Heute ist mein Hochzeitstag!" rufe ich den vorüberfahrenden Autos zu. Ob Ken wohl gut durch den Verkehr kommen wird?

Im Gemeindehaus helfen mir meine Brautjungfern und Freundinnen beim Ankleiden. Ich schaue im Spiegel zu, wie ich frisiert und leicht geschminkt werde. Schritt für Schritt wird eine Braut aus mir. Ich bin selbst davon überrascht, wie ruhig ich innerlich bin. Ich plappere nicht aufgeregt daher und kichere auch nicht vor lauter Nervosität. Nein, ich sitze einfach gelassen da und lächele, während alle anderen aufgeregt umherhasten.

Als meine Mutter und Schwestern kommen, werden die ersten Fotos geschossen. Mutter stellt sich stolz neben meinem Rollstuhl für die Fotografen auf. Ihr blondes Haar hat sie zu einem eleganten französischen Knoten gesteckt. Sie streicht mir sanft über den Hinterkopf, wie sie es so oft getan hat, als ich noch ein kleines Mädchen war.

Wie es Kens Eltern zumute sein mag? Ich hoffe, er macht auch viele Aufnahmen.

Dann kommt auch schon einer von den Ordnern, um zu melden, daß alle Gäste ihre Plätze eingenommen haben. Es ist an der Zeit, daß wir uns vor dem Eingang aufstellen. Durch die menschenleere Halle gehen wir auf die Tür zum Kirchenschiff zu. Heute trage ich keine Handgurte, weshalb es mir auch ein wenig schwerfällt, meinen Brautstrauß aus Margariten beim Steuern des Rollstuhls nicht zu verlieren.

Kathy und Jay überprüfen vor der Eingangstür ein letztes Mal den Sitz ihrer Blüten im Haar. Sie streichen sich die himmelblauen Baumwollkleider glatt und stellen sich mit Kay, Carol und meiner Freundin Betsy in Reih und Glied auf.

„Ich hab' dich lieb, Joni!" flüstert Jay mir zu, bevor sie ihren Platz im Zug einnimmt.

Earecka ist das Blumenmädchen. Sie dreht sich im Kreis und beobachtet entzückt, wie ihr langes Kleid sich zu einer Glocke aufbauscht. Vicky Olivas sitzt an einem der beiden Seiteneingänge und begrüßt die Spätankömmlinge, die sich geschwind in das Gästebuch eintragen. Debbie Stone versieht den gleichen Dienst an dem anderen Seiteneingang.

Die Tür öffnet sich, und majestätische Orgelmusik erfüllt brausend die Kirche. Ich erspähe Steve Estes, meinen langjährigen guten Freund, der nun als Trauzeuge geladen ist.

Mein Vater sieht in seinem grauen Morgenanzug mit der seidenen Windsor-Krawatte feierlicher aus denn je. Gewöhnlich trägt er am liebsten Jeans und Hosenträger zu karierten Flanellhemden. So elegant kenne ich ihn gar nicht! Er scheint sich jedoch in seiner feinen Aufmachung zu gefallen. Nun wirft er mir ein stolzes Lächeln zu, mir, seiner jüngsten Tochter, die nach ihm benannt ist. Ich beuge mich vor und flüstere ihm, so laut ich kann, ins Ohr, daß ich langsam fahren werde, damit er nicht hinter mir zurückfällt. Er reicht Rana den einen seiner Krückstöcke und hält sich an meiner Armlehne fest.

„Bist du nervös?" erkundigt er sich.

Ich schüttle nur lächelnd den Kopf. Ein tiefer Friede, eine ungewöhnliche innere Ruhe erfüllt mich.

Während die letzte meiner Brautjungfern zum Altar schreitet, rolle ich ein Stück näher an die Tür heran, um durch den Spalt zu spähen. Da ist Diana. Und dort sehe ich meine Mitarbeiter vom Büro.

Dann plötzlich entdecke ich meinen Bräutigam. Die Hände hinter dem Rücken, steht er vor der versammelten Gemeinde, groß und stattlich in seinem Hochzeitsanzug. Die Augen hält er jedoch suchend auf den Gang gerichtet. Er wartet auf mich.

Nun glüht mein Gesicht, das Herz pocht mir bis zum Hals. Plötzlich ist alles so anders. Ich habe meinen Geliebten gesehen. Der Wechsel ist so überwältigend, daß ich nur staunen kann. Da ist Freude. Erwartung. Und Sehnsucht danach, endlich an seiner Seite zu sein.

Die Musik schwillt an. Papa und ich machen uns auf den beschwerlichen Weg zum Altar, er am Gehstock und ich in meinem Rollstuhl.

„... die seine Erscheinung liebhaben!" Dieser Bibelvers kommt mir plötzlich in den Sinn. Die Reihen voller Freunde und Angehörigen nehme ich kaum wahr. „Wir werden ihn sehen, wie er ist. Wir wissen, daß wir einmal ihm gleich sein werden" (nach 2. Timotheus 4,8 und 1. Johannes 3,2). Ich habe nur noch Augen für Ken.

„Ehe ist der Abdruck der Liebe Gottes, den wir in einem anderen Menschen wiederfinden ..."

So wird es sein, wenn wir Jesus sehen, denke ich. Doch dann nehmen mich die Musik, der Hochzeitszug, die Kerzen und Blumen gefangen – all die Zeichen, die auf die Verschmelzung zweier Menschen zu einer Einheit hindeuten. Keine Kostümprobe der Welt, keine der zahllosen Hochzeiten, zu denen ich geladen war, konnten mich auf dieses Erlebnis vorbereiten.

Dieser Moment ist einzigartig und wird für immer und ewig einzigartig für mich bleiben.

Ken trägt mich in das wartende Flugzeug hinein. Die Flugbegleiterinnen führen uns zu unseren Plätzen in der ersten Sitzreihe, wo wir von den Blicken der anderen Reisenden der ersten Klasse unbehelligt sein werden. Flitterwöchner – welch ein lustiges Wort! Und dann all die Überraschungen, die uns an Bord erwarten: ein Kuchen speziell für uns, Blumenkränze aus Hawaii, Orangensaft in Kristallgläsern, auf einem Silbertablett serviert! Jedermann im ganzen Flugzeug weiß bestimmt bald, daß heute unser erster Tag als Ehepaar ist.

Unsere Plätze sind einfach gemütlich und gut abgeschirmt! Wir machen es uns bequem, reiben einander die Nasen und schmunzeln einander vergnügt an. Ken führt mir meinen Orangensaft an den Mund, stellt das Glas wieder ab und nimmt meine Hand in die seine. Wir flüstern einander Geheimnisse zu und sagen einander ein ums andere Mal, wie schön alles gestern abend war.

„In wenigen Minuten zeigen wir den Film." Eine Stewardeß beugt sich über mich, um das Fenster zu verdunkeln. Ken schiebt unsere Sitzlehnen zurück, legt mir meine Kopfhörer an, stopft ein Kissen zwischen uns zurecht, und der Film kann beginnen.

In der ganzen Kabine ist es nun dunkel, und die Titelankündigungen laufen über die Leinwand. „Whose Life Is It Anyway?" (etwa: „Wem gehört eigenlich dieses Leben?") steht direkt vor uns zu lesen. Von diesem Film habe ich schon gehört. Er handelt von einem mutlosen, resignierten Querschnittsgelähmten, der seine Familie und die Ärzte im Krankenhaus bedrängt, ihn sterben zu lassen. Ein deprimierender Film. Ken und ich tauschen einen vielsagenden Blick aus. Welch eine Ironie!

Zutiefst verlegen kommt die Stewardeß zu mir, um wortreich um Verzeihung zu bitten. „Und das zu allem Überfluß auch noch auf Ihrer Hochzeitsreise!" jammert sie flüsternd, um die anderen Passagiere nicht zu stören.

Als sie wieder gegangen ist, werfen wir einander ein Lächeln zu. Verzweifelt wegen einer Querschnittslähmung? Wir sind es jedenfalls nicht. Wir haben gelernt, damit zu leben.

Der fünfstündige Flug nach Hawaii in der B 747 ist schnell vorüber. Kaum hat die Maschine das Ankunftsgebäude erreicht, als Rana und Judy auch schon auf uns zukommen, um beim Aussteigen behilflich zu sein. Wir haben unser „Personal" mit in die Flitterwochen genommen, damit die beiden Ken in dieser Zeit Pflegeanleitung geben können. Sie werden in einem Hotel ganz in unserer Nähe wohnen, und wenn sie Ken nicht gerade Unterricht im Baden und Ankleiden seiner Frau geben, werden sie ihren Urlaub hier ungestört genießen.

Vor dem Flughafengebäude werden wir von dem schweren, süßen Duft von Jasmin und tropischen Gewächsen begrüßt. Die Sonne des Südens scheint hell und heiß, und eine würzige Brise kühlt uns angenehm die Gesichter.

Ken meldet uns im Hotel an, gibt dem Gepäckträger, der unsere Koffer auf unser Zimmer bringen wird, ein Trinkgeld und schiebt mich unverzüglich quer über die Straße auf den weißen Sandstrand zu. Das Auspacken der Koffer besorgen wir später.

Der Ozean ist von atemberaubendem Türkis. Die Sonne spiegelt sich tausendfältig in dem glitzernden Wasser. Die Szenerie ist eine Collage aus Rosa, Türkis und Grün. Jede Welle rollt mit perfektem Schwung an den Strand, der sich meilenweit vor unserem Blick erstreckt. Ein älteres, rosafarbenes Hotel hebt sich charmant von den neueren Bauten aus Stahl und Beton ab. Wir beschließen, hier zu Abend zu essen.

Ken streift seine Sandalen ab, fährt sich mit der Hand durch das Haar, verschränkt die Arme, gähnt und streckt sich im Sand aus. Sein buntbedrucktes Hemd flattert im Wind. Hier wirkt er eher wie ein waschechter Hawaiianer als ein Amerikaner japanischer Herkunft.

Während er einen kleinen Spaziergang ans Wasser macht, kommt eine dreiköpfige Familie auf dem Strandweg auf mich zu. Der Sohn trägt ein Sporthemd mit dem Aufdruck der Universität von South Carolina; seine Eltern sind mit Strohhüten und Badetaschen bewaffnet. An ihrem aufgeregten Flüstern und den versteckten Blicken merke ich, daß ich erkannt worden bin. Nun ja. Macht nichts!

„George, guck doch bloß mal, wer da sitzt!" ruft die Frau und schiebt sich die Sonnenbrille auf die Stirn zurück.

„Das gibt's doch nicht!" George ist überrascht und zieht seinen Fotoapparat aus der Badetasche hervor. „Martha, stell dich schnell dazu, ich mach eben eine Aufnahme von euch."

„Also, wenn's Ihnen recht ist ..." Ich lächele und strecke ihnen den Arm zum Gruß entgegen, doch solcherlei Formalitäten bleiben offensichtlich unbeachtet. Gewiß verhalten die beiden sich nicht mit Absicht so unhöflich, und ich bin ähnliche Begegnungen gewöhnt. Deshalb bemühe ich mich, meinen Namen zu nennen und die Namen der fremden Familie zu erfragen. Der Junge in dem Sporthemd steckt die Hände in die Hosentaschen und schaut in die andere Richtung. Die ganze Situation ist ihm sichtlich peinlich.

„Meine Liebe!" zwitschert die Frau in dem tropischen Blumenkleid, faßt mich bei den Schultern und drückt ihre Wange gegen meine. „Wie reizend, Sie kennenzulernen! Ich habe Ihre Bücher gelesen und Ihren Film gesehen. Nein, meine Nachbarinnen werden's mir nicht glauben, wenn ich erzähle, daß wir Sie hier getroffen haben!"

„Achtung, bitte recht freundlich!" sagt George hinter seiner Kamera und winkt mit der freien Hand. „Und Junior, du stellst dich auch daneben."

„Ach bitte, es wäre mir lieber, wenn Sie keine Bilder machten. Ich bin auf Hochzeitsreise hier", flüstere ich. „Außerdem ist ein kleiner Schwatz doch viel netter als ein altes Urlaubsbild", füge ich hinzu, um die Enttäuschung ein wenig zu mildern.

„Oh, Sie sind verheiratet?" Die Frau tritt einen Schritt zurück und faßt mich stolz bei den Händen. „Aber das ist ja phantastisch! Wer ist denn der Glückliche?" Sie sieht sich suchend um. Den dunkelhäutigen Asiaten im bunten Freizeithemd und Shorts, der sich gerade nähert, scheint sie nicht einmal zu bemerken. Gewiß hält sie Ken für einen Einheimischen oder allerhöchstens für meinen Reisebegleiter.

Sowohl der Mann als auch die Frau scheinen grenzenlos verwundert zu sein, als Ken hinter meinem Rollstuhl stehenbleibt und seine Arme um mich legt.

„Darf ich Ihnen meinen Mann vorstellen – Ken Tada", kündige ich voller Stolz an.

„Oh ... ja, guten Tag!" Die Frau schiebt sich den Riemen ihrer Strandtasche auf die Schulter und reicht ihm die Hand zur Begrüßung. Ihr Mann tut es ihr nach und versichert „Herrn Eareckson" dabei, wie er sich freut, auch ihn kennenzulernen.

Ich bringe das Gespräch wieder auf die Familie selbst und frage sie, wo sie wohnen und zu welcher Gemeinde sie gehören. Bald scheinen sie ihre Fassung wiedergewonnen zu haben. Auch Ken zeigt keine Spur von Befangenheit. Lächelnd verabschieden wir uns voneinander.

„Herr Eareckson!" murmelt Ken entrüstet auf dem Rückweg zum Hotel. „Sag mal ehrlich, sehe ich vielleicht wie ein gebürtiger Schwede aus?"

Hinter dem Scherz ahne ich, daß seine Gefühle mehr verletzt sind, als er je zugeben würde. Wie wird er ähnliche Begegnungen in Zukunft hinnehmen? Sosehr ich mich auch dagegen wehre, ich bin nun einmal ziemlich bekannt. Menschen wie die Familie vorhin am Strand wird es immer geben. Hat Ken wirklich Verständnis dafür?

Ich möchte ihn vor dem Rummel der Öffentlichkeit beschützen. Ich weiß, daß viele mich unbeabsichtigt in einem grellen Scheinwerferlicht sehen, das jeden, der hinter meinem Rollstuhl steht, in den Schatten stellt. Wird dieser künstliche Glanz die Wirklichkeit in den Augen der Menschen verzerren, wie es schon so oft geschehen ist? Werden sie daran denken, daß mein Mann auch seinen Stolz, seine Gefühle hat? Oder werden sie ihn einfach achtlos übergehen?

Wie die Scheinwerfer auf der Filmbühne, so vermengt auch dieses künstliche Licht Sein und Schein. Dabei möchte ich doch, daß alles, was über Ken und mich bekannt wird, der Wahrheit entspricht! Viel wichtiger ist es aber, daß wir einen privaten Freiraum haben, eine Atmosphäre, die nur uns gehört, wo alles ausgewogen und erfrischend normal ist. Ken soll nicht hinter meinem Rollstuhl stehen. Ich möchte ihn lieber an meiner Seite oder vor mir sehen. Und in dieser Position soll ihn jeder achten.

So bleibt die unbequeme Frage bestehen: Wie werden wir mit einem gemeinsamen Leben zurechtkommen, das so sehr der Öffentlichkeit ausgesetzt ist?

Ken schließt unsere Zimmertür auf und hält sie mit einem Koffer geöffnet, während er mich in den Raum schiebt. Der Gepäckträger hat unsere Kleidertaschen in die Garderobe gehängt und die Koffer auf dem Bett und der Kommode abgestellt. Im Vorhang vor dem offenen Balkon spielt die Brise des Spätnachmittags. Ken schiebt mich auf den Balkon hinaus. Gemeinsam betrachten wir still den Sonnenuntergang, der den türkisfarbenen Ozean in ein Meer aus rotgoldenem Glas verwandelt. Die frische, würzige Luft weht alle Fragen und Zweifel weg. Ken küßt mich, und wir flüstern einander zu, wie himmlisch diese Hochzeitsreise werden wird.

Wieder in unserem Zimmer, wirft Ken einen kurzen Blick in das Badezimmer, probiert alle Lichtschalter aus und stellt fest, ob der Fernseher funktioniert. Ich sehe von der Zimmermitte aus zu. Er zieht sein Hemd aus, wirft es auf das Bett, schließt seinen Koffer auf und holt einen leichten Pullover hervor.

„Sollen wir unsere Sachen auspacken?" frage ich, als er fertig ist.

„Klar", sagt Ken und reibt sich die Hände. „Wo möchtest du deine Siebensachen denn hingeräumt haben?"

„Also ... vielleicht kannst du meine Blusen aus der Kleidertasche nehmen, damit sie nicht so arg knittern. Judy oder Rana können dann den Rest später auspacken."

Ken zieht den Reißverschluß auf und nimmt die Blusen behutsam aus der Tasche.

„Das hätten wir geschafft", sagt er dann, faltet die Tasche zusammen und verstaut sie in dem Schrank. „Und was kommt als nächstes an die Reihe?"

„Meinst du meine Sachen?"

Er nickt.

„Weißt du, ich würde dir lieber jetzt mit deinen Sachen helfen, damit wir alles unter Dach und Fach bekommen; wir können zusammen überlegen, wo wir deinen Kofferinhalt unterbringen ... zum Beispiel am Waschbecken. Du willst doch bestimmt nicht meine Feuchtigkeitscreme und Reinigungsmilch mitten zwischen deinen Rasiersachen haben."

Er winkt gleichmütig ab.

„Ach, ich packe meine Koffer nie aus."

„Wirklich nicht?" Argwöhnisch lasse ich meinen Blick über

seinen geöffneten Koffer schweifen, aus dem Socken, Hemden und Shorts hervorquellen. „Ich helf' dir aber gern, deine Sachen zu sortieren."

„Laß nur, mein Liebes, ich brauche keine Hilfe", wehrt er ab, stopft die Socken in den Koffer zurück und läßt die Schlösser einrasten. „Ich packe lieber nicht aus, wenn ich auf Reisen bin."

Plötzlich sehne ich mich danach, meine Hände gebrauchen zu können. Ich möchte nichts lieber, als die Pullover und Hosen meines Mannes sauber gefaltet in die Schrankfächer zu legen und den Koffer unter das Bett zu schieben. Ich möchte ins Badezimmer gehen und unsere Flaschen und Dosen ordentlich über dem Waschbecken aufbauen. Ich möchte seine Hemden in den Schrank hängen und seine Schuhe paarweise auf dem Schrankboden aufreihen.

Ich bin enttäuscht, daß er am liebsten aus dem Koffer lebt, während ich gern meine Garderobe auspacke. Und doch kann ich überhaupt nichts daran ändern! Ich bemühe mich, meine Gefühle vor ihm zu verbergen, aber verstört bin ich trotzdem.

„Verzweifelt wegen einer Querschnittslähmung? Wir sind es jedenfalls nicht. Wir haben gelernt, damit zu leben ..."

Und eine zweite unbequeme Frage drängt sich auf: Wie werden wir mit dem Privatsektor unseres gemeinsamen Lebens zurechtkommen?

Ken und ich haben es uns auf einer Matratze vor dem Kamin gemütlich gemacht; die Köpfe haben wir nebeneinander gelegt, die Decke ist halb auf den Teppich gerutscht. Gewöhnlich ziehen wir uns lieber in unser Schlafzimmer zurück, wenn wir es uns zu zweit behaglich machen wollen, aber heute ist Freitag abend, und neben dem bevorstehenden Wochenende gibt es auch das erste Kaminfeuer dieses Herbstes zu feiern. Mein Rollstuhl steht in einer Ecke; Pulli und Jeans hängen salopp an den Griffen, meine Schuhe stehen auf den Pedalen, und das Korsett ist auf dem Sitz gelandet. Scruffy hat sich auf einem Deckenzipfel am Fußende unserer Matratze zusammengerollt.

Mit ausgestreckten Armen hält Ken eine Bibel über uns. Unter dem sanften Licht der Deckenstrahler sind wir in den Epheserbrief vertieft.

Gleich zu Anfang unserer Ehe haben wir diese schöne Tradition des gemeinsamen Bibellesens vor dem Schlafengehen begonnen. Der Epheserbrief gehört zu den Büchern der Bibel, auf das wir immer wieder zurückkommen. Als ich noch unverheiratet war, habe ich meistens schnell über das fünfte Kapitel hinweggeblättert. Nun studieren wir aufmerksam jede Weisung, jedes Gebot über die gottgefällige Ehe miteinander. Wir sind bestrebt, ja vielleicht sogar ein wenig übereifrig, unser gemeinsames Leben nach der Bibel zu gestalten und Fehler aller Art zu vermeiden. Deshalb sehen wir auch in jedem Wort und jedem Vers dieses Briefes ein unbezahlbares Juwel, das aus jedem nur erdenklichen Blickwinkel betrachtet werden will.

„Um deswillen wird ein Mensch Vater und Mutter verlassen und seinem Weibe anhangen, und werden die zwei ein Fleisch sein", liest Ken langsam vor. „Dieses Geheimnis ist groß" (Epheser 5, 31.32).

Er läßt die Bibel auf seinem Brustkorb liegen und massiert

sich die verkrampften Armmuskeln. „Die zwei werden ein Fleisch sein", wiederholt er nachdenklich. „Fühlst du dich schon wie ein Fleisch mit mir?"

„Ja ... und nein", antworte ich vorsichtig. „Wenn du den Aspekt mit dem ‚Fleisch' meinst, wie es in dem Vers heißt, dann muß ich ganz klar ja sagen." Mein Herz klopft ein wenig bange. Worauf will er nur mit seiner Frage hinaus? „Warum? Siehst du eine Schwierigkeit zwischen uns, weil ..."

„Nein, nein, das wollte ich damit nicht sagen", beeilt er sich und zieht sich das Kopfkissen zurecht.

„Nun, wenn du eher die geistliche oder die gefühlsmäßige Ebene des ‚Einswerdens' meinst ... in den Ehebüchern steht, daß das seine Zeit braucht." Ich unterbreche mich und höre dem Knistern des Feuers zu. „Vielleicht liegt hier auch ein Teil von diesem großen Geheimnis aus Vers 32."

Ken setzt sich aufrecht, um sich an das Sofa zu lehnen. Er schlägt die Bibel zu und legt sie hinter sich auf ein Sofakissen. Dann zieht er sich die Decke über die angezogenen Knie und macht eine bewegliche Berg-und-Tal-Landschaft daraus.

„Manchmal frage ich mich, ob der Rollstuhl als Hilfe oder als Hindernis gedacht ist", sagt er leise.

Verwirrt sehe ich ihn an.

„Als Hilfe natürlich! Zu dem Schluß waren wir zumindest vor unserer Heirat gekommen", weise ich ihn zurecht. Als er nicht antwortet, füge ich hinzu: „Du weißt doch, die Sache mit Gottes Kraft, die in den Schwachen mächtig ist."

Er nickt. Die Deckenstrahler werfen tiefe Schatten über sein Gesicht, und ich kann seine Augen nur mühsam sehen.

„Es fällt dir nicht leicht, stimmt's?" flüstere ich sanft.

Er zuckt mit den Achseln und legt mir dann zärtlich seine Hand auf die Stirn. Ich bewege meinen Kopf wohlig unter seiner Berührung.

„Nein, alles ist in schönster Ordnung, Joni. Es ist halt nur ..." Seine Stimme verliert sich. Er versetzt der Decke einen Tritt. „Zum Beispiel, daß ich mitten in der Nacht aufwachen muß, um dich auf die andere Seite zu drehen ... und das jede Nacht! Es macht mir ja nicht viel aus, aber wenn ich daran denke, daß es Jahr um Jahr so gehen wird, dann wird mir ein bißchen anders zumute. Und dann solche Dinge wie das hier ..." Er deutet auf unsere Matratze und den Kamin. „Wir geben uns Mühe, uns etwas Schönes für den Feierabend einfallen zu lassen, genau wie normale Ehepaare, aber das kann nie so spontan passieren wie bei anderen Leuten."

Ich wende den Blick ab, um die glühenden Holzscheite im Kamin anzustarren. Ich beiße mir auf die Lippe und versuche, seine Worte nicht allzu persönlich aufzufassen. Wenn ich mich doch nur von dem Rollstuhl dort in der dunklen Ecke befreien könnte!

Doch Ken fährt fort.

„Mit deiner Abendtoilette bin ich schnell fertig, aber der Gedanke daran, daß ich für den Rest unseres Lebens jeden Abend Urinbeutel ausleeren soll, ist doch ein bißchen merkwürdig."
Er schüttelt den Kopf,

Ich bin versucht, ihn mit einer spitzen Bemerkung zum Schweigen zu bringen. Immerhin haben wir uns über solche Probleme zur Genüge vor unserer Hochzeit ausgetauscht und Klarheit geschaffen. Wir haben von Bindung und Opferbereitschaft gesprochen.

„Aber Ken", entgegne ich kleinlaut, „denk doch nur an die vielen Ehemänner, die bei drei oder vier Kindern tagein, tagaus einspringen müssen. Das ist bestimmt auch anstrengend!"

„Natürlich, aber irgendwann werden die Kinder auch erwachsen."

Im Grunde muß ich ihm recht geben. Wer hätte auch voraussagen können, wie unser Ehealltag einmal aussehen würde? Und ich weiß selbst nur zu genau, daß es eigentlich keine ausreichende theoretische Vorbereitung auf das Leben mit einer Behinderung gibt. Ich kann Kens Zweifel und Fragen verstehen, und ich bin froh, daß er so offen darüber spricht. Selbst nach all den Jahren als Gelähmte habe ich mich noch immer nicht restlos damit abgefunden, Arme und Beine zu haben, die mir nicht gehorchen wollen.

„Ja, ich weiß", seufze ich und sehe ihn flehend an. „Ich lebe schon jahrelang damit, und hin und wieder möchte ich noch immer dagegen rebellieren. Ich … ich wünschte, ich könnte es dir irgendwie leichter machen." Wie so oft sehne ich mich jetzt danach, mich bewegen zu können, um mich neben meinen Mann vor die Couch zu setzen und unsere Probleme an seiner Seite anzupacken. Statt dessen liege ich still und reglos unter der Decke auf der Matratze.

„Und es wäre unsagbar schön, wenn Gott mich heilte. Das würde mit einem Schlag alles ändern!" seufze ich mit einem schwachen Lächeln.

„Heilen? Ich dachte, dieses Thema wäre für dich längst abgeschlossen."

„Ist es auch, aber manchmal tut es doch gut, Gott meine verborgensten Wünsche zu sagen. Er soll wissen, daß ich auf einen neuen Leib warte, ob das nun in diesem Leben geschieht oder erst im nächsten."

„Ich sehe dich schon vor mir, wie du frisch gewaschene Handtücher faltest", schmunzelt Ken.

„Ja, und ich würde sie sogar so falten, daß man nur die Kanten sieht", erkläre ich stolz.

„Tatsächlich?" Nun grinst er spitzbübisch. „Na, dann könntest du eigentlich auch den Abfalleimer leeren."

„O nein, da täuschst du dich aber gewaltig. Beim Müll hört der Eifer nämlich auf!"

Wir fangen an zu lachen. Dann füge ich leise hinzu: „Aber ich würde dir alles so gern leichter machen, Ken."

Wieder legt er seine Hand auf meine Sirn.

„Das weiß ich, Liebes." Er lächelt. Eine Zeitlang schweigen wir und lauschen auf das Knistern des Feuers. Ich fühle mich unter der Wärme seiner Hand geborgen.

„Danke, daß du stark sein kannst, wenn ich schwach bin. Vielleicht ist grade das mit dem Einswerden in der Bibel gemeint", sagt er, und plötzlich ist mir wieder leichter ums Herz.

Er hat gar nicht so sehr nach Antworten gesucht; er wollte nur, daß ich ihm einmal zuhöre. Daß ich ihm sage, wie gut ich ihn verstehe. Ken weiß, daß die Probleme, die mit meiner Behinderung zusammenhängen, sich weder heute noch morgen in Luft auflösen werden. Wenn ich ihm aber aufrichtig sagen kann, daß ich ihn verstehe, dann ist das Problem als solches nur noch halb so gewichtig und unsere Liebe doppelt so stark.

Und an dieser Gewißheit muß ich mich festklammern. Auf seine geheimnisvolle Weise wird Gott unsere Liebe stärken und uns zu einer Einheit verschmelzen lassen. Glaube, kindlicher Glaube, ist der Schlüssel dazu, denke ich, während Ken meine

Kissen aufsammelt und mich für die Nacht auf die Seite rollt. Mit den Kissen stützt er mir den Rücken, zieht meine Katheterschnur gerade und legt mir die Beine zurecht, bis ich bequem liege.

Ich werde nie dem Gedanken Raum geben, daß unsere Ehe unter der Allgegenwart meines Rollstuhls leiden könnte. Auch dann nicht, wenn ich mich nicht allein im Bett zurechtlegen kann. Auch nicht, wenn ich meinem Mann nach einem anstrengenden Tag nicht den Rücken massieren kann. Auch nicht, wenn unser Wäscheschrank inzwischen in einen Medizinschrank voller Medikamente, Katheter und Korsetts umfunktioniert wurde. Auch nicht, wenn ich die Hände anderer dazu borgen muß, um unsere Mahlzeiten vorzubereiten und den Tisch zu decken, die Unterwäsche meines Mannes zu waschen und seine Hemden zu bügeln und ... Die Liste wird immer länger, aber ich bin felsenfest dazu entschlossen, mit der Verheißung der Kraft Gottes in unserer Schwachheit zu rechnen. Und ebenso fest bin ich davon überzeugt, daß wir zu einer Einheit verschmelzen werden. Ich schließe die Augen vor dem noch knisternden Kamin und beginne zu träumen.

Der folgende Tag ist ein Samstag. Es ist kühl und windig – ein Vormittag, wie geschaffen dazu, im warmen Pulli im Garten zu arbeiten. Ken bietet mir seine Hände für ein paar Stunden an, damit ich mit ihrer Hilfe ein wenig gärtnern kann. Ich bin es gewohnt, die Hände anderer zu borgen, und ich schaue aufmerksam zu, wie Ken unter meinen Anweisungen die Rosensträucher stutzt. Bei jedem Strauch erkundigt er sich genau, welche Triebe ich entfernen möchte.

Je länger ich ihm zuschaue, desto mehr wächst meine Faszination. Ich beobachte, wie er mit einer Drehung aus dem Handgelenk den Stamm des Zweiges anpackt. Seine Finger pressen die Schenkel der Rosenschere zusammen, und der Zweig bricht mit einem knackenden Geräusch ab. Seine Knöchel werden weiß, und die Adern zwischen seinen Fingermuskeln treten hervor, als er nun einen dickeren Zweig dicht an der Wurzel abschneidet. Er fühlt die gezackten Ränder eines Blattes mit dem Daumen und streicht über die nadelfeine Spitze eines Dorns.

Der kühle Wind läßt mich in meinem Pulli vor Kälte schaudern. Ich steuere meinen Rollstuhl auf Kens andere Seite, um mich vor dem Wind zu schützen. Er richtet sich auf, um seinen Rücken zu strecken, und legt eine kleine Pause ein. Er reibt ein samtzartes Blütenblatt zwischen Daumen und Zeigefinger. Dann beugt er sich zur Erde und gräbt mit den Fingern in dem dunklen Boden. Er scheint es zu genießen, die Erdklumpen zwischen seinen Handflächen zu zerreiben.

Ein seltsames Gefühl überkommt mich. Ich habe den starken Eindruck, als gehörten seine Hände nun mir. Ich kann die Erdkrümel förmlich spüren. Und auch die gummiüberzogenen Schenkel der Rosenschere, den spitzen Dorn und die zarte Rosenblüte. Ich möchte Ken gern sagen, was in mir vorgeht, fürchte mich aber davor, den Zauber des Augenblicks zu zerstören. Es ist wie ... es ist wie ein Austausch, wie eine Verschmelzung. Kens Hände gehören mir, und ich fühle mich auf wunderbare Weise mit ihm „eins geworden".

Wie sonderbar, wie unvorstellbar es doch ist, daß Gott meine Schwachheit dazu benutzt, uns ein tieferes Gefühl des Einswerdens zu vermitteln! Das muß unser Glaube bewirkt haben!

Es ist wahrhaftig ein großes Geheimnis.

Ken legt sein Besteck auf den Teller und beugt sich zu mir, um mir zuzuflüstern: „Soll ich jetzt den Kaffee kochen?"

„Nicht nötig", flüstere ich mit einem Seitenblick auf unsere Gäste zurück. „Rana hat bereits die Kaffeemaschine eingeschaltet."

Dieser Abend bringt eine neue Erfahrung für mich mit sich. Ich habe noch nie eine Mahlzeit so sehr bis in alle Einzelheiten planen müssen. Dazu habe ich Tischtuch und Servietten ausgesucht und einen genauen Zeitplan für den Herd und den Ofen ausgearbeitet. Das alles mag sich für jemand anders als eine Kleinigkeit ausnehmen, doch ich habe, über den heutigen Tag verteilt, die Hände von drei verschiedenen Leuten geborgt, um alles vorzubereiten.

„Das Lamm ist wirklich ausgezeichnet, Joni", lobt Greg.

„Ja, hat sie ihre Sache nicht prima gemacht?" sagt Ken stolz und läßt sich den Fleischteller ein zweites Mal reichen. „Meine Frau ist einsame Spitze im Kochen!" Er nimmt eine Scheibe Fleisch und einen Löffel Pfefferminzsoße dazu.

„Danke schön! Ich freu' mich ja, daß es euch schmeckt. Das hier ist eins meiner Lieblingsrezepte." Meine Wangen sind ein wenig heiß, doch nicht vor Verlegenheit, sondern vor Freude über das Lob. Jeder in der Tischrunde weiß nur zu gut, daß ich es nicht war, die die Knoblauchzehe zerkleinert hat, das Fleisch mit Gewürzen eingerieben und den Topf in den Ofen geschoben hat, doch sie erkennen einstimmig an, daß ich das Essen gekocht habe.

Und am meisten freue ich mich über Kens Stolz. „Meine Frau ist einsame Spitze im Kochen." Köstlicher als jede Delikatesse sind mir diese Worte!

Nach dem Essen helfen die Gäste beim Abräumen des Geschirrs. Mich stört das nicht – ganz im Gegenteil! Ich bin froh, daß sie sich hier heimisch genug fühlen, um ihre Hilfe anzubieten. Und dazu ist die Arbeit im Nu getan, selbst wenn ich nicht mithelfen kann.

Ich bin unsagbar glücklich, Kens Frau zu sein. Und diese Reise in Richtung „Einswerden" ist meine größte Freude. Es ist ein richtiges Abenteuer. Unser Pfad, den wir mit dem Rollstuhl zu bewältigen haben, ist manchmal von einer dünnen Eisschicht bedeckt, doch bislang sind wir noch nicht gestürzt. Meine Behinderung hat die Reise nicht beschwerlicher gemacht. Ich liebe Ken nicht nur, ich bin auch bis über beide Ohren in ihn verliebt!

Bei Käsekuchen und Kaffee sitzen wir noch eine Weile gemütlich beisammen. Ken gibt ein paar denkwürdige Begebenheiten aus unserem Ehealltag zum besten. Schließlich erheben sich Greg und Nancy und erklären, daß es höchste Zeit für den Heimweg ist.

Die Haustür fällt hinter Ken ins Schloß, der unsere Gäste nach draußen an ihr Auto begleitet. Ich rolle in die Küche, um die Außenbeleuchtung für sie einzuschalten. Dann wende ich den Rollstuhl um die eigene Achse und schiebe einen der Eßzimmerstühle damit beiseite, um den Tisch zu erreichen. In einem unbeholfenen Versuch, Ken das Aufräumen zu erleichtern, beuge ich mich vor und lange mit dem Arm auf den Tisch hinter eine Reihe von Tassen und Tellern. Gerade will ich das Geschirr sachte an den Rand des Tisches schieben, als sich meine Muskeln krampfartig verhärten. Teller, Tassen, Untertassen, Gabeln – alles landet mit einem ohrenbetäubenden Krach auf dem Fußboden, und Kaffeereste und Sahne ergießen sich über unserem teuren Orientteppich.

„O Jammer!" Ich verziehe das Gesicht. Mein Hosenbein ist durchnäßt, und ein See von Kaffeesahne rinnt von meinen Fußstützen auf den Teppich. Ich kann mich nicht einmal aus dem Schlachtfeld entfernen, ohne Splitter und Sahnereste an meinen Rädern überall in der Wohnung umherzutragen. Es bleibt mir nichts anderes übrig, als reglos sitzenzubleiben. In meinem Zorn bin ich den Tränen nahe und verwünsche meine gelähmten Gliedmaßen. Wenn ich doch wenigstens meine Hände gebrauchen könnte!

„Es wäre ja auch zu schön gewesen, um wahr zu sein", stöhne

ich innerlich. Kaum sind unsere Freunde aus dem Haus, und schon ruiniere ich alles. Und der arme Ken! Jetzt muß er nicht nur das Geschirr waschen, sondern auch dieses Durcheinander aufräumen und mich säubern. Und dabei kann ich ihm kein bißchen helfen.

„Ich werde nie dem Gedanken Raum geben, daß unsere Ehe unter der Allgegenwart meines Rollstuhls leiden könnte." Plötzlich kommt mir dieser Gedanke wieder in den Sinn, um mich zu verhöhnen. Ich weiß im Grunde – und habe es auch wiederholt zu Ken gesagt –, daß Gottes Kraft gerade in den Schwachen mächtig ist. Doch nun fühle ich mich so schwach, daß ich nicht einmal um innere Kraft beten kann.

Die Haustür öffnet sich.

„Netter Abend, nicht?" ruft Ken mir vom Flur aus zu. An der Eßzimmertür bleibt er wie angewurzelt stehen.

„Was ... was ist denn das?"

Ich sitze mit einem dicken Kloß im Hals da.

Er lacht auf.

„Hör mal, was in aller Welt ..." Er bückt sich und hebt einen zerbrochenen Teller auf.

„Moment mal", sagt er dann. „Ich hole schnell ein Geschirrtuch."

„Ich ... ich dachte, ich könnte dir helfen", stottere ich.

„Helfen?" Er dreht den Warmwasserhahn auf. „Das Aufräumen war doch gar nicht deine Aufgabe, Joni. Du hast doch gekocht."

Schweigend schaue ich zu, wie er den Teppich und den Fußboden reinigt. Dann wischt er mein Hosenbein ab, hebt meinen Fuß hoch und tupft die Sahne von der Fußstütze.

„Ich bin froh, daß dir der Abend gefallen hat ... das Essen ... und alles", sage ich leise.

Er sieht mich an.

„Joni, ich hab' dir doch schon gesagt, welch ein gelungener Abend es war."

„Nein, ich wollte damit sagen, wie froh ich bin, daß du wirklich gemeint hast ... wirklich gedacht hast ..."

„... daß du das Essen selbst gekocht hast?" fragt er und legt seine Hand auf mein Knie.

Ich lächele nur.

Nun lacht er wieder, und eine Woge der Erleichterung durch-flutet mich. Ich bin so schwach, aber er ist stark. Er hat mir die Last abgenommen, und plötzlich muß ich an eine andere Gele-genheit denken, als die Rollen vertauscht waren. Mit einem ein-fachen Wort, einem aufrichtigen Lächeln tragen wir die Last des anderen und stärken das Band der Liebe zwischen uns.

„Man könnte mich direkt für eine gewöhnliche Hausfrau halten, so wie ich heute ganz allein eingekauft habe", denke ich amüsiert und schaue zu, wie der junge Angestellte des Supermarkts hier draußen auf dem Parkplatz meine Tüten und Taschen im Laderaum meines Kleinbusses unterbringt. Ich steuere meinen Rollstuhl ein wenig beiseite, um eine Frau mit einem hoch beladenen Einkaufswagen vorbeigehen zu lassen. In dem Känguruhbeutel, den sie sich umgeschnallt hat, trägt sie einen Säugling. Mit der einen Hand schiebt sie mühsam ihren Einkaufswagen vor sich her, während sie mit der anderen die Übergriffe ihres Vierjährigen auf die Weintrauben, die aus einer der Tüten hervorquellen, abwehren muß. Ich muß lächeln. Diese Frau hat etwas mit mir gemeinsam. Beide hören wir oft die Frage: „Wie schaffen Sie es nur?"

An ihrem Wagen entdecke ich einen Aufkleber. „Liebe ist ein täglicher Entschluß", steht dort zu lesen. Daheim angekommen, berichte ich Ken gleich von dieser Begegnung.

Er zuckt nur mit den Achseln und beginnt, meine Einkäufe zu untersuchen. Ob ich seine Lieblingsplätzchen mitgebracht habe, will er wissen.

Ich verneine und frage ihn, ob er die Post schon hereingeholt hat. Er murmelt etwas und deutet in Richtung Wohnzimmer. Ich rolle an den Couchtisch, schiebe ein paar Briefe umher und bemerke, daß schon wieder eine Mahnung bezüglich einer noch unbezahlten Rechnung gekommen ist.

„Hast du die Rechnung denn noch immer nicht bezahlt?" rufe ich in die Küche hinein.

„Nein", ruft er zurück und kommt mit einer Schachtel Kekse ins Wohnzimmer. Plötzlich fällt ihm ein, daß heute ein Brief von meiner Mutter angekommen ist.

„Nette Zeilen hat sie geschrieben", meint er und geht auf den

Stapel Post zu, um ihn zu durchsuchen. Der Brief von meiner Mutter befindet sich nicht darunter. Er müsse ihn wohl verlegt haben, murmelt er.

Ich rolle in die Küche zurück, um einen Blick auf unseren Auflauf im Ofen zu werfen. Kein Auflauf. Meine Stimme klingt ein wenig spitz, als ich mich nun erkundige, warum er den Auflauf noch nicht in den Ofen geschoben hat.

„Welchen Auflauf denn?" fragt er zurück. Als er von der Arbeit nach Hause kam, fand er kein aufgetautes Essen in der Küche vor. Ach ja ... wie dumm von mir! Ich habe tatsächlich versäumt, meine Helferin daran zu erinnern, den Auflauf aus dem Gefrierfach zu nehmen und zum Auftauen auf die Anrichte zu stellen. Resigniert frage ich Ken, ob es ihm etwas ausmacht, heute abend Reste zu essen. Seufzend sagt er: „Gar nichts. Geht in Ordnung", nimmt noch eine Handvoll Kekse aus der Schachtel unter seinem Arm und macht sich dann daran, im Vorratsschrank ein Glas Erdnüsse zum Knabbern zu suchen.

Immerhin ist er es ja, der unser Essen zubereiten muß, überlege ich und bemühe mich, lieber nichts wegen der Kekse und Erdnüsse zu sagen.

Er öffnet den Kühlschrank und holt mehrere Schüsseln mit Resten hervor. Ich mache ihm einen Vorschlag, wie er alles am besten aufwärmen kann, doch an seinem Schweigen merke ich, daß er das lieber selbst entscheiden möchte. Ich lasse ihn in Ruhe wirtschaften und rolle ins Wohnzimmer zurück, um nach dem Brief von meiner Mutter zu suchen. Unterwegs finde ich ihn geöffnet auf einem der Küchenstühle unter dem Tisch.

„Wie kommt er denn bloß hierher?" murmele ich. Ich weiß genau, daß Ken es gehört hat.

„Was sagst du?" erkundigt er sich mit einer Spur von Herausforderung in der Stimme.

„Die Post. Ich wünschte, wir könnten uns auf eine Stelle im Haus einigen, wo wir die Post ablegen."

Die Kühlschranktür fällt krachend zu.

„Die Post liegt immer auf dem Couchtisch, Joni."

„Ja, aber ich finde sie merkwürdigerweise immer auf irgendwelchen Stühlen verstreut oder auf meinem Medizinschrank oder ..." Ich unterbreche mich, habe ohnehin schon zuviel gesagt.

„Hör mal, hast du heute schlechte Laune, oder was ist los?"

„Nein. Ich nicht, aber du!" kommt es gereizt zurück.

Im nächsten Moment ist es auch schon, als spielten wir eine Krisenszene aus einem drittklassigen Film. Spannungsgeladene Worte fliegen hin und her. Warum benutze ich eigentlich nie meinen eigenen Rasierer, will er wissen. Und warum muß er unbedingt dauernd meine gute Augenbrauen-Pinzette dazu benutzen, um Flöhe aus Scruffys Fell zu entfernen, frage ich zurück. Jeder gehen wir eine ganze Liste von Vorwürfen durch, und das Gespräch artet zu einem immer gereizter und lauter werdenden Wortwechsel aus, der zum Schluß beinahe unsinnig wirkt. Schließlich schalte ich meinen elektrischen Rollstuhl auf Höchstgeschwindigkeit und rausche nur Millimeter an seinen Zehen vorüber aus der Küche.

Vergessen ist das ganze Abendessen. Vor lauter Zorn möchte ich am liebsten aus dem Haus rasen und mit dem Bus weit weg fahren. Dazu müßte ich ihn allerdings bitten, das Garagentor für mich zu öffnen, und zur Zeit möchte ich ihn um keinen Preis in der Welt um etwas bitten müssen.

Statt dessen bleibe ich mit meinem Rollstuhl vor der Glastür im Wohnzimmer stehen und starre wortlos nach draußen. In der Küche knallen Kochtöpfe auf der Anrichte, und Schranktüren fallen krachend ins Schloß. Vor meinem Rollstuhl sitzt Scruffy und schaut mich mit riesigen Augen an. Ich spüre, wie mein heißes Gesicht kühler wird. Ein dumpfes Gefühl der Hoffnungslosigkeit erfüllt mich. Ich kann nicht klar denken; ich bin so ... so mutlos.

Und gelähmt. Noch nie habe ich mich so hilflos gefühlt.

Mein Blick fällt auf meine unbeweglichen Beine. Ich stelle mir vor, wie es wäre, wenn ich die Haustür demonstrativ hinter mir ins Schloß werfen könnte oder wenn ich mich vor ihm aufbauen könnte, um jedes Wort mit einem ausgestreckten Zeigefinger zu unterstreichen. Ich male mir aus, die Post mit einem verächtlichen Schwung in den Abfalleimer zu befördern. Oder mit den Kochtöpfen lautstark zu hantieren und an den Schranktüren meinen Zorn auszulassen – und das alles wegen der Essensreste.

Aber ich bin machtlos. Stampfen, Schlagen, Werfen – alles muß Phantasie bleiben. Ich komme mir wie eingesperrt vor. Von Ken. Und von Gott.

Eine ganze Stunde verstreicht, und allmählich ebbt das Siegesgefühl des stummen Vor-der-Tür-Sitzens ab. Hinter mir höre ich Ken das Zimmer betreten. Ich beschließe, als erste das Schweigen zu brechen, wenn er es nicht tut, doch er läßt nicht lange auf sich warten.

„Ich glaube, wir haben uns da mehr eingehandelt, als uns lieb ist."

„Und was sollen wir jetzt tun?"

Er antwortet nicht gleich. Ich wende meinen Rollstuhl, um ihm in die Augen zu sehen. Er sitzt zusammengesunken auf der Couch, die Arme verschränkt, den Blick auf den leeren Kamin gerichtet, als wünschte er sich meilenweit fort von hier.

„Ich weiß auch nicht. Ich weiß nicht, ob's an mir liegt oder an dir oder an deinem Rollstuhl. Mir ist bloß das eine klar, nämlich daß es so nicht weitergeht. Ich kann's einfach nicht ausstehen, wenn du mich herumkommandieren willst." Ich setze an, um ihn zu unterbrechen, doch er fährt fort. „Schon gut, ich weiß Bescheid!" Er wehrt meinen Protest mit einer Handbewegung ab. „Das liegt an deiner Fähigkeit, immer oben zu schwimmen, immer gegen alle Schwierigkeiten anzugehen. Das hast du deinem Rollstuhl zu verdanken." Er macht eine Pause. „Aber so komme ich halt nicht mit dir zurecht."

Seine Offenheit vergelte ich ihm mit gleicher Münze. Ich packe aus, was sich in mir aufgestaut hat.

„Ich will dir ja nicht wehtun, aber ... aber ich kann dich auch nicht ausstehen, so wie du zu mir bist. Immer, wenn es die geringsten Konflikte gibt, verkriechst du dich in dein Schneckenhaus, und ich soll dich dann mit Samthandschuhen anfassen. So geht's auch nicht!"

Er schaut auf und scheint nicht einmal von meiner Anklage überrascht zu sein.

„Na schön, wir können einander also nicht ausstehen", stellt er nüchtern fest. Wir verfallen in ein hartnäckiges Schweigen. Ich fühle mich unsicher, wie in einem Ruderboot auf hoher See. Wir befinden uns über der gefährlichen Tiefe eines handfesten Ehekrachs.

„Vielleicht bleibt uns jetzt nur noch Beten übrig", schlägt Ken nach einer Weile vor.

Im Grunde meines Herzens weiß ich, daß er recht hat, aber

ich habe einfach keine Lust, für ihn zu beten. Zugleich schäme ich mich deshalb.

„Ich weiß zwar nicht, wofür wir beten sollen", fährt er fort, „aber wir können einfach ... einfach beten, egal, was." Er senkt den Kopf und fährt sich mit der Hand durch das Haar.

Er beginnt mit ein paar mechanisch dahingesagten Sätzen über Gottes Größe, Güte, Heiligkeit und Gnade. Doch je länger er betet, desto deutlicher höre ich aus seinen Worten heraus, wie sein Herz alle Zäune und Mauern abbricht und dem Geist Gottes Tür und Tor öffnet. Seine Worte werden immer ruhiger und dringlicher, bis er schließlich Amen sagt.

Auch mein Gebet beginnt so oberflächlich wie Kens. Ich bin nicht gewillt, mehr Zugeständnisse als unbedingt notwendig zu machen. Ich spreche eingeübte Phrasen, die mir in diesem Moment wenig bedeuten, und ziehe mich vor der Dringlichkeit der Situation zurück. Dennoch weiß ich, daß allein im Beten der Ausweg liegt, und mein Glaube ist stark genug, um mich trotz aller Zweifel in Gottes Hand zu wissen. Es dauert nicht lange, bis auch ich innerlich nachgebe, weicher werde, meinen Widerwillen aufgebe. Demütig bitte ich nun um Gnade – Gnade für mich, eine Sünderin, die kleinlich gegen einen unzweckmäßigen Gebrauch ihrer Augenbrauen-Pinzette vorging. Und um Gnade für Ken, der doch nur sein Bestes tut, um den Haushalt in Schuß zu halten.

Ken betet ein zweites Mal, und ich höre wie durch einen Beichtvorhang zu, wie er vor Gott sein Herz öffnet und schonungslos auspackt, was ihn bewegt. Tränen beginnen zu fließen. Es ist ein bedeutsamer, heiliger Augenblick. Und als Ken fortfährt, sehne ich mich plötzlich nur noch danach, das Gebet zu beenden und ihn fest in meine Arme zu schließen.

Kurz darauf hält er unvermittelt inne, schaut auf und holt tief Luft.

„Uff, ich kann's gar nicht fassen. Die ganze Last ist wie weggeblasen. Ich fühle mich so ... so leicht!"

„Das ist ja wunderbar!" erwidere ich. „Mir ist es genauso ergangen. Ich habe nur noch Frieden gespürt. Und Zufriedenheit." Verständnisvoll schaue ich ihn an. Und dann kommen mir die Worte über die Lippen: „Ich liebe dich."

Ken steht von der Couch auf und kommt mit ausgebreiteten

Armen auf mich zu. Er beugt sich zu mir herunter, umarmt mich und vergräbt den Kopf an meiner Schulter. Er hält mich so fest in seinen Armen, daß ich kaum noch atmen kann.

Gemeinsam rufen wir uns den Vers in Erinnerung: „Es hat euch noch keine denn menschliche Versuchung betroffen. Aber Gott ist getreu, der euch nicht läßt versuchen über euer Vermögen, sondern macht, daß die Versuchung so ein Ende gewinne, daß ihr's könnt ertragen" (1. Korinther 10,13). Unsere Probleme sind eigentlich gar nicht so ungewöhnlich, selbst bei bei einer schweren Behinderung. Andererseits werden sie sich auch nicht von heute auf morgen in Luft auflösen. Doch in einer kritischen Situation haben sich Gnade und Gebet – Worte, die so leicht nach etwas Weltfremdem, Abstraktem klingen – wieder einmal als reale Hilfe erwiesen.

Und dann staunen wir wieder gemeinsam darüber, wie stark Ken ist, wenn ich mit meinen Kräften am Ende bin. Und wie stark ich sein kann, wenn Ken von Schwachheit überwältigt wird. Und wie Gott in seiner Macht uns beide davor bewahrt, aus der Gnade zu fallen.

Jesus hat durch das, was er litt, Gehorsam gelernt. Ken und ich, die geringen Diener unseres Herrn, folgen ihm auf diesem Weg nach. In unserer Ehe fechten wir manchen bitteren Kampf aus, doch das Ergebnis sind Frieden und Gewißheit. Ken und ich wachsen ständig: jeder für sich, und gemeinsam noch viel mehr.

Selbstanklagen und Verdrossenheit drücken uns nieder, wenn wir ungehorsam sind. Aber wir lernen aus unserem Leid. Mein – eigentlich *unser* – Rollstuhl, dieser fremdartige und oft unwillkommene Bestandteil unseres Lebens, hilft uns zu vertrauen. Und zu gehorchen. Und jeden Tag entdecken wir Freude und neue Lebenskraft.

Außerdem entdecken wir, daß wir eine Botschaft haben. „Joni and Friends" organisieren eine Reise nach Polen, wo wir in Kirchen Vorträge halten und die frohe Botschaft von Jesus vor Behinderten in Rehabilitationszentren verkündigen. Meine Bücher werden hier gelesen, und auch der Film wird in polnischer Sprache gezeigt. Wer aber bin ich, wer sind wir, daß wir anderen Mut machen wollen, die doch so unendlich viel mehr zu leiden haben als wir? Ken und ich bereiten uns sorgfältig vor, indem wir uns gemeinsam mit der Landkarte Polens vertraut machen und fremdklingende Städtenamen wie „Katowice" und „Wroclaw" auszusprechen versuchen. Dazu arbeiten wir unsere Vorträge gründlich aus.

Hinter einem behelfsmäßigen, hölzernen Verschlag, der uns von einem überfüllten Kirchenschiff trennt, nimmt Ken meine schwachen Finger in seine starken, dunklen Hände. Gemeinsam bitten wir Gott, daß der Heilige Geist heute durch uns diese Menschen dort in der Kirche ansprechen möge.

Ich spähe hinter dem Verschlag hervor in die Gesichter der

Menschen von Polen. Da sitzen Bauern mit ihren Familien, Industriearbeiter und Bergleute. Kleine Jungen, die einander zerren und schieben; junge Frauen mit bunten Kopftüchern – blaue, rote und gelbe Farbtupfer inmitten einer Menschenmenge in schweren, dunklen Wintermänteln und Pullovern.

In der ersten Bankreihe sitzen zwei alte Frauen dicht aneinandergedrängt; ihre Köpfe stecken in dünnen, schwarzen Wollschals. Ihre Gesichter wirken vom Alter zerfurcht und müde, doch ihre rosigen Wangen und das Funkeln in ihren blauen Augen verraten etwas von einer unzerstörbaren Lebensfreude selbst unter härtesten Bedingungen. Erwartungsvoll und unterwürfig zugleich schauen sie ihren Pastor an, genauso wie die ungezählten anderen Menschen, die bis in die Gänge hinein stehen. Alle hören den einführenden Worten des Pastors aufmerksam zu.

Es wundert mich, daß die ganze Kirche so geräuscherfüllt ist, denn ich sehe niemanden in der Menge, der mit seinen Sitznachbarn Gespräche führt. Erst später mache ich mir klar, daß die Geräusche von Hunderten von Mänteln, Schals, Schuhen, Krückstöcken und Laufgestellen herrühren, die auf engstem Raum aufeinanderstoßen. Die kahlen, weißgetünchten Wände werfen Echos zurück in das Kirchenschiff. Draußen herrscht bitterer Frost, doch hier im Inneren der Kirche erscheint mir die Luft stickig, schwül und spannungsgeladen.

Ein junger Mann, der, wie ich vermute, an MS leidet, sitzt vornübergebeugt da. Mit seinen Händen dreht und windet er unablässig ein Taschentuch. Sein Rollstuhl ist alt, das graugrüne Lederpolster zerschlissen und voller Risse. Die Räder sind von unterschiedlicher Größe, als habe jemand Einzelteile von ausgedienten Rollstühlen für ihn zusammengesucht. Armer Kerl! Ich frage mich im stillen, ob er sich nachher bei mir nach den Wunderkuren des Westens für seine Krankheit erkundigen wird, von denen er vielleicht gehört hat. Vielleicht windet er auch deshalb sein Taschentuch so aufgeregt in den Händen. Wahrscheinlich erhofft er sich ein paar lebensverändernde Geheimtips von mir.

Ein junges Mädchen mit leuchtenden Augen und vollen, von Natur aus rosigen Lippen sitzt am Ende der ersten Reihe. Ihr ganzes Gesicht strahlt so viel Freude aus, daß sie einfach ein

Gotteskind sein muß! Sie sitzt auf einem orangefarbenen Plastikstuhl, den ihr jemand zur Verfügung gestellt hat, und stützt sich auf einen schwarzen Stock. Ihre spindeldürren Beine stecken in altmodischen Ledergurten, und ihre Schuhe wirken wie aus den Kriegsjahren. Gewiß hat sie als Kind Polio gehabt, das arme Kind!

Ich schaue auf meinen eigenen Rollstuhl hinab. Jede Aluminiumspeiche der Räder ist blitzblank geputzt, und das speziell angefertigte Sitzpolster aus schwarzem Leder kostet im Westen nicht weniger als 250 Dollar. In Polen habe ich schon manche Behinderte kennengelernt, die bestenfalls auf ausrangierten Sofa- oder Kopfkissen sitzen. Andere benutzen völlig ungepolsterte Rollstühle. Ich bin froh über den glatten, unauffälligen Wollpullover, den ich heute trage, und meine unaufwendige Frisur. Ich reibe mir die Wangen kräftig an meinem Ärmel, um auch die letzten Spuren meines Make-ups wegzuwischen. Ken errät meine Gedanken, faßt mich um den Hals und küßt mich, um mir Mut zu machen.

Dann schiebt er mich auf das Podium hinaus und stellt meinen Rollstuhl neben die Dame, die meinen Vortrag ins Polnische übersetzen soll. Der Geräuschpegel im Kirchenschiff nimmt vorübergehend zu, während die Zuhörer sich auf ihren Plätzen zurechtsetzen, um für gute Sicht zu sorgen. Ken und ich lächeln ein wenig nervös in die Menschenmenge hinein.

Mein Vortrag handelt von Vertrauen und Gehorsam. Ursprünglich hatte ich vorgehabt, dem Publikum von dem Rassepferd zu erzählen, das ich als junges Mädchen einmal für ein Springtournier trainiert habe. An dem Beispiel meines Pferdes habe ich schon oft Vergleiche zwischen dem uneingeschränkten Vertrauen, das es mir als seiner Herrin entgegenbrachte, und unserem völligen Vertrauen und Gehorsam Gott gegenüber gezogen. Doch diese Geschichte scheint mir hier nicht recht angebracht. Die einzigen Pferde, die ich bisher in Polen gesehen habe, waren vor Ackerpflüge oder Karren gespannt. Deshalb habe ich mir eine neue Geschichte über ein Arbeitspferd einfallen lassen, das gehorsam und stetig den Pflug über den Acker zieht. Die Bauern machen erfreute, überraschte Gesichter. Sie hatten gewiß nicht erwartet, von dieser Ausländerin eine Geschichte über etwas zu hören, das ihnen so vertraut ist. Ich dagegen bin erfreut, daß sie so schnell begreifen, was ich ihnen über Vertrauen und Gehorsam sagen will. So lernen die Bauern, die tagein, tagaus mit Pferd und Ackergeschirr umgehen, etwas Neues von einer Frau im Rollstuhl.

„Darum, welche da leiden nach Gottes Willen, die sollen ihm als dem treuen Schöpfer ihre Seelen befehlen in guten Werken", zitiere ich (1. Petrus 4,19). „Wenn wir unser Leben in Gottes Hände legen, beweisen wir ihm damit unser Vertrauen. Gute Werke sind ein Zeichen von Gehorsam", sage ich und richte den Blick auf die beiden alten Frauen in der ersten Reihe und auf das junge Mädchen mit den schwarzen, glänzenden Augen. Voller Zuversicht und Hoffnung lächelt sie zurück. Ich denke an die zahllosen Schwierigkeiten, die sie hier im Ostblock als Christin zu überwinden hat. Ihr Glaube ist wie ein zartes, kostbares Opfer, dessen Wohlgeruch inmitten aller Verfolgung zu Gott emporsteigt. In mancher Hinsicht lebt sie in einem Gefängnis, doch die Zuversicht und Hoffnung, die sie ausstrahlt, verkünden eine größere Freiheit, als viele Bewohner des Westens sie haben.

Nach meinem Vortrag kommt Ken zu mir auf das Podium, und gemeinsam sprechen wir über das Thema „Vertrauen und Gehorsam" im Hinblick auf unsere Ehe. Wir erklären unseren Zuhörern, wie wir in meiner Behinderung eine Schwäche sehen, deren wir uns rühmen dürfen, denn gerade deshalb ist ja Gottes Kraft in uns mächtig.

Aber niemand soll denken, daß ich ein ungewöhnliches Maß an Heldenmut besitze – ich, die Frau aus dem Westen, deren Rollstuhl Polster hat und die trotz Lähmung noch lächeln, öffentliche Vorträge halten, malen und singen kann. Ken und ich sind keine Helden. Unsere Ehe hat uns dazu gezwungen, jeder verborgenen Schwäche, so gering sie auch erscheinen mag, ins Auge zu schauen. Wir wissen nur zu gut, wer und wie wir eigentlich sind: Sünder, die durch Gnade allein errettet wurden. Damit kommen wir zum Schluß unserer Botschaft.

An diesem Abend ereignet sich kein spektakuläres Wunder, keine Heldentat vor aller Augen. Was jedoch nun in dieser Kirche geschieht, ist das alltägliche und doch wundersame Werk des Heiligen Geistes. Die Veranstaltung ist beendet, doch zahlreiche Besucher bleiben noch, um mit uns zu beten oder Gespräche zu führen. Der junge Mann, der an MS leidet, sucht eher Heilung von seiner Verzweiflung als von seiner Krankheit selbst.

Ken kniet sich neben den Rollstuhl eines Jungen und spricht ihn mit einfachen Fragen, die ein Freund übersetzt, an. Mein starker, gesunder Mann streicht dem Jungen über die zerbrechlich wirkenden, dünnen Arme, und dieser wirft den Kopf zurück und strahlt vor Freude. Das ist der Ken, den ich so sehr liebe: Er nimmt sich Zeit für andere und hört ihnen zu. Mit seinen Worten und seinem Lächeln vermittelt er Trost und Zuversicht.

Das junge Mädchen mit dem Stock kommt auf mich zu und sagt mir, daß sie immer schon gewußt habe, wie sehr wir als Schwestern in Christus miteinander verbunden sind. Ich hebe meine Arme zum Gruß, und sie stellt ihren Stock neben meinen Rollstuhl, um mich zu umarmen – zwei Gotteskinder aus so grundsätzlich verschiedenen Welten!

Während das Mädchen mich noch in ihren Armen hält, wendet Ken sich einem anderen Jugendlichen im Rollstuhl zu. Ich denke an Augenblicke, in denen Ken und ich einander umschlungen hielten, denke daran, daß ich diesem einen Menschen mein ganzes Leben widmen, mich ihm völlig verschreiben will. Ja, und vielleicht kommt mir manchmal der stolze Gedanke, daß ich viele Tausende von Menschen durch meine Botschaft erreiche. Das alles steht jedoch dem demütigen Wissen gegenüber, daß ich oft nicht einmal auf Kens Leben einen segensreichen Einfluß ausübe, und dabei steht er mir von allen Menschen der Welt am nächsten. Ich bin grenzenlos dankbar für meinen Mann, der sich nun einigen der Bauersleute zuwendet.

Das junge Mädchen richtet sich wieder auf und tupft sich die Augen mit einem Taschentuch trocken. Nochmals betont sie, wieviel mein Buch ihr bedeutet hat, bevor sie einen Schritt zurücktritt, um andere vorzulassen. Während ihr Blick noch auf mir ruht, denke ich daran, daß ich mir weder durch den Film noch durch „Joni and Friends" ein Denkmal für die Ewigkeit setzen kann; keins meiner Bücher bedeutet letztendlich etwas Großes. Nicht einmal die weitesten Reisen im Auftrag Jesu wiegen viel im Hinblick auf den Himmel. Dieses junge Mädchen hier, das mit Einschränkungen leben muß, die ich mir nicht einmal vorstellen kann, und das aus einer völlig anderen Welt wie ich stamme, dieses Mädchen und ich werden auf die gleiche Weise vor den Thron Gottes treten. Jesus erwartet dasselbe von ihr wie von mir.

Ob alleinstehend oder verheiratet, ob reich oder arm – wir alle müssen unserem Herrn vertrauen und ihm gehorchen.

Überall in Polen werden wir reich mit Blumen beschenkt: frische, dicke Fresiensträuße, Wicken, Tulpen und Gladiolen, die unsere schmucklosen Hotelzimmer durch ihre Farbe und ihren Duft beleben.

Um so sonderbarer mutet es an, die gleichen Blumen in Auschwitz zu sehen. Ausgerechnet hier in Auschwitz! Selbst auf dem Gelände des ehemaligen Konzentrationslagers blühen überall winzige, zarte Feldblumen; sie säumen Ziegelwände und Baumstümpfe. Wir überlegen, ob die Regierung, die das Museum hier unterhält, vielleicht diese Blumen aussäen ließ, um einen Kontrast zu der niederdrückenden Atmosphäre dieses Ortes zu setzen.

Nur wenige Meter von den Gaskammern entfernt, steht eine Reihe gepflegter Rosensträucher. Unser Führer erklärt mir auf meine Frage hin, daß der Erdboden dort einst völlig kahl war, weil die ausgehungerten Gefangenen in ihrer Verzweiflung auch den letzten Grashalm ausgerissen hatten.

Unverputzte Ziegel und Stacheldraht – Lagerhäuser voller Brillen, Goldzähne, Stöcke und Krücken, Schuhe und Hörgeräte – Stapel von vergilbten Eintragungen, endlose Listen von Namen – Galgen und Wachttürme – Schornsteine und Verbrennungsöfen – all das habe ich schon immer mit den Konzentrationslagern der Nazis in Verbindung gebracht. Ich schaudere bei dem Gedanken, daß Behinderte wie ich damals zuerst umgebracht wurden, weil sie als „nutzlose Esser" galten.

Doch nicht einmal dieser Gedanke beeindruckt mich im Moment.

Es sind die Blumen. Die Blumen habe ich am allerwenigsten erwartet. Ihre zarte Schönheit an diesem Ort des Grauens berührt mich stärker, als ich in Worten ausdrücken kann.

Von Auschwitz reisen wir nach Birkenau weiter. Hier wurden

einst Tausende von Juden und Dissidenten bei Nacht und Nebel aus Eisenbahnwaggons in die Kälte hinausgetrieben, bedroht von den Maschinengewehren uniformierter Wahnsinniger. Kinder wurden mit Gewehrkolben in die eine Richtung getrieben, während ihre Mütter in eine andere gestoßen wurden. Die Männer wurden nach ihrem Alter gruppiert. Letztendlich mußten sie nahezu allesamt den gleichen Weg gehen, nämlich zu dem heute von Gras überwachsenen Verbrennungsofen am Rand des Lagers.

In diesem Lager ist keines der ehemaligen Gebäude erhalten. Der Führer erklärt, daß die in regelmäßigen Abständen angeordneten Ziegelhaufen die Überreste von Schornsteinen der ehemaligen Holzbaracken sind. Die Wachttürme von damals existieren nicht mehr, und selbst die Eisenbahnschienen sind entfernt worden.

Doch um uns her wogt ein ganzes Meer von winzigen, duftigen Gänseblümchen im Wind.

„Woran denkst du gerade?" fragt Ken und bückt sich, um ein Blümchen zu pfücken.

„Ich muß an Tante Corrie denken ... Corrie ten Boom", antworte ich zögernd. „Sie hat ähnliches wie das hier erlebt." Und ich deute mit dem Kopf auf das Geisterfeld. „Wie leicht hätte sie vor vierzig Jahren im KZ genauso wie die vielen anderen umgebracht werden können!" seufze ich.

„Ja ... Wer hätte gedacht, daß sie je mit dem Leben davonkommen würde! Und dazu mit ihren fünfzig Jahren!" Ken richtet den Blick auf die Schornsteinruinen um uns her. „Erstaunlich, daß sie dann noch einen ganz neuen Dienst übernahm und ‚Weltreisende Gottes' wurde!"

Tante Corries Beerdingung fand vor wenigen Wochen auf einem kleinen Vorstadtfriedhof südlich von Los Angeles statt. Auch dort waren es die Blumen, die mich so überwältigt hatten. Keine aufwendigen Orchideenblüten auf Herzen, Kreuzen oder Kränzen aus Styropor; keine weißen Satinschleifen mit goldfarbenen letzten Grüßen. Statt dessen schmückten zahllose Vasen voll frischer gelber und roter Tulpen, taubenetzter weißer Nelken und roter Rosen aus Corries Garten die Kapelle.

Der Sarg war geschlossen. Musik von Bach wurde gespielt. Die Grabreden drückten zwar Lob und Anerkennung aus, waren aber eher zurückhaltend. Einzig die Blumen in ihrer verschwenderischen Fülle boten einen Hauch von Luxus, und die kleine Kapelle war von ihrem süßlichen Duft erfüllt.

Schweigend sitze ich mitten in diesem überwucherten Feld. Die Erinnerung an Tante Corrie ist in mir lebendig. Nur der Wind und die Gänseblümchen bewegen sich hier. Es ist ein bedeutsamer Ort, dieses ehemalige Lager. Corrie, die dieser Hölle auf Erden entkam, würde ohne Zögern eingestehen, daß all das Leid, das sie im KZ erlebte, lediglich die Liebe und auch den Haß in ihrem eigenen Herzen bloßgelegt hat. Die Enge ihrer Zelle diente dazu, ihr ihren verletzten Stolz vor Augen zu führen. Das unsagbare Elend ihrer Mitgefangenen trieb sie dazu, zu helfen und mitzuteilen, wo sie nur konnte. Sie konnte nicht anklagen. Sie konnte nur vergeben.

Mein Blick fällt auf die kleinen Gänseblümchen, die Ken mir in den Handgurt gesteckt hat. Plötzlich muß ich lächeln. Ich gestehe ohne Zögern ein, daß mein Rollstuhl mir tagtäglich die Liebe und auch den Haß in meinem Herzen vor Augen führt. Er greift meinen so empfindlichen Stolz an und zeigt mir immer wieder neu, wie nötig andere, die leiden müssen, meine Hilfe brauchen. Auch ich kann niemanden für meine Situation verantwortlich machen.

Ich werfe einen Blick auf Ken, der neben mir im Gras sitzt. Gott hat uns einander geschenkt, damit wir aneinander Halt finden. Einander stärken. Einander ermutigen. Einander lieben. Unsere Ehe zeigt uns ohne Unterlaß, wie sehr ich – wie sehr wir zum Helfen und Geben angehalten sind und kein Recht zur Anklage haben.

Eine andere Erinnerung an Corrie in Verbindung mit Blumen kommt mir in den Sinn: der Konferenzabend, an dem sie unter tosendem Applaus ihren Rosenstrauß himmelwärts hob. Sie würde ohne Zögern eingestanden haben, daß Bücher auf der Bestsellerliste überhaupt nichts bedeuten – abgesehen von der Tatsache, daß Menschenleben dadurch verändert werden. Sie würde zugeben, daß die Verfilmung ihrer Lebensgeschichte absolut nebensächlich ist – abgesehen von der Tatsache, daß Menschen dadurch Hilfe gefunden haben. Selbst ihr Dienst für Jesus, der sie durch die ganze Welt führte und ihr einen Namen innerhalb der evangelikalen Kreise eingebracht hat, selbst dieser

Dienst – würde sie sagen – zählt nur so lange etwas im Reich Gottes, wie der Name Jesus dadurch verherrlicht wird.

Und ich würde ihr in allen Punkten zustimmen. Sowohl im Scheinwerferlicht der Öffentlichkeit als auch in meiner Ehe mit Ken erwartet Gott ständig von mir, daß ich mein wahres Gesicht zeige. Doch hier darf ich mit frohem Herzen meinen Gott bitten, mich rein und heilig zu erhalten und jeglichen Widerstand gegen sein Wirken in mir aufzulösen.

Ich lächele. Dann werfe ich den Kopf zurück und lache aus vollem Hals. Ich erzähle Ken von meiner ersten Begegnung mit dieser außergewöhnlichen Frau. Es liegt nun schon Jahre zurück, als ich sie auf der Glaubenskonferenz traf, auf der ihre wie meine neuen Bücher vorgestellt wurden. Corrie kam auf dem roten Teppich der Hotelhalle auf mich zu. Zahlreiche Menschen folgten ihr, um ein paar Worte mit ihr zu wechseln, doch sie schritt unbeirrt weiter, direkt auf mich zu. Sie hängte sich ihren Stock über den Ellbogen, nahm meine Hand in ihre starken Hände, wie Kämpfernaturen sie besitzen, und verkündete in ihrem schweren niederländischen Akzent: „Eines Tages, mein liebes Kind, werden wir beide im Himmel zusammen tanzen, weil wir Jesus gehören!"

Und heute kann ich lachen und mich herzlich freuen, weil ich weiß, daß Corrie jetzt schon tanzt. Über die Macht Satans hinweg, und auch über diesen grauenvollen Ort.

Und wenn wir dann verwandelt sind, werden wir es ihr gleichtun.

Nachwort

„Wer sucht, seine Seele zu erhalten,
der wird sie verlieren;
und wer sie verlieren wird,
der wird ihr zum Leben helfen."

Lukas 17,33

Ein anderer Monat, ein anderes Jahr. Der Film liegt nun schon zehn Jahre zurück. Heute kann ich aufrichtig sagen, daß ich zu mir selbst gefunden habe. Ich weiß, wer ich bin: eine Gefangene Jesu Christi und zugleich frei in ihm.

Auf meinen Reisen erlebe ich immer wieder Neues. Es ist ein ständiger Szenenwechsel. Hin und wieder denke ich an die Liedzeilen aus dem Film: „Die Dinge, die auf Erden unüberwindlich sind, werden so klein für den, der von deiner Gnade lebt."

Von Gottes Gnade leben ... Mein wahres Ich befindet sich in einem Zustand ständigen Wachstums, ständiger Veränderung. Doch Wachstum ist eine positive Veränderung. Ein Film und eine Ehe, dazu ein Hilfswerk für Behinderte – das alles hat mich gelehrt, daß ich nur im Verlieren meines Lebens, nämlich durch Vertrauen, Gehorsam und Hingabe, das echte Leben finden kann. Gleich einer Rose bin ich eine Knospe, die „von Herrlichkeit zu Herrlichkeit" verwandelt wird.

Wie sehr sich alles verändert hat, fällt mir an diesem Abend in Montreal besonders auf. Meine Mutter, Judy und ich sitzen in einer der hinteren Reihen in einer Schulaula, um die französische Version des Films „Joni" ohne jegliche Übersetzungshilfen anzuschauen.

Der Film führt mir meine ersten unsicheren Schritte im Glauben an Jesus wieder vor Augen. Oh, die Masken, die ich damals trug! Und wie schmerzhaft es war, sie mir vom Gesicht zu reißen – als seien sie mit Klebstoff befestigt gewesen! Meine Unzufriedenheit und meine Unruhe während der Drehmonate haben mich gelehrt, mich nie von meiner eigenen Sündhaftigkeit überraschen zu lassen. Mein ganzes Leben lang werde ich mich immer wieder auf Neues und vielleicht auch Schmerzhaftes einstellen müssen, obwohl ich durch Gottes Gnade meinen Rollstuhl voll akzeptieren kann.

Der Film hat indessen längst seinen Weg gemacht. Auch nach all den Jahren hören wir immer wieder von Vorführungen des Films in der ganzen Welt und von Tausenden, die dadurch angesprochen wurden und den Schritt zum Glauben gewagt haben. Das stimmt mich dankbar und demütig zugleich. Dieser Streifen aus Zelluloid voll transparenter Bilder hat nun sein eigenes Leben.

Zu den vertrauten Szenen auf der Leinwand höre ich Dialoge, von denen ich als Amerikanerin kein Wort verstehe. Die Bilder selbst jedoch sprechen Bände. Wie so oft schon studiere ich die Szene, in der die hübsche junge Schauspielerin in dem blauen Badeanzug die Luftmatratze mit ihren braungebrannten Händen faßt und mühelos und schwungvoll aus dem Wasser steigt. Sie beugt die Knie, streckt sich vorwärts und springt im schrägen Winkel ins Wasser. Nun ist sie untergetaucht.

Aber ich bin diejenige, die aus dem Wasser und auch aus der Verzweiflung über mein Schicksal wieder aufgetaucht ist. Diese Filmszene treibt mir längst keine Tränen mehr in die Augen. Der Film handelt von einer Siebzehnjährigen, die vor langer, langer Zeit und weit weg von hier ins Wasser fiel und für die ein völlig anderes Leben begann.

Ich werfe meiner Mutter, der diese Szene noch immer nahegeht, einen Blick zu. Auch meine Mutter hat sich verändert. Sie bricht nicht mehr in Tränen aus, wenn sie an mich und meinen Rollstuhl denkt. Und auch an meinem lieben Vater, der inzwischen zu sehr vom Alter geschwächt ist, um diese Reise nach Montreal in Kanada zu machen, sind die Jahre nicht spurlos vorübergegangen. Später werden wir ihn von unserem Hotelzimmer aus anrufen, doch mit seiner Schwerhörigkeit ist es so schlimm geworden, daß er uns kaum verstehen wird. Mutter und ich werden auch bei Jay und Rob anrufen und ein paar Worte mit der kleinen Earecka wechseln, die für ihr Leben gern telephoniert. Dann werde ich Ken in Kalifornien anrufen. Ich vermisse ihn ungemein, wenn er mich auf meinen Reisen nicht begleiten kann.

„ ... gleich einer Wolke im Wind, / die frei und leicht dem Ziel entgegenschwebt ..."

Ziel und Zukunft. Auch vor der Zukunft habe ich keine Angst mehr. Früher war ich davon überzeugt, daß Gott mir ein ganz bestimmtes Ziel hier auf der Erde gesteckt hat, das es zu erreichen gilt. Mit Feuereifer war ich bei der Sache! Manchmal habe ich dabei vor lauter Aufregung fast die Gegenwart vergessen.

Je länger ich jedoch im Glauben stehe, desto deutlicher wird mir, daß das Erreichen eines Ziels in diesem Leben eigentlich nur ein Nebenprodukt ist. Die Hauptsache sind das Vertrauen und der Gehorsam unserem Herrn Jesus Christus gegenüber im „Hier" und „Jetzt" dieses Lebens.

Ich schließe die Augen und denke an das „Hier" und „Jetzt", von dem ich gerade in diesem Moment umgeben bin. Schräg vor uns sitzt ein junges Mädchen im Rollstuhl. Direkt vor uns läßt sich ein anderes junges Mädchen genüßlich den Rücken von ihrem Freund massieren. Ich nehme mir vor, nach dem Film ein Gespräch mit den beiden zu beginnen. Am Ende unserer Reihe sitzt ein älteres Ehepaar auf Klappstühlen im Gang. Ich hoffe, sie bleiben nach dem Film noch ein wenig hier. Vielleicht sind dies gerade die Menschen, deren Leben hier und heute durch das Werk des Heiligen Geistes einschneidend verändert werden soll.

Ich halte meine Augen geschlossen und höre den Dialogen auf französisch zu. Wenn ich sie öffnen würde, könnte ich Wort für Wort, Zeile für Zeile den Text der amerikanischen Version zitieren. Die Schauspieler stellen eine Familie und eine kleine Freundesschar dar, die durch die Gnade Gottes ein ihm wohlgefälliges Leben führen möchten. Sie möchten entdecken, wer sie eigentlich sind und wo ihr Platz im Werk ihres Herrn ist.

Es ist eine uralte Geschichte von Menschen, die ihr Leben zu verlieren bereit sind, um es in Wahrheit zu finden. In der Zwischenzeit sind neue „Darsteller" dazugekommen: Ken und die Tadas, Vicky und Rana, Judy und Sam und viele andere. Auch der Schauplatz der Handlung ist erweitert worden. Zu der Farm in Maryland sind nun Orte wie Kalifornien, Polen und Montreal hinzugefügt worden.

Doch die Reise selbst geht weiter. Und sie fordert von uns allen immer wieder neue Entscheidungen und Veränderungen.

Joni – Wie alles begann ...

Joni

Als 17jähriges Mädchen erlitt Joni Eareckson einen schweren Unfall beim Baden. Dabei zog sie sich einen Halswirbelbruch zu. Seitdem ist sie querschnittsgelähmt und kann kein Glied mehr rühren. In einer Sekunde änderte sich ihr ganzes Leben: aus einem sportbegeisterten lebensprühenden jungen Mädchen wurde ein völlig hilfloser, stets auf andere angewiesener Mensch.

In dieser Autobiographie gibt Joni dem Leser Einblick in ihre notvollen Kämpfe und Leiden, die sie nach ihrem Unfall durchzustehen hatte. Sie war so verzweifelt, daß sie sich das Leben nehmen wollte. Dann wieder versuchte sie, ihr furchtbares Geschick geduldig aus Gottes Hand anzunehmen. Wir lesen von bitteren Erfahrungen, Verzicht, Jugendträumen, die sie begraben mußte, aber auch von den besonderen Wegen, die Gott benutzte, um ihr seine Liebe zu zeigen.

Auch heute noch kann Joni nur Kopf und Nacken bewegen. Und dennoch ist sie eine fröhliche Christin und außerdem eine begabte Künstlerin. Sie malt und führt dabei den Pinsel mit dem Mund. Die geistlichen Erkenntnisse, die sich diese tapfere Frau in ihrem Leiden erkämpfte, werden keinen Leser unberührt lassen.

Besonders zu empfehlen ist dieser erschütternde Bericht allen, denen es aus irgendwelchen Gründen schwerfällt, sich in eine harte Lebensführung zu schicken.

Taschenbuch, 240 Seiten
Best.-Nr. 15 598

Joni – Der nächste Schritt

Der nächste Schritt

Medizinisch oder psychologisch war Joni Eareckson unter den Behinderten „nichts Besonderes". Sie teilte ihr Schicksal mit denen, die trotz aller Eingriffe vollkommen gelähmt blieben und ihr bitteres Leid bis an den Rand des Selbstmordes durchlitten.

Was bei Joni vielen die Sprache verschlug, war auch nicht so sehr ihre Initiative, ihre engagierte Vortrags- und Seelsorgetätigkeit oder ihr künstlerisches Schaffen, sondern ihre Botschaft. In ihrer Hilflosigkeit hatte sie Gott als Energiequelle erfahren, die sogar das Unglück zum wahren Glück werden ließ.

Wie beständig diese Erfahrung sein und wie sie noch weiter vertieft werden kann – hier beginnt es für viele ja erst interessant zu werden – das ist die großartige Aussage von Jonis zweitem Buch.

Hier spricht keine junge frischgebackene Glaubensheldin, hinter deren Begeisterung man Fragezeichen setzt, sondern ein gereifter Christ, der sich nichts, auch nichts Frommes, vormachen läßt. Verzweifelte Menschen in aller Welt, die durch Joni den Weg in die Freude Gottes fanden, sind die besten Empfehlungen, die auch dieses Buch begleiten.

„Jonis erster Band rührte Ihr Herz. Ihr zweiter Band wird Ihr Leben verändern."

Mit diesen Worten wandte sich ein Kritiker an gesunde und kranke Leser.

Taschenbuch, 224 Seiten
Best.-Nr. 15 511

Joni – Die begabte Künstlerin

Joni's Song. Ihre sympathische Stimme ist für Joni eine „weitere Möglichkeit, Freude, Liebe und Schönheit (Gottes) zum Ausdruck zu bringen". Der Erlös durch den Verkauf dieser LP kommt direkt einer Hilfsorganisation für Notleidende („Joni and Friends") zugute.
LP 33 861/MC 60 861

Spirit Wings. Mit ihrer schönen, ausdrucksvollen Stimme besingt Joni die Freundlichkeit Gottes, die sie im Rollstuhl zur fröhlichen Glaubenszeugin werden ließ. Zu jedem Lied hat Joni – auf der Cover-Rückseite – einen kurzen evangelistischen Kommentar verfaßt (in Englisch). Daher ist die Platte auch besonders zum Weitergeben geeignet.
LP 33 870/MC 60 870

Joni's Kids ... I've got Wheels! Auch Kinder sind fasziniert von dem Schicksal der jungen Frau und wie sie damit umgeht. Grund genug für Joni, ihre geistlichen Erfahrungen auf fröhliche, kindgerechte Weise mitzuteilen. Eine Platte zum Anhören, Mitmachen und Nachdenken – in Englisch.
LP 33 871/MC 60 871